"十四五"国家重点出版物出版规划项目

湖北省公益学术著作
Hubei Special Funds 出版专项资金
for Academic and Public-interest
Publications

"一带一路"倡议与中国国家权益问题研究丛书
总主编／杨泽伟

海上油气资源共同开发
法律适用问题研究

■ 张晟 著

WUHAN UNIVERSITY PRESS
武汉大学出版社

图书在版编目(CIP)数据

海上油气资源共同开发法律适用问题研究/张晟著.—武汉：武汉大学出版社,2023.12

"一带一路"倡议与中国国家权益问题研究丛书/杨泽伟总主编

2020年度湖北省公益学术著作出版专项资金项目 "十四五"国家重点出版物出版规划项目

ISBN 978-7-307-24082-7

Ⅰ.海… Ⅱ.张… Ⅲ.海上油气田—海洋开发—海洋法—国际法—法律适用—研究 Ⅳ.D993.5

中国国家版本馆 CIP 数据核字(2023)第 201631 号

责任编辑:张 欣 责任校对:李孟潇 版式设计:马 佳

出版发行:**武汉大学出版社** (430072 武昌 珞珈山)

(电子邮箱:cbs22@whu.edu.cn 网址:www.wdp.com.cn)

印刷:湖北金港彩印有限公司

开本:720×1000 1/16 印张:17.75 字数:254 千字 插页:2

版次:2023 年 12 月第 1 版 2023 年 12 月第 1 次印刷

ISBN 978-7-307-24082-7 定价:88.00 元

本书系杨泽伟教授主持的 2022 年度教育部哲学社会科学研究重大课题攻关项目"全球治理的区域转向与中国参与亚洲区域组织实践研究"（项目批准号为：22JZD040）阶段性成果之一

"'一带一路'倡议与中国国家权益问题研究丛书"总序

"一带一路"倡议自 2013 年提出以来，迄今已取得了举世瞩目的成就，并产生了广泛的国际影响。截至 2022 年 2 月中国已累计同 148 个国家、32 个国际组织签署了 200 多份政府间共建"一带一路"合作文件。可以说，"一带一路"倡议顺应了进入 21 世纪以来国际合作发展的新趋势，昭示了新一轮的国际政治新秩序的变革进程，并且是增强中国国际话语权的有益尝试；共建"一带一路"正在成为中国参与全球开放合作、改善全球经济治理体系、促进全球共同发展繁荣、推动构建人类命运共同体的中国方案。况且，作为现代国际法上一种国际合作的新形态、全球治理的新平台和跨区域国际合作的新维度，"一带一路"倡议对现代国际法的发展产生了多方面的影响。①

同时，中国已成为世界第二大经济体、第一大制造国、第一大外汇储备国、第一大债权国、第一大货物贸易国、第一大石油进口国、第一大造船大国、全球最大的投资者，经济对外依存度长期保持在 60% 左右；中国有 3 万多家企业遍布世界各地，几百万中国公民工作学习生活在全球各个角落，2019 年中国公民出境旅游人数高达 1.55 亿人次，且呈逐年上升趋势。可见，中国国家权益涉及的范围越来越广，特别是海外利益已成为中国国家利益的重要组成部分。因此，在这一背景下出版"'一带一路'倡议与中国国家权益问题研究丛书"，具有重要意义。

首先，它将为落实"十四五"规划和实现 2035 年远景目标提供

---

① 杨泽伟等：《"一带一路"倡议与国际规则体系研究》，法律出版社 2020 年版，第 22 页。

理论支撑。习近平总书记在 2020 年 11 月中央全面依法治国工作会议上强调，"要坚持统筹推进国内法治和涉外法治"。《中华人民共和国国民经济和社会发展第十四个五年规划和 2035 年远景目标纲要》提出要"加强涉外法治体系建设，加强涉外法律人才培养"。中国 2035 年的远景目标包括"基本实现国家治理体系和治理能力现代化""基本建成法治国家、法治政府、法治社会"。涉外法治体系是实现国家治理体系和治理能力现代化，基本建成法治国家、法治政府、法治社会的重要方面。本丛书重点研究"全球海洋治理法律问题""海上共同开发争端解决机制的国际法问题"以及"直线基线适用的法律问题"等，将有助于统筹运用国际法完善中国涉外立法体系，从而与国内法治形成一个相辅相成且运行良好的系统，以助力实现"十四五"规划和 2035 年远景目标。

其次，它将为推动共建"一带一路"高质量发展提供国际法方面的智力支持。十九届五中全会明确提出继续扩大开放，坚持多边主义和共商共建共享原则，推动全球治理变革，推动构建人类命运共同体。本丛书涉及"'一带一路'倡议与中国国际法治话语权问题""'一带一路'背景下油气管道过境法律问题"等。深入研究这些问题，既是对中国国际法学界重大关切的回应，又将为推动共建"一带一路"高质量发展提供国际法方面的智力支持。

再次，它将为中国国家权益的维护提供国际法律保障。如何有效维护中国的国家主权、安全与发展利益，切实保障国家权益，共同应对全球性风险和挑战，这是"十四五"规划的重要任务之一。习近平总书记特别指出"要强化法治思维，运用法治方式，有效应对挑战、防范风险，综合利用立法、执法、司法等手段开展斗争，坚决维护国家主权、尊严和核心利益"。① 有鉴于此，本丛书涵盖了"中国国家身份变动与利益保护的协调性问题""国际法中有效控制规则研究"等内容，能为积极运用国际法有效回应外部挑战、维护中国国家权益找到答案。

---

① 习近平：《坚定不移走中国特色社会主义法治道路 为全面建设社会主义现代化国家提供有力法治保障 习近平在中央全面依法治国工作会议上的讲话》，载《求是》2021 年第 5 期。

最后，它还有助于进一步完善中国特色的对外关系法律体系。对外关系法是中国特色社会主义法律体系的重要组成部分，也是处理各类涉外争议的法律依据。涉外法治是全面依法治国的重要内容，是维护中国国家权益的"巧实力"。然而，新中国成立以来，中国对外关系法律体系不断发展，但依然存在不足。随着"一带一路"倡议的深入推进，中国对外关系法律体系有待进一步完善。而本丛书探讨的"'一带一路'倡议与中国国际法治话语权问题""全球海洋治理法律问题""'一带一路'背景下油气管道过境法律问题""海上共同开发争端解决机制的国际法问题"等，既有利于中国对外关系法律体系的完善，也将为中国积极参与全球治理体系变革、推动构建人类命运共同体提供国际法律保障。

总之，"'一带一路'倡议与中国国家权益问题研究丛书"的出版，既有助于深化国际法相关理论问题的研究，也有利于进一步提升中国在国际法律秩序发展和完善过程中的话语权、有益于更好地维护和保障中国的国家权益。

作为享誉海内外的出版社，武汉大学出版社一直对学术著作的出版鼎力支持；张欣老师是一位充满学术情怀的责任编辑。这些得天独厚的优势，保证了本丛书的顺利出版。趁此机会，本丛书的所有作者向出版社的领导和张欣老师表示衷心的感谢！另外，"'一带一路'倡议与中国国家权益问题研究丛书"，议题新颖、涉及面广，且大部分作者为学术新秀，因此，该丛书难免会存在不足和错漏，敬请读者斧正。

杨泽伟 [①]

2022 年 2 月 19 日

武汉大学国际法研究所

---

① 教育部国家重大人才计划特聘教授，武汉大学珞珈杰出学者、二级教授、法学博士、武汉大学国际法研究所博士生导师，国家高端智库武汉大学国际法治研究院团队首席专家，国家社科基金重大招标项目、国家社科基金重大研究专项和教育部哲学社会科学研究重大课题攻关项目首席专家。

目　　录

绪　　论

一、问题的提出

2023 年 1 月 5 日，中菲两国发表的《中华人民共和国与菲律宾共和国联合声明》明确提出："在油气合作领域，双方同意牢记2018 年签署的《中华人民共和国政府与菲律宾共和国政府关于油气开发合作的谅解备忘录》精神，在已有成果基础上，尽早重启海上油气开发磋商，造福两国及两国人民。"① 可见，中菲两国政府对海上油气资源共同开发问题秉持积极的态度。因此，海上油气资源共同开发问题再次引起人们的关注。

其实，早在 20 世纪 70 年代末，中国政府就提出了"主权属我、搁置争议、共同开发"的倡议，试图在中国与周边海上邻国的岛屿和海洋权益争端解决之前，找到一条既能够维护地区形势和平与稳定，又符合现实需求、实现互利共赢，并能够维护国家主权的切实可行之道。2005 年，中国、朝鲜两国政府签订了《中朝关于海上共同开发石油的协定》，这是中国与周边海上邻国签订的第一个海上油气资源共同开发协定。同年，中国海洋石油总公司和越南石油总公司在越南河内也签署了《关于北部湾油气合作的框架协议》。2008 年 6 月，中日双方达成了《东海问题原则共识》。② 2013 年 10

---

① 《中华人民共和国与菲律宾共和国联合声明》(2013 年 1 月 5 日)，载外交部网站 https：//www.fmprc.gov.cn/zyxw/202301/t20230105_11001029.shtml。

② 《东海问题原则共识》主要内容包括：第一，东海合作不损害各自法律立场；第二，在东海中北部选定的一个共同开发区块内进行共同开发，并就东海其他海域共同开发继续磋商；第三，日本法人按照我国对外合作开采海洋石油资源的有关法律参与"春晓"油气田开发。参见《中日就东海问题达成原则共识》(新华社北京2008年6月18日电)，载《人民日报》2008年6月19日第4版。

月，中国、文莱两国发表了《中华人民共和国和文莱达鲁萨兰国联合声明》，双方决定进一步深化两国关系，并一致同意支持两国相关企业开展海上共同开发，勘探和开采海上油气资源。紧接着，中国、越南两国发表了《新时期深化中越全面战略合作的联合声明》，双方同意积极研究和商谈共同开发问题，在政府边界谈判代表团框架下成立中越海上共同开发磋商工作组；本着先易后难、循序渐进的原则，稳步推进北部湾湾口外海域划界谈判并积极推进该海域的共同开发。2014 年 11 月，中国国家主席习近平分别会见前来参加亚太经合组织第 22 次领导人非正式会议的文莱苏丹哈桑纳尔、马来西亚总理纳吉布时也指出，"中方愿意同文方加强海上合作，推动南海共同开发尽早取得实质进展"；中、马"双方要推进海上合作和共同开发，促进地区和平、稳定、繁荣"。2015 年 11 月，《中越联合声明》再次强调："双方将稳步推进北部湾湾口外海域划界谈判并积极推进该海域的共同开发，同意加大湾口外海域工作组谈判力度，继续推进海上共同开发磋商工作组工作，加强低敏感领域合作。"2022 年 10 月 30 日至 11 月 1 日，越南共产党中央委员会总书记阮富仲对中国进行了正式访问，随后发表的《关于进一步加强和深化中越全面战略合作伙伴关系的联合声明》明确指出："双方一致同意，继续恪守两党两国领导人达成的重要共识和《关于指导解决中越海上问题基本原则协议》……积极磋商不影响各自立场和主张的过渡性、临时性解决办法……积极推进海上共同开发磋商和北部湾湾口外海域划界磋商，推动上述两项工作早日取得实质进展；双方愿继续积极开展海上低敏感领域合作。"[①]

然而，从中国整体的周边海域来看，海上油气资源共同开发举步维艰，迄今尚未得以真正实现。[②] 其中的原因固然是多方面的，

[①]　参见《关于进一步加强和深化中越全面战略合作伙伴关系的联合声明》（2022 年 11 月 1 日），载外交部网站 https://www.fmprc.gov.cn/zyxw/202211/t20221102_10795594.shtml。

[②]　参见杨泽伟：《"海上共同开发国际案例与实践研究丛书"总序》，载董世杰：《争议海域既有石油合同的法律问题研究》，武汉大学出版社 2019 年版，第 2 页。

但是包括海上油气资源共同开发的法律适用问题在内的法律障碍是其中的重要原因之一。因此，研究海上油气资源共同开发的法律适用问题，无疑具有重要的理论价值和现实意义。

二、研究意义

本书的研究，具有如下较为重要的理论价值和现实意义。

(一)理论价值

1. 本书的研究成果将有助于进一步深化有关海上油气资源共同开发理论问题的研究。从国际法的角度看，海上油气资源共同开发是否构成习惯国际法的问题，将影响到相关国家的政策和海上实际活动的走向；海上油气资源共同开发所须遵循的国际法原则又是相关国家开展谈判和实践的基础和参照；而达成海上油气资源共同开发协议后，相关国家国内法又须依据协议予以调整。因此，本书试图对海上油气资源共同开发概念的形成、发展及相关实践进行梳理，在此基础上，深入探讨有关海上油气资源共同开发是否向着习惯国际法产生和发展、海上油气资源共同开发的法律适用等理论问题转化，这无疑会有助于进一步提升目前有关海上油气资源共同开发理论问题的研究水平。

2. 本书的研究成果将有助于进一步拓宽国际法与国内法相互关系以及国际法在国内适用等国际法基本理论问题的新视野。国际法与国内法相互关系以及国际法在国内适用问题，一直是国际法上基本的理论问题，也是最为重要的理论问题之一。我国法学界和实务部门对此问题也有颇多争议。① 因此，研究海上油气资源共同开发的法律适用问题，不但涉及如何看待国际条约、国际石油开发合

---

① 例如"关于国际条约在我国的适用问题"《民法通则》第 142 条第 2 款规定："中华人民共和国缔结或者参加的国际条约同中华人民共和国的民事法律有不同规定的，适用国际条约的规定，但中华人民共和国声明保留的条款除外。"《民法通则》的这一规定，实际上是我国国内法关于国际条约适用问题的一项通常做法。然而，2021 年 1 月 1 日施行的《中华人民共和国民法典》对国际条约在中国的效力和适用问题，则缺乏具体规定。

同和特别法等法律适用问题，而且也能为如何正确处理国际法与国内法的相互关系提供新的思路、拓展新的视野。

(二)现实意义

1. 本书的研究成果将为未来中国与周边国家海上油气资源共同开发法律适用问题提供对策建议。迄今我国与越南、菲律宾、日本等海上邻国均有有关海上油气资源共同开发的接触、尝试和讨论，而越南与马来西亚、日本与韩国等国相互之间还有海上油气资源共同开发的实践。因此，本书在系统总结国际社会已有的海上油气资源共同开发实践的基础上，寻找海上油气资源共同开发法律适用问题的共性和规律，将可为未来中国与周边国家海上油气资源共同开发法律适用问题提供重要的借鉴和启示。

2. 本书的研究成果将为中国与周边邻国实现海上油气资源共同开发的突破提供智力支持。本书在对海上油气资源共同开发涉及的有关法律适用问题作出系统梳理的基础上，将重点讨论我国海上油气资源共同开发的策略选择问题，在海上油气资源共同开发问题上如何设计谈判方案，如何准确确定应当坚持的底线和可以让步的界限，在设计合作的模式中应注意的关键问题及如何破解执行过程中可能遇到的法律适用难题等。可见，深入研究上述问题，为中国与周边邻国实现海上油气资源共同开发的突破提供智力支持，是不言而喻的。

三、国内外研究现状

自从 1958 年 2 月巴林与沙特阿拉伯签订《关于波斯湾大陆架划界协定》、设计了世界上首份海上油气资源共同开发制度以来，国内外学术界涌现了为数不少的关于海上油气资源共同开发理论和实践方面的学术成果。

(一)关于海上油气资源共同开发的起源问题

当前国际法学界对海上油气资源共同开发的起源和发展的研究，一般是以 1958 年巴林与沙特阿拉伯共同开发案为起点予以研究。① 然而，实际上任何概念的产生和实践应用，都不是凭空而来的。油气行业在此之前的发展和行业所形成的惯例，是海上油气资源共同开发的基础。不过，虽然中外学术界在这方面的研究和讨论较为粗疏，但是值得庆幸的是一些学者已经注意到捕获法则与海上油气资源共同开发起源之间的关系。

伴随着现代油气工业在美国的发展而来的是捕获法则作为油气资源财产权原则的应用。有学者指出："捕获法则出现于事件链的原始起点，该起点引导我们达到了我们今天所处的位置，并且直接或间接地促成了大大小小石油公司的典型行为模式，而这些模式反过来塑造了政府所作出的矫正反应。无论喜欢与否，捕获法则都站立在石油产业实际上所经历的发展路径的起点上。"② 这一原则在早期刺激了油气产业的快速发展③，但最终导致无序和非理性开发，造成严重的资源浪费、环境恶化和开发者的经济损失，从而促使相邻地块的开发者寻求合作，一体化或合作开发的概念逐步发展起来。④ 1958 年巴林与沙特阿拉伯共同开发案，则是将这种跨界构造的合作从一国国内实践移植到国家间合作的尝试，并取得了成功，从而引起国际法学者的关注⑤，进而又得到国际法院的重视、且被国际法院杰赛普（Jessup）法官在"北海大陆架案"（the North Sea Continental Shelf Cases, Federal Republic of Germany/Denmark, Federal Republic of Germany/the Netherlands）中

---

① 参见杨泽伟主编：《海上共同开发国际法理论与实践研究》，武汉大学出版社 2018 年版，第 2 页。

② 参见［英］艾琳·麦克哈格等主编：《能源与自然资源中的财产和法律》，胡德胜、魏铁军等译，北京大学出版社 2014 年版，第 195 页。

③ 参见甄星彪：《美国油气制度中捕获规则研究》，山西大学硕士学位论文 2016 年，第 6~7 页。

④ 参见 Vasco Becker-Weinberg, Joint Development of Hydrocarbon Deposits in the Law of the Sea, Springer-Verlag Berlin Heidelberg 2014, pp. 10-18。

⑤ 参见 William T. Onorato, Apportionment of an International Common Petroleum Deposit, International and Comparative Law Quarterly, Vol. 17, 1968, pp. 85-102。

所引用。① 此后，更多海上油气资源共同开发实践出现，发展出国际法上的新的概念与实践，即跨界构造的一体化开发和争议海域的共同开发。虽然大多数学者认为国际法中并无捕获法则②，但仍有部分学者认为捕获法则适用于国际法③；或者说，至少一些国家在涉及跨界油气资源共同开发和争议海域油气资源共同开发中寻求自身利益最大化、加大勘探开发力度的行为背后所隐藏的逻辑，仍是基于捕获法则④。

(二)关于海上油气资源共同开发的定义

界定海上油气资源共同开发的概念，是从事海上油气资源共同开发相关法律问题研究的前提。因此，中外学术界对"海上油气资源共同开发的定义"进行了较为广泛的讨论。

中外学者们把海上油气资源共同开发的定义做了广义和狭义的区分。就广义的海上油气资源共同开发概念而言，中国学者潘石英的观点颇有代表性。他认为，广义的共同开发是指两个或两个以上行政单位，对这一地区的自然资源所进行的勘探与开发活动；"行政单位"可以指主权国家，亦可指跨国的或非跨国的企业或企业集团；"地区"既可指有争议的地区，也可以指无争议的地区；可以是陆地，亦可以是海洋；而"自然资源"既可指生物资源，亦可指

---

①　参见 Separate Opinion of Judge Jessup, in "the North Sea Continental Shelf Cases (Federal Republic of Germany/Denmark, Federal Republic of Germany/the Netherlands)", available at https://www.icj-cij.org/public/files/case-related/51/051-19690220-JUD-01-03-EN.pdf。

②　参见 Masahiro Miyoshi, The Basic Concept of Joint Development of Hydrocarbon Resources on the Continental Shelf: With Special Reference to the Discussions at the East-West Centre Workshops on the South-East Asian Seas, International Journal of Estuarine and Coastal Law, Vol. 3, No. 1, 1988, p. 6。

③　参见 Joseph W. Morris, The North Sea Continental Shelf: Oil and Gas Legal Problems, International Lawyer, Vol. 2, 1967, p. 206。

④　参见 Youri van Logchem, The Status of a Rule of Capture Under International Law of the Sea with regard to Offshore Oil and Gas Resource Related Activities, Michigan State International Law Review, Vol. 26. 2, 2018, p. 203。

非生物资源，或者两者兼有。① 然而，该定义很明显过于宽泛，囊括了各国及企业间就资源进行的一切形式的合作，因而一般不为研究者所取。

狭义的海上油气资源共同开发概念是一种十分严格的定义，仅指国家间在协议基础上在未划界的争议海区或主张重叠海区进行的共同开发。例如，曾任国际海洋法法庭法官的中国籍学者高之国先生指出："共同开发是指两个或两个以上的国家达成政府间的协议，其目的是为开发和分配尚未划界的领土争议重叠区的潜在自然资源，而共同行使在此区域内的主权和管辖权。"②日本学者三好正弘（Masahiro Miyoshi）强调："共同开发是一种临时性质的政府间安排，以功能性目的旨在共同勘探和（或）开发领海之外海床的碳氢化合物资源。"③德国教授雷纳·拉戈尼（Rainer Lagoni）认为，海上共同开发是建立在协议的基础上的，对一块有争议海域的非生物资源进行开发为目的的国家间经济合作方式。④ 英国学者福克斯（Hazel Fox）等认为："共同开发是两个国家通过国家间合作及国内措施，为开发和共享双方或其中一方根据国际法拥有主权权利的大陆架海床和底土的海上油气资源，在特定海域按照双方同意的比例共享这一油气资源的协议；如双方认为可延展至专属经济区的概念，亦可在专属经济区的重叠区实施上述合作。"⑤

---

① 转引自萧建国：《国际海洋边界石油的共同开发》，海洋出版社 2006 年版，第 15~16 页。

② 参见 Zhiguo Gao, The Legal Concept and Aspects of Joint Development in International Law, in Ocean Yearbook, Vol. 13, the University of Chicago Press 1998, p. 112。

③ 参见 Masahiro Miyoshi, The Joint Development of Offshore Oil and Gas in Relation to Maritime Boundary Delimitation, Maritime Briefing (International Boundaries Research Unit), Vol. 2, No. 5, 1999, p. 3。

④ 参见 Rainer Lagoni, Oil and Gas Deposits Across National Frontiers, American Journal of International Law, Vol. 73, 1979, p. 215。

⑤ 参见 Hazel Fox etc. ed., Joint Development of Offshore Oil and Gas: A Model Agreement for States for Joint Development with Explanatory Commentary, British Institute of International and Comparative Law 1989, pp. 43-45。

此外，还有一种比"狭义的海上油气资源共同开发概念"略为宽泛的定义，即：将共同开发定义为"主权国家基于协议，就跨越彼此间海洋边界线或位于争议区的共同矿藏，以某种合作形式进行勘探或开发"。其核心在于既包括对未划界的争议区域的勘探开发，也包括对划界后的跨界单一构造进行一体化的开发。荷兰学者白纳德（Bernard Taverne）教授、国内学者萧建国大使、杨泽伟教授等持此观点。① 由于国际实践中出现的划界前的争议区的临时安排以及划界后涉及跨界构造的一体化开发，具有相当的共性，而且一旦划界后，争议区的共同开发可能转化为跨界构造的一体化开发，因而在这个略为宽泛的定义之下对海上油气资源共同开发问题进行研究、讨论和总结，具有较为重要的学术价值和现实指导意义。本书对海上油气资源共同开发法律适用问题的研究，也是从这一定义出发的。

另外，国内还有一些学者从国际法的角度专门探讨了海洋石油资源共同开发制度的概念、目标、特征等问题，如万霞和宋冬《争议海域的共同开发制度——从邓小平同志和平解决国际争端的外交思想说开去》②等。

（三）关于海上油气资源共同开发的内容

中外学术界一般认为，就海上共同开发的内容而言，无论是从海上共同开发概念的发展来看，还是就海上共同开发的相关国际实践分析，主要是指海上油气资源的共同开发。然而，也有学者指出，从近年的国际实践看，海上共同开发的内容正在逐步从油气资

---

① 参见萧建国：《国际海洋边界石油的共同开发》，海洋出版社 2006 年版，第 14、16 页；杨泽伟主编：《海上共同开发国际法问题研究》，社会科学文献出版社 2016 年版，第 1 页。

② 参见万霞和宋冬：《争议海域的共同开发制度——从邓小平同志和平解决国际争端的外交思想说开去》，载《太平洋学报》2007 年第 6 期，第 34~40 页。

源向生物资源、海上观光旅游等多领域延伸。① 在具体实践中，国内相关决策部门也提出海上共同开发的内容应向包括旅游、渔业等更大范围扩展，而不仅仅局限于油气资源的问题。

笔者认为，海上共同开发起源于海上油气资源的开发，并因其所具有的流动性有别于一般固态的矿产资源的开发②，特别是涉及跨界海上油气资源开发问题，将直接影响到相邻国家的权益，解决起来涉及的问题更多、更为复杂。渔业资源因其洄游性亦可产生跨界开发问题，而海上旅游资源，可以定义为源于海洋资源的次生经济资源，与一般自然资源的可直接利用又有所不同。这两种不同形态的资源的共同开发，在某种程度上可看做具有跨界性质，或在实际开发利用中即使用明确的界限也难以限定的资源，与油气资源的开发存在一定可比性。因此，就目前国际实践而言，油气资源仍是海上共同开发最主要的内容，亦是本书所集中讨论的主题。

(四)关于海上油气资源共同开发适用的国际法问题

关于海上油气资源共同开发适用的国际法问题，中外学术界争论最为激烈的是海上油气资源共同开发是否已成为习惯国际法。③ 其中，有不少学者认为，海上油气资源共同开发已成为习惯国际法规则。④

---

① 参见杨泽伟：《论海上共同开发的发展趋势》，载《东方法学》2014 年第 3 期，第 71~79 页；杨泽伟主编：《海上共同开发国际法理论与实践研究》，武汉大学出版社 2018 年版，第 15~17 页。

② 有学者指出，对固态资源如煤炭而言，即使存在跨界构造，各国完全可依据其各自法律，在属于其管辖范围内开发该资源，且一般不对邻国权益造成损害。参见 Masahiro Miyoshi, The Basic Concept of Joint Development of Hydrocarbon Resources on the Continental Shelf: With Special Reference to the Discussions at the East-West Centre Workshops on the South-East Asian Seas, International Journal of Estuarine and Coastal Law, Vol. 3, No. 1, 1988, p. 6。

③ 参见杨泽伟：《论海上共同开发的发展趋势》，载《东方法学》2014 年第 3 期，第 77 页。

④ 参见 David M. Ong, Joint Development of Common Offshore Oil and Gas Deposits: "Mere" State Practice or Customary International Law? the American Journal of International Law, Vol. 93, No. 4, 1999, p. 800。

例如，美国的石油法律专家、世界银行高级顾问奥诺拉托（Willam T. Onorato）是最早关注到共同开发问题——也是在这一问题上观点最为激进的学者。他认为，就涉及共同构造的油气资源进行共同勘探开发，已构成习惯国际法，具有强制力。① 中国学者高之国先生也持类似的观点，他曾指出"海上共同开发是新出现的习惯国际法规则"②。

　　而另外一些学者则持相反的意见。③ 例如，德国基尔大学国际法教授雷纳·拉戈尼（Rainer Lagoni）和日本学者三好正弘（Masahiro Miyoshi）认为，就共同构造进行共同开发所进行积极的合作并非习惯国际法原则，共同开发只是基于对现实利益的考量而非法律的强制力所驱动的行为；就跨界构造或主张重叠海域的资源开发问题采取合作态度避免单方行为，以及本着善意原则进行谈判等，则是国际法规定的相关国家应履行的法律义务或法律责任。④ 武汉大学张辉教授亦持相似的观点，认为共同开发不构成习惯国际法，共同开

---

　　① 参见 William T. Onorato, Apportionment of an International Common Petroleum Deposit, International and Comparative Law Quarterly, Vol. 17, 1968, p. 85; William T. Onorato, Apportionment of an International Common Petroleum Deposit, International and Comparative Law Quarterly, Vol. 26, 1977, pp. 324-337。

　　② Zhiguo Gao, The Legal Concept and Aspects of Joint Development in International Law, Nonliving Resources, 1998, p. 123.

　　③ 参见 Rainer Lagoni, Oil and Deposit Across National Frontiers, American Journal of International Law, Vol. 73, No. 2, 1979, p. 215; Masahiro Miyoshi, The Basic Concept of Joint Development of Hydrocarbon Resources on the Continental Shelf: With Special Reference to the Discussions at the East-West Centre Workshops on the South-East Asian Seas, International Journal of Estuarine and Coastal Law, Vol. 3, No. 1, 1988, pp. 8-18; Beckman etc. ed., Beyond Territorial Disputes in the South China Sea: Legal Framework for the Joint Development of Hydrocarbon Resources, Edward Elgar Publishing Limited 2013, p. 111。

　　④ 参见 Masahiro Miyoshi, The Basic Concept of Joint Development of Hydrocarbon Resources on the Continental Shelf: With Special Reference to the Discussions at the East-West Centre Workshops on the South-East Asian Seas, International Journal of Estuarine and Coastal Law, Vol. 3, No. 1, 1988, pp. 9-10。

发的法律基础只能来自当事国的条约约定，即各方意志的协调一致。①

此外，还有学者主张海上油气资源共同开发正朝着向习惯国际法规则方向发展。② 例如，武汉大学杨泽伟教授认为，"虽然目前我们作出海上油气资源共同开发已经完全成为习惯国际法规则的结论还为时尚早，但是它朝着这个方向发展的趋势的确很明显"③。国外其他一些学者也持类似的观点。④

（五）关于海上油气资源共同开发适用的国内法问题

在现有的海上油气资源共同开发案例中，从油气作业管理模式的角度进行分类，海上油气资源共同开发管理模式可以分为代理制模式、超国家管理模式和联合经营模式。其中，代理制模式是指由一方当事国代表双方对共同开发区内的开发活动和事务进行管理，另一方分享收益；超国家管理模式是指国家间通过协议，将当事国对共同开发区的管辖权转让给建立的联合管理机构，全权负责相关管理；联合经营模式是指国家各自保留授予资源勘探和开发的许可权或特许权，各当事国的租让权人负责各自授权区域内资源的勘探和开发，租让权人之间签订联合经营协议进行合作。⑤ 在海上油气资源共同开发不同管理模式下，适用法律亦有区别：一种是协议方同意适用其中一国的法律，如"马来西亚与越南共同开发案"将整

---

① 参见张辉：《中国周边争议海域共同开发基础问题研究》，载《武大国际法评论》2013 年第 16 卷，第 47~49 页。

② 参见 Yu Hui, Joint Development of Mineral Resources —— An Asian Solution, Asian Yearbook of International Law, Vol. 2, 1994, p. 104；于辉：《共同开发海洋矿物资源的国际法问题》，载《中国国际法年刊》1994 年，第 60 页。

③ 杨泽伟：《论海上共同开发的发展趋势》，载《东方法学》2014 年第 3 期，第 79 页。

④ 参见 S. P. Jagota, Maritime Boundary and Joint Development Zones: Emerging Trends, Nonliving Resources, 1993, p. 131。

⑤ 参见邓妮雅：《海上共同开发管理模式法律问题研究》，武汉大学出版社 2019 年版。

个合作区适用一个国家法律的模式；第二种是建立新的专门的法律
制度和管理机构来管理共同开发区，如"马来西亚与泰国共同开发
案"的合作模式；① 第三种是综合适用，既包括"日本与韩国共同开
发案"将共同开发区分成若干小区块，在不同区块适用不同国家法
律的模式；也包括根据不同事项，包括刑事管辖、民事管辖、海关
移民和检疫、税收等适用不同国家法律的模式。② 国内的一些年轻
学者如邓妮雅③、何海榕④、董世杰⑤在各自论著中均从不同角度、
较为深入地讨论了海上油气资源共同开发不同管理模式下的法律适
用问题。

　　值得注意的是，杨泽伟教授较为详细地探讨了海上油气资源共
同开发的法律适用问题。他认为，海上油气资源共同开发法律适用
的情形，主要涉及争议海域海上油气资源共同开发的法律适用和跨
界海上油气资源共同开发的法律适用；综合 1958 年以来海上油气
资源共同开发的国际实践，海上油气资源共同开发的法律适用主要
有分别适用、共同适用和综合适用三种类型；海上油气资源共同开
发适用的法律主要有国际法、国际石油开发合同、特别法和国内

---

　　① 关于马越与马泰合作模式的比较，参见杨泽伟主编：《海上共同开发
国际法理论与实践研究》，武汉大学出版社 2018 年版，第 350～368 页；何海
榕：《泰国湾海上共同开发法律问题研究》，武汉大学出版社 2020 年版。

　　② 参见杨泽伟主编：《海上共同开发国际法问题研究》，社会科学文献
出版社 2016 年版，第 42～52 页；参见 David M. Ong, Implications of Recent
Southeast Asian State Practice for the International Law on Offshore Joint
Development, in Beckman etc. ed., Beyond Territorial Disputes in the South China
Sea: Legal Framework for the Joint Development of Hydrocarbon Resources, Edward
Elgar Publishing Limited 2013, pp. 191-204。

　　③ 参见邓妮雅：《海上共同开发管理模式法律问题研究》，武汉大学出
版社 2019 年版。

　　④ 参见何海榕：《泰国湾海上共同开发法律问题研究》，武汉大学出版
社 2020 年版。

　　⑤ 参见董世杰：《海上共同开发区的法律适用》，载《武大国际法评论》
2015 年第 17 卷，第 69～87 页；董世杰：《争议海域既有石油合同的法律问题
研究》，武汉大学出版社 2019 年版。

法；今后，中国应选择有利于维护中国国家利益的海上气资源共同开发的法律适用模式等。① 他的观点对于本书的写作具有较大的启迪意义。

综上可见，关于海上油气资源共同开发及其法律适用问题，国内外学术界已经出现了不少有价值的研究成果。这些研究成果为本书的研究和进一步探索提供了很好的基础，一些研究成果的观点也对本书产生了较大的启示作用。然而，毋庸讳言，国内外学术界有关海上油气资源共同开发及其法律适用问题的研究成果，仍有进一步拓展和深化的可能。

第一，研究的深度仍值得进一步挖掘。例如，国内学者从国际法或国际关系的角度，探讨有关东海、南海的海域划界和共同开发问题的文章相对较多，但是对海上油气资源共同开发的法律适用问题进行深入分析的著作和论文相对较少。在论文方面，贾宇在《中日东海共同开发的问题与前瞻》一文中分析了东海共同开发的历史与现实，指出共同开发是划界前的临时安排，而政治意愿是达成共同开发的关键因素，并对中日东海共同开发的前景进行了展望。② 周忠海的《论南中国海共同开发的法律问题》一文最大的特点是提出了"南沙共同开发区和方案选择问题"。③ 杨泽伟在《"搁置争议、共同开发"原则的困境与出路》一文中较为系统地剖析了"搁置争议、共同开发"原则的困境，指出该原则难以付诸中国与周边国家实践的原因主要有政治意愿缺乏、现实需要不强、岛屿主权争议、争议海域（海区）模糊以及外部势力干扰等；并提出今后中国政府在解决与周边国家领土和海洋权益争端时，一方面仍然要倡导"搁置争议、共同开发"原则、争取在实践方面有所突破，另一方面也

---

① 参见杨泽伟：《论海上共同开发区的法律适用问题》，载《广西大学学报》（哲学社会科学版）2015 年第 4 期，第 71~78 页。

② 参见贾宇：《中日东海共同开发的问题与前瞻》，载《世界经济与政治论坛》2007 年第 4 期，第 49~54 页。

③ 参见周忠海：《论南中国海共同开发的法律问题》，载《厦门大学法律评论》2003 年第 5 期，第 190~209 页。

要做好利用其他和平方法解决国际争端的准备。①

　　而在著作方面，最有代表性的著作是蔡鹏鸿的《争议海域共同开发的管理模式：比较研究》，该书是当时国内唯一一本研究海上共同开发的专著。它以共同开发的管理模式为研究对象，论述了有关共同开发的基本问题、法律适用、财税制度等方面的一些内容，并重点剖析了十一个共同开发的案例。然而，该书最大的缺陷是没有对中国有关海上共同开发的实践进行前瞻性的研究。② 另外，萧建国的《国际海洋边界石油的共同开发》，主要从国际法特别是海洋法的角度论述了共同开发的产生、发展和特征，分析了共同开发的法理基础，剖析了世界上已经存在的共同开发案例和相关协定，介绍了中国近海石油勘探开发的历程，并对中国在有争议海域实行共同开发进行了展望。③ 余民才的《海洋石油勘探与开发的法律问题》，对海洋石油勘探开发涉及的五个主要法律问题：海洋石油勘探开发的法律基础、法律方式、共同开发制度、近海石油活动与捕鱼和航行间的法律协调、近海石油活动的环境保护制度进行了系统的探讨，但对海洋石油共同开发制度的研究不够深入。④ 此外，还有专门研究国际石油合同、国际油气合作等方面的著作⑤，这些著作只局限于研究国际石油合同模式问题，或者只针对国际油气合作的理论和实务，它们对海上油气资源共同开发的相关法律问题，如合同模式的选择、项目的管理等具有一定的参考价值。

　　第二，研究的系统性仍有待进一步加强。例如，国外学术界对

---

　　① 参见杨泽伟：《"搁置争议、共同开发"原则的困境与出路》，载《江苏大学学报》2011年第3期，第70~75页。

　　② 参见蔡鹏鸿：《争议海域共同开发的管理模式：比较研究》，上海社会科学院出版社1998年版。

　　③ 参见萧建国：《国际海洋边界石油的共同开发》，海洋出版社2006年版。

　　④ 参见余民才：《海洋石油勘探与开发的法律问题》，中国人民大学出版社2001年版。

　　⑤ 参见王年平：国际石油合同模式比较研究》，法律出版社2009年版；何沙等：《国际石油合作法律基础》，石油工业出版社2008年版；葛艾继等：《国际油气合作理论与实务》，石油工业出版社2004年版。

海上油气资源共同开发及其法律适用问题的研究，一直与实践相伴，并产生了一些具有较大国际影响的、标志性的研究成果，但总地来看较为零散。从学术研究的角度来看，共同开发萌芽于 20 世纪 30 年代的陆地石油开采活动。当时美国西部陆上石油开采带来了一些司法实践并引发相应的研究。到 20 世纪 50 年代下半叶和 60 年代上半叶，在中东的波斯湾和欧洲大陆先后出现了海洋和陆地石油资源的共同开发案例。针对共同开发的国际实践，美国的石油法律专家、世界银行高级顾问奥诺拉托（Willam T. Onorato）率先对共同开发问题进行了较为全面的理论探索，并在 1968 年正式发表了第一篇有关共同开发的文章——《国际共同石油储藏的分配》（Apportionment of an International Common Petroleum Deposit）。[①] 进入 70—80 年代以后，随着海上共同开发实践的不断增多，国际社会分别在 1980 年和 1983 年召开了两次有关南海碳氢化合物开发的国际研讨会，并汇集了若干法学、外交和地质学等方面的学术论文。随后，英国国际法与比较法研究所（the British Institute of International and Comparative Law）组织了一个由学术界、石油专家和律师组成的小组，专门就海上共同开发问题进行研究，并起草完成了共同开发协定的范本。1990 年，该小组的研究成果汇编成《近海油气的共同开发》（Joint Development of Offshore Oil and Gas）分上、下两卷发行。[②] 该书标志着对海上共同开发的研究水平达到了巅峰，目前仍是研究海上共同开发问题最深入、最全面和最权威的著作。进入 21 世纪以来，国外学者对海上共同开发的研究并未取得明显进展，主要是一些零散的研究。

[①] 参见 William T. Onorato, Apportionment of an International Common Petroleum Deposit, International and Comparative Law Quarterly, Vol. 17, 1968, pp. 85-102。

[②] 参见 Hazel Fox etc. ed., Joint Development of Offshore Oil and Gas: A Model Agreement for States for Joint Development with Explanatory Commentary, British Institute of International and Comparative Law 1989; Hazel Fox ed., Joint Development of Offshore Oil and Gas, Vol. II, British Institute of International and Comparative Law 1990。

有鉴于此，关于海上油气资源共同开发的法律适用问题，还是有不少值得进一步挖掘之处，特别是在签订海上油气资源共同开发协议后所采用的新的、有别于一国国内的油气勘探开发管理模式（即使是代理制模式中适用一国法律，但毕竟与本国管辖下的管理模式法律来源存在区别，特别是在税收、分成等方面），对相关国家原有国内法造成了不同程度的冲击，相关国家对各自国内法与共同开发协议及管理制度相矛盾的部分如何进行处理的问题等。总之，尽最大努力去弥补国内外学术界关于海上油气资源共同开发法律适用问题方面研究的不足和缺漏，是本书的初衷和依归。

四、研究思路和方法

（一）研究思路

本书在阐释海上油气资源共同开发历史演变的基础上，探讨海上油气资源共同开发法律适用的不同情形，其中主要涉及争议海域海上油气资源共同开发的法律适用和跨界海上油气资源共同开发的法律适用；接着详细分析 1958 年以来海上油气资源共同开发的国际实践，概括出海上油气资源共同开发的法律适用主要有分别适用、共同适用和综合适用三种类型；指出海上油气资源共同开发适用的法律主要有国际法、特别法、国内法和国际石油开发合同；最后，在详细讨论中国与周边国家间海上油气资源共同开发实践后，提出未来中国应选择有利于维护中国国家利益的海上油气资源共同开发的法律适用模式。

（二）研究方法

本书拟采用以下研究方法：

1. 案例分析方法。迄今，海上油气资源共同开发的国际案例有近 30 例。① 因此，本书拟采用案例分析方法，从海上油气资源

---

① 参见杨泽伟主编：《海上共同开发国际法理论与实践研究》，武汉大学出版社 2018 年版，第 2 页。

共同开发的国际案例分析入手，通过剖析海上油气资源共同开发的典型案例，如"1974 年日本与韩国共同开发案""1976 年英国与挪威共同开发案""1979 年马来西亚与泰国共同开发案""1992 年马来西亚与越南共同开发案""2001 年尼日利亚与圣多美和普林西比共同开发案"以及"2002 年澳大利亚与东帝汶共同开发案"等，探寻海上油气资源共同开发法律适用的共性、规律和特点，在此基础上提出未来中国与周边邻国进行海上共同开发实践中应选择的法律适用模式。

2. 跨学科的研究方法。海上油气资源共同开发不仅是政治主张，也是法律上承认的概念。它不仅与国际政治、国民经济、文化传统等方面密切相关，还涉及诸多的法律领域，如国际公法、海洋法、国际私法、劳动法、合同法和石油法等方面，只有从政治、经济、法律等方面做全面、综合的分析和研究，方能对海上共同开发问题作出扎实、深刻的剖析和探讨。

3. 历史分析方法。海上油气资源共同开发是一定历史阶段的产物。本书将对第二次世界大战结束以来有关海上油气资源共同开发的国际实践进行纵向分析，并对周边海上邻国间海域划界和共同开发的历史进程进行剖析，力求预测中国与周边邻国海上油气资源共同开发的发展趋势，提出未来中国与周边邻国进行海上油气资源共同开发的原则和措施建议。

4. 实证比较方法。目前国际社会既存在划界前权利主张重叠海域的海上油气资源共同开发案，也有划界后共同开发跨界石油资源的案例。这些案例蕴含着丰富的有关海上油气资源共同开发的一般原则和具体方法。同时，中国的海上邻国在其各自的政治、经济、安全和战略的考虑下，对海洋争端及共同开发有着不尽相同的立场、观点和主张。本书将对这些进行比较分析，以找出适用于中国与邻国进行海上油气资源共同开发法律适用的原则和规则等。

第一章 海上油气资源共同开发法律 适用问题的起点——油气 资源所有权

有学者指出，油气资源开发中遇到的一切纷争，归根结底是油气资源所有权引发的问题[1]。由于油气资源具有流动性的特质，现代油气业发展初期，对位于地下深处的油气资源的储量大小、储层范围、运移规律等并不了解，对处于地下的油气资源到底归谁所有的纷争，贯穿了油气行业法律规则形成和发展的全过程。油气行业本身的发展历史，因而也经历了从无序竞争到有序合作、从"以邻为壑"到"与邻为伴"的过程。

关于海上油气资源的共同开发，学术界已进行了很多的讨论，一般均以沙特与巴林所达成的油气合作作为共同开发的肇始。[2] 而学术界的相关研究，大多是从国际法的角度出发，相关学者对于油气行业的发展、油气行业的实践并不熟悉，因而在相关研究中，忽略了油气资源开发早期的发展历史和油气资源开发法律规则的演变。事实上，无论是沙特和巴林的协议，还是引起国际法院所关注的油气开发中的跨界合作、争议区域的共同开发等，可能在国际法界是新鲜事，但对于油气行业而言，这样的合作开发形式，早已屡见不鲜了。现今学术界所讨论的海上油气资源共同开发合作的基本

---

① 参见 Ralph B. Shank, "Present Status of the Law of Capture", Proceedings of the Annual Institute on Oil and Gas Law and Taxation as It Affects the Oil and Gas Industry, 1955, p. 271。

② 参见杨泽伟主编：《海上共同开发国际法问题研究》，社会科学文献出版社 2016 年版，第 2 页；于辉：《共同开发海洋矿物资源的国际法问题》，载《中国国际法年刊(1994)》，法律出版社 1995 年版，第 48 页。

法律框架，基本上都来源于油气行业累积多年的法律实践，只不过体现了从国内法向国际法发展，从陆地向海上发展的过程。这个过程，由于情况不同，当然有新的发展，新的条款的注入，但就合作的基本法理和法律框架而言，并未发生太多变化。因此，作为研究海上油气资源共同开发法律适用问题的起点，非常有必要考察油气资源所有权从适用私法到公法的发展过程。

第一节　私法中的油气资源所有权

一、油气资源的特性

在我们谈及油气资源开发利用时，首先应对油气资源的形态、油气田如何形成有一个基本的概念。

石油和天然气是指地下岩石生成和储集的液态和气态的以碳氢化合物为主要成分的可燃性矿产。[①] 一般可将从地下开采出来、未经加工的石油和天然气称为原油，也有的称之为碳氢化合物（Hydrocarbon），在本书中为方便，将其统称为油气资源。

今天在谈到埋藏在地下的油气田时，一般专业人士都会指出，关于油气资源的生成，有不同学说，主要分为有机生成学说和无机生成学说两种，有机生成学说又有"海相生油""陆相生油""早期生油""晚期生油"等不同争论。但总体而言，可以大致概括为，地球历经几十亿年的演化，随着地壳运动，形成沉积盆地，不断累积在沉积盆地中的有机物质经过复杂的物理和化学变化，在沧海桑田中脱胎换骨，最终转化为埋藏在地下的油气资源。地下油气田的形成，要具备生、储、盖、圈四大要素，即生油层、储集层、盖层和圈闭。油气资源在生油层生成，由于地层压力等变化，经过运移到达能够使其储集的储集层。在储集层之上由致密的不渗透岩层构成盖层，防止进入储集层后的油气资源向外散逸。而圈闭，就是将在

---

① 参见中国石油和石化工程研究会组织编写：《当代石油和石化工业技术普及读本：勘探（第二版）》，中国石化出版社 2005 年版，第 1 页。

地下运移的油气资源留存在一定范围内的地质因素。油气资源在储层中不断经过运移进入圈闭中聚集、保存，最终形成了油气田。油气资源的勘探就是寻找可能储集油气的圈闭，通过钻探找到可供开发的油气田；而油气资源的开发就是以经济有效的方式将已发现的油气资源从地下开采出来，用油气行业的术语来讲，就是油气资源回收的过程。地下油气藏并非像通常想象中的由原油构成的湖泊、水流或是硕大空旷的天然气储罐，当打下一口油井或气井后，就可以轻易地将这些油气资源像水或空气一样抽取出来。油气资源完全可以从"石油"这个词来望文生义，即"石头里的油（或气）"。让我们想象一个浸透了水的海绵，油气资源就是水，而浸透了油气资源的"海绵"则是地层中坚硬的岩石。由于岩石内部存在着大大小小的孔隙和裂缝，油气资源得以在这些孔隙和裂缝之间存储。这些孔隙大的肉眼可见，小的则需借助放大镜或显微镜。孔隙越大，可以贮藏的油气资源越多；孔隙之间的连通性越好，渗透率越高，油气资源在岩石中的流动性越强。不同品质的油气资源，其黏稠度不同，也导致油气资源流动性强弱变化。[①]

　　总之，油气资源并非像煤炭或铁矿石等完全固定不动的矿产资源，而是具有一定流动性。但这种流动性与水或空气等的完全流动性又有所不同，而要受到地质条件的约束，并非具有完全的流动性。可见，油气资源是具有一定流动性的矿产资源。以上，是今天我们对于油气资源的认识。但对于油气成藏规律和油气田应如何经济有效开发的认识并非一日之功，而是在实践中不断发展和演进。而这种认识的发展，对油气开发所应用的法律，亦产生了十分重要和深刻的影响。

二、捕获法则溯源

　　在油气开发的初期，由于对油气的成因并不了解，对处于油气开发早期的人们而言，石油与水密切相联，因为石油的状态为流体，与水类似，因此在处理涉及地下油气资源的权属争议时，以水

---

　　① 参见中国石油和石化工程研究会组织编写：《当代石油和石化工业技术普及读本：勘探（第二版）》，中国石化出版社 2005 年版，第 1~34 页。

资源来进行类比成为必然。①

捕获法则是普通法中的一个概念，最早与水特别是地下水资源相关。经过 2000 多年的实践和积淀，该法则已成为财产法中一个重要的概念，② 并成为油气资源所有权确定及油气勘探开发中的核心规则。有学者指出，"捕获法则出现于事件链的原始起点，该起点引导我们达到了我们今天所处的位置，并且直接或间接地促成了大大小小石油公司的典型行为模式，而这些模式反过来塑造了政府所作出的矫正反应。无论喜欢与否，捕获法则都站立在石油产业实际上所经历的发展路径的起点上"③。

捕获法则在英文中有 law of capture，rule of capture，principle of capture 等不同用法，中文译文则包括捕获规则和捕获原则。在我国出版的《英汉石油大辞典》中仅收录 rule of capture 一种用法，而并未收录 law of capture 或 principle of capture，并将该词组译为"占有原则"④。这是从其含义的角度出发对该词组予以解释性翻译。笔者认为，"占有"一词，并不足以反映该词组的来历或者说历史沿革。对于具有流动性的油气资源，人们最早是将其与野生动物进行类比的，使用"捕获"一词，可以更为精当地反映出这种渊源。此外，"捕获"从逻辑上意味着对某种本来没有所有权的物品取得控制权和所有权，或者更为精确地说，是取得控制权和所有权的行为本身。⑤ 因此，捕捉、获得并占有，才是"捕获"的全部意义，而

---

①　参见 Terence Daintith, Finders Keepers? How the Law of Capture Shaped the World Oil Industry, RFF Press, 2010, p. 41。

②　参见 Dylan O. Drummond, Lynn Ray Sherman & Edmond R. McCarthy, The Rule of Capture in Texas-Still So Misunderstood after All These Years, Texas Tech Law Review, Vol. 37, No. 1, 2004, p. 15。

③　艾琳·麦克哈格等主编：《能源与自然资源中的财产和法律》，胡德胜、魏铁军等译，北京大学出版社 2014 年版，第 195 页。

④　参见《英汉石油大辞典》编委会编：《英汉石油大辞典》，石油工业出版社 2001 年版，第 1231 页。

⑤　参见 Dylan O. Drummond, Lynn Ray Sherman & Edmond R. McCarthy, The Rule of Capture in Texas-Still So Misunderstood after All These Years, Texas Tech Law Review, Vol. 37, No. 1, 2004, p. 54。

"占有"并不足以涵盖该词汇所蕴含的丰富的法律意义。

(一)罗马法

罗马法中并无所有权的定义,只有所谓"对所有权的完全支配权"(plena in re potestas)。后世注释者从不同角度对其定义为:"所有权是以所有人的资格支配自己的物的权利"或"所有权是所有人除了受自身实力和法律的限制外,就其标的物要以为他所想为的任何行为的能力"[①]。从罗马法中对于属于无主物(res sine domino 或 res mullius)的从未为人所有的物(res quae nullius in bonis sunt)的所有权的解读看,无论是认为野生动物被击中后,在追捕中即属于猎人所有,如猎人停止追捕,它就依旧为无主物或为先占者所有的看法,或是认为只有猎人实际捕获该野生动物,才是其所有权人的看法,这里最重要的根本性问题,是其中确定的一个无主物所有权的基本法律意义:无主物原则上归先占者所有。[②]

在《狄奥多西法典》中,第一次将水权(water rights)与所有权的概念相联系。这说明罗马人已有意识地将获得水资源的权力视为所有权,而不仅仅是获得权或使用权。[③] 马塞勒斯(Marcus Claudius Marcellus)认为,"对于在自己的土地上进行挖掘而改变邻居水源供应的人,不得采取任何措施"。这一原则,在英国法院"阿克顿诉布伦戴尔"案中被引用,并被视为现代捕获法则的最早和最直接的起源。[④] 查士丁尼《法学汇编》中还引用了乌尔比安(Ulpian)的说

---

① 参见周枏:《罗马法原论(上册)》,商务印书馆2019年版,第341~342页。

② 参见周枏:《罗马法原论(上册)》,商务印书馆2019年版,第335~337,456~457,467~468,480页有关论述。

③ 参见 Dylan O. Drummond, Lynn Ray Sherman & Edmond R. McCarthy, The Rule of Capture in Texas-Still So Misunderstood after All These Years, Texas Tech Law Review, Vol. 37, No. 1, 2004, pp. 15-20。

④ 参见 Dylan O. Drummond, Lynn Ray Sherman & Edmond R. McCarthy, The Rule of Capture in Texas-Still So Misunderstood after All These Years", Texas Tech Law Review, Vol. 37, No. 1, 2004, pp. 22-23。

法，"对于一个土地的拥有者，如果不能在可预见的对其的伤害中采取措施保护自己，则只能归罪于自身"。这一点，也是捕获法则发展中关于自力救济的一个重要的概念。①

（二）英国法

1843 年英国"阿克顿诉布伦戴尔案"（Acton v. Blundell，以下简称阿案）是第一个有关现代意义上的捕获法则的法院判决案例。在阿案中，阿克顿在自有土地上建有棉纺厂，并利用自有土地中的地下水做为动力驱动纺车。但附近的土地主布伦戴尔在自有土地上开采煤矿。煤矿越挖越深，导致棉纺厂所用地下水枯竭。由此，阿克顿作为原告提出诉讼，要求被告布伦戴尔停止采煤。原告律师表示，只要该水流位于原告土地中，根据"土地所有权上达天宇下及地心"（Cujas est solumejus est usque ad coelum et ad infernos）的原则，即归原告所有。然而，原告律师援引的案例均系地表水案例。最终法庭判决，地下水所有权的适用法律与地表水和河流不同。地下水所有权适用的法律原则应当是，土地所有者拥有土地及地下一切的物的所有权，土地所有者尽可随意处置自己所有土地中的物。如因行使该权力导致截断甚至枯竭邻居的地下水源，由此造成的不便属"于法无可救济之损害"，法庭无法对此采取行动。阿案判决确定的重要原则：一是地下水资源与地表水资源的属性不同，地下水资源属于所有权所规范的范畴；二是对地表土地拥有所有权的同时即拥有该片土地一切地下资源的所有权。② 该案判决的重要性在于它创设了现代捕获法则的适用法律基础，并定义了该法所保护的各项

---

① 参见 Dylan O. Drummond, Lynn Ray Sherman & Edmond R. McCarthy, The Rule of Capture in Texas-Still So Misunderstood after All These Years, Texas Tech Law Review, Vol. 37, No. 1, 2004, pp. 23-24。

② 参见 Dylan O. Drummond, Lynn Ray Sherman & Edmond R. McCarthy, The Rule of Capture in Texas-Still So Misunderstood after All These Years, Texas Tech Law Review, Vol. 37, No. 1, 2004, pp. 35-39。

权利。①

(三)捕获法则在美国现代油气法律中的适用

一般认为,现代商业性石油工业起源于 1859 年的美国。② 美国的最初实践对油气行业的实践及法律应用起了至关重要的影响。一般为固态形式存在于地下的非生物资源如金属、煤炭等,不具有流动性,在被发现的地方一般会保持不变。而石油、天然气作为液态或气态的资源,则存在一定的流动性。由于地表邻近的区块在地下可能处于同一油气藏,某块土地所有者在自己的土地上钻井并获取油气后,原本位于其他地块的地下油气资源,可能因压力变化而发生运移,从而可能造成周围其他地表土地所有者的损害。因而当时关于油气资源的所有权归属问题成为核心关切,如何对油气资源的所有权进行确定,是当时法律所必须面临的问题。

1867 年达克诉约翰斯顿案(Dark v. Johnston)中,法院认为"石油是一种液体,像水一样,如非实际占有,则不是所有权客体"③。油气资源与土地、个人动产、知识产权以及其他物品的所有权的根本区别在于,油气资源的所有权源于某一特定储积库的产品流(即油藏中的油气资源)的所有权和储积库本身的所有权④。

1889 年"威斯特摩兰和坎普亚天然气公司诉德韦特案"(Westmoreland and Cambria Natural Gas Co. v. De Witt,以下简称威

---

① 参见 Dylan O. Drummond, Lynn Ray Sherman & Edmond R. McCarthy, The Rule of Capture in Texas-Still So Misunderstood after All These Years, Texas Tech Law Review, Vol. 37, No. 1, 2004, p. 37。

② 参见 Daniel Yergin, The Prize: The Epic Quest for Oil, Money & Power, Free Press, 2008, pp. 19-30。

③ 参见 Bruce M. Kramer and Owen L. Anderson, The Rule of Capture-An Oil and Gas Perspective, Environmental Law, Vol. 35, 2005, p. 904。

④ 参见 Dean Lueck, The Rule of First Possession and the Design of the Law, Journal of Law and Economics, Vol. 38, 1995, p. 393, 转引自艾琳·麦克哈格等主编:《能源与自然资源中的财产和法律》,胡德胜、魏铁军等译,北京大学出版社 2014 年版,第 196 页。

案)是美国历史上最早的对油气资源所有权的判例，影响颇为广泛。① 在对该案的判决中，宾夕法尼亚州最高法院对有关"天然气作为一种矿产，当其处于地下时，拥有该片土地即意味着拥有该部分天然气"的说法作出回应，相关内容如下：

"天然气确属矿产，但具有特殊性……水也是一种矿产……水与石油，尤其是天然气也许应被归类为自然野生动物类矿产(minerals ferae naturae)……水、石油、天然气不像其他矿产，而更像是动物，有不受所有者意志控制而散逸的能力和偏好……只要它们位于一块土地之上或之中，它就属于这块土地，从而属于该块土地的所有者，并处于该所有者的控制之中；但当它们去到其他土地，或处于其他人的控制之下，则此前所有者对其的所有权即告丧失。因而，拥有一处土地，并不意味着拥有(该处土地中的)天然气。如一个邻近甚至较远的土地所有者，在其拥有的土地上钻井，导引你的(原本在你的土地中的)天然气进入他的井筒，并将其置于自己的控制之下，那么这些天然气就不再属于你，而是属于他了。谁控制了所获得的天然气，即从法律上拥有该份天然气的所有权。"②

在上述案件中，法官将油气资源类比为天然野生动物，这就回到了罗马法中已发展的一个基本法律原则：无主物的所有权归于先得者。而这，正是捕获法则最初的法律意涵。③ 自此，捕获法则得到美国法院承认，并成为美国后继油气开发的立法基础，迄今仍然

---

① 参见 Bruce M. Kramer and Owen L. Anderson, The Rule of Capture-An Oil and Gas Perspective, Environmental Law, Vol. 35, 2005, p. 906; Terence Daintith, Finders Keepers? How the Law of Capture Shaped the World Oil Industry, RFF Press, 2010, p. 21。

② 参见 Bruce M. Kramer and Owen L. Anderson, The Rule of Capture-An Oil and Gas Perspective, Environmental Law, Vol. 35, 2005, p. 906。

③ 参见 Terence Daintith, Finders Keepers? How the Law of Capture Shaped the World Oil Industry, RFF Press, 2010, pp. 32-36。

是美国油气资源开发法律和监管机构赖以建立的财产权原则。①

　　1893 年，纯粹捕获法则的适用在"黑格诉威尔勒案"（Hague v. Wheeler）中达到极致。在该案中，三家邻近地块的土地所有者发现了属于同一地下气藏的天然气，并各自钻井予以开采。结果只有两家找到了天然气买家，第三家没有找到。其后第三家并未关井停产，而是将开采的天然气烧掉。前两家以第三家烧掉天然气的做法损害了本应由他们享有的收益为由将其告上法庭。该案判决认为，油气一旦被捕获，便完全属于并仅属于捕获者所有，由此产生的对油气使用或处置的所有权权益不受法律限制，即便该捕获者对其处置的方式造成了浪费。"将天然气烧掉的行为可能不道德，但由此产生的道德责任并非民事诉讼所能解决。"②

　　1895 年美国最高法院审理"布朗诉斯皮尔曼案"（Brown v. Spilman）时援引威案判决，承认捕获法则是规范油气所有权问题的合适的法则，并就油气所有权表述如下："油气资源是具有特殊性质的矿产。它们只要处于一块土地之上或之中，或处于该块土地所有者的控制之下，则构成该块土地的一部分，并归该块土地所有者所有；但当油气逃逸并进入其他地块，或处于其他人的控制之下，则油气原所有者的所有权即告消失。如一个邻近土地所有者在自己的土地上钻井，诱引油气进入其所钻之井，则（进入井筒的）这些油气成为其财产，即便油气藏延伸至其邻居的土地之下。"③

　　1897 年"凯利诉俄亥俄石油公司案"（Kelley v. Ohio Oil Co.）的判决认为，各人有权以自己的方式使用属其所有的财产，只要不影响其他人的合法权利。因而在自己所有的土地上钻井和生产油气的权力是绝对的，不受任何法院或其他相邻土地所有者的监管。油气一旦进入一个油井井筒，无论其原本来自何处，所有权即归属该井

　　① 参见艾琳·麦克哈格等主编：《能源与自然资源中的财产和法律》，胡德胜、魏铁军等译，北京大学出版社 2014 年版，第 192 页。

　　② 参见 Bruce M. Kramer and Owen L. Anderson, The Rule of Capture-An Oil and Gas Perspective, Environmental Law, Vol. 35, 2005, pp. 908-909。

　　③ 参见 Bruce M. Kramer and Owen L. Anderson, The Rule of Capture-An Oil and Gas Perspective, Environmental Law, Vol. 35, 2005, p. 907。

所有者。这一判决还认为对于一个土地所有者，如因相邻土地上的
油气钻井作业导致自己地下资源枯竭，且无法禁止此种侵犯性钻
井，所受损失也无法获得赔偿，则其保护自己地界的最佳方法就是
在自己所有的土地上钻对冲井（offset drilling）。也就是说，对于共
享同一油气藏的邻近土地所有者而言，要想确保自己的权益，唯一
解决方案就是，如果对方钻了一口井，就沿着地界在位于己方一侧
钻井，以对冲可能对自己产生的损失。①

　　1935 年，美国油气行业著名律师罗伯特·哈德维克（Robert
Hardwicke）将捕获法则定义为："一块土地的所有者对在其土地上
钻井所获得的油气资源拥有所有权，即使有证据表明一部分油气资
源是从邻近土地运移而来。"②《英汉石油大辞典》中对"占有原则"
的解释为："土地或矿物拥有者只能从自己土地上钻井，并享有其
产出的油气，但不能排除包括邻区运移过来的一部分油气。根据这
一原则往往会促使矿物拥有者尽快而经济地从其土地上钻井并取得
油气。"③

　　在美国，基于不同法理逻辑，发展出两种不同的油气资源所有
权规则并为不同的州和联邦所采用。一种是就地所有权规则
（ownership in place doctrine）。根据这一规则，当一份油气资源位
于一块土地之下时即构成该块土地的一部分，因而属于不动产，并
可被授权从地表分离和提取。当其受此授权时，可被视为不动产权

---

① 参见 Terence Daintith, Finders Keepers? How the Law of Capture Shaped
the World Oil Industry, RFF Press, 2010, pp. 28-29; Bruce M. Kramer and Owen
L. Anderson, The Rule of Capture-An Oil and Gas Perspective, Environmental Law,
Vol. 35, 2005, pp. 909-910; Lewis M. Andrews, The Correlative Rights Doctrine in
the Law of Oil and Gas, Southern Callifornia Law Review, Vol. 13, No. 2, 1940,
p. 187。

② 参见 Robert E. Hardwicke, The Rule of Capture and Its Implications as
Applied to Oil and Gas, Texes Law Review, Vol. 13, 1935, pp. 391, 393; 转引自
Bruce M. Kramer and Owen L. Anderson, The Rule of Capture-An Oil and Gas
Perspective, Environmental Law, Vol. 35, 2005, p. 900。

③ 参见《英汉石油大辞典》编委会编写：《英汉石油大辞典》，石油工业
出版社 2001 年版，第 1231 页。

中的有形不动产。在就地所有权规则下，一旦油气资源从一个土地所有者的土地中离开（escape）①后，该土地所有者对该份油气资源的所有权即告丧失。美国的得克萨斯、阿肯色、堪萨斯、密歇根、密西西比、蒙大拿、俄亥俄、宾夕法尼亚、田纳西和弗吉尼亚等州采用该规则。② 另一种是无所有权理论（nonownership theory）③，或者称专属权利规则（exclusive right doctrine）④。根据该规则，油气资源因其散逸性（fugacious），因而更具共有物（common property）的特性。当其被开采和控制后，拥有人才获得绝对所有权，意即一块土地的所有人，即便该块土地含有油气资源，也并无对就地油气资源的所有权，除非通过开采将油气置于自己控制之下，才能获得对该份油气资源的所有权。但土地所有人拥有在自己的地产上钻井和持有开采到自己所有土地地表的任何物品的专属权利。加利福尼亚、伊利诺伊、印第安纳、肯塔基、路易斯安那、纽约、俄克拉荷马等州及美联邦最高法院采用该规则。⑤ 但无论是就地所有权规则，还是无所有权理论（或称专属权利规则），实际上均承认捕获法则。⑥ 就前者而言，意味着如果地下油气资源离开，则土地所有者失去对该份地下油气的所有权，即该份油气资源运移至其他土地，则为其他土地所有人"捕获"而成为其他人所有；就后者而言，

---

① 在这里是指从一处地下运移到他处地下，并不是指从地下被采集到地表。

② 参见 Lewis M. Andrews, The Correlative Rights Doctrine in the Law of Oil and Gas, Southern Callifornia Law Review, Vol. 13, No. 2, 1940, pp. 188-190。

③ 参见 George W. Hardy II, The Doctrine of Correlative Rights: Origins and Modern Applications, Annual Institute on Mineral Law, Vol. 35, 1992, p. 170。

④ 参见 Lewis M. Andrews, The Correlative Rights Doctrine in the Law of Oil and Gas, Southern Callifornia Law Review, Vol. 13, No. 2, 1940, p. 190。

⑤ 参见 Lewis M. Andrews, The Correlative Rights Doctrine in the Law of Oil and Gas, Southern Callifornia Law Review, Vol. 13, No. 2, 1940, pp. 190-192。

⑥ 参见 Lewis M. Andrews, The Correlative Rights Doctrine in the Law of Oil and Gas, Southern Callifornia Law Review, Vol. 13, No. 2, 1940, p. 192; George W. Hardy II, The Doctrine of Correlative Rights: Origins and Modern Applications, Annual Institute on Mineral Law, Vol. 35, 1992, p. 171。

意味着一块土地所有者虽不拥有就地油气资源的所有权，但当其开采并将该份油气置于自己控制之下，即"捕获"该份油气后，即使有证据表明该份油气由邻近土地运移而来，也拥有对其的所有权。

捕获法则的应用并非美国独有。在法国的矿泉水业的发展中，有关水源所有权的争议也由来以久。根据《法国民法典》和议会相关辩论，一个土地所有者有权在自己的土地上为所欲为，捕获法则是有权任意处置其所有物的自然表达方式。① 在 19 世纪末至 20 世纪初，美国油气产业早期的竞争对手，如罗马尼亚、俄罗斯以及当时奥匈帝国加利西亚省(今乌克兰西部)的油气行业，尽管各自土地产权不同，对矿产的所有权规定不同，对油气开发的法律规定不同，但实际上捕获法则也大行其道。如俄罗斯规定地下油气资源归国家所有，但其在 1904 年矿业法中却规定，"油气开发制度由开发者决定"，这实际上从法律上将油气获取后的处置权交给了油气开发者，因此出现井架林立、争相开发的局面。②

基于油气开发所带来的效益以及捕获法则对油气开发者所带来的"我得即我有"(finders keepers)的刺激，美国油气行业开始野蛮生长，获得巨大发展，并在相当长时间内保持着全球最高的产量。③

三、相邻权与一体化开发

(一)捕获法则应用中引发的问题及对其的质疑

1968 年哈丁(Garrett Hardin)发表了一篇历史性文章指出，任何公有资源的一个悲剧性特征就是，每一方的动力都是要尽可能多地占有资源，而不去考虑资源是否耗尽或受到过度掠夺，并将这种

---

① 参见 Terence Daintith, Finders Keepers? How the Law of Capture Shaped the World Oil Industry, RFF Press, 2010, pp. 87-121。

② 参见 Terence Daintith, Finders Keepers? How the Law of Capture Shaped the World Oil Industry, RFF Press, 2010, pp. 139-167。

③ 参见 Daniel Yergin, The Prize: The Epic Quest For Oil, Money & Power, Free Press, 2008, pp. 29-95。

做法称为"公地悲剧"①。对石油而言，在地下的同一油气藏可能分属不同的地表土地所有者，相邻一方的行动显然并且不可避免地会对相邻的另一方或其他方造成影响。"公地悲剧"就意味着，每一口油井的主人都有动力在其他油井采出埋藏在地下的石油之前，尽可能多、尽可能快地抽取石油为自己所有。可以想象这样一个场景，当你的邻居钻了一口井，你立刻在邻近这口井的己方一侧钻一口井，大家再相互一字排开，不断延续这种恶性循环。当时有记者报道，在捕获法则下，油气开采井架林立之密世所罕见，一个人甚至完全可以踩着相邻井架的脚箱，足不着地从一个城镇走到数十英里外的另一个城镇。②

　　这样做的结果，固然推动了油气产量迅速上升和油气行业的迅速繁荣，但这种无序的竞逐式开发带来了两个后果，一是资源快速衰竭，二是开采成本越来越高，并且造成大量资源浪费。早在1884年，已有人在对美国国会的报告中提到过度钻井有引发资源枯竭的危险。③油气开发，特别是早期的油气开发，只能利用地下压力将油气顺着钻井推送到地面。如果井位布局合理，可较长时间保持地下较大压力，从而将地下油气藏中更多的油气采集出来。而钻井过多，则会导致地下压力下降过多过快，油气很快难以被压送出来，造成油气田产量衰减过快直至无法产出，即所谓的油气田枯竭。对于枯竭的油井，只能做弃井处理并寻找新的井位。这样对于开发者而言，放弃应采而未能采出的地下油气资源已经造成了一种浪费，而寻找更多的新井位、建更多的新井架、钻更多的新井也意味着更多的资金投入浪费。1914年美国油气总产值不过2.14亿美元，因过度钻井导致的损失却高达5000万美元，接近总产值的1/4。1931年，据俄克拉荷马市统计，仅该市就多打了765口井，

---

①　Garrett Hardin, The Tragedy of the Commons, Science, Vol. 162, 1968, pp. 1243-1248.

②　参见 Terence Daintith, Finders Keepers? How the Law of Capture Shaped the World Oil Industry, RFF Press, 2010, p. 63。

③　参见 Terence Daintith, Finders Keepers? How the Law of Capture Shaped the World Oil Industry, RFF Press, 2010, p. 82。

这些井如果全力生产，产量将是市场需求的 20 倍；而在一个油气田，就因过度打井造成了 7000 万美元的浪费。当时估计美国每年不必要的钻井数量高达 4000 至 5000 口，美国以占全球 88% 的总井数，产出的原油仅占全球产量的 14%，造成浪费达 8000 万至 1 亿美元，经济效率十分低下。第二个就是对环境造成恶劣的后果。过度生产超过了总需求，不仅经常造成原油价格暴跌，而且生产出的大量原油只能在地面储存。以当时较为落后的储存条件，不光频繁引发火灾造成经济损失和大气污染，还因储存不当导致泄漏，也造成环境污染，仅 1917 年因这些情况损失的原油即高达全美总产量的 20%~25%。[1] 相关情况引发了对捕获法则的质疑。对于捕获法则最早、最著名的反对者是亨利·多赫蒂（Henry Doherty），他认为捕获法则将导致过度钻井和破坏地下压力，并致信时任美国总统，首倡应制定强制一体化开发法令。[2]

（二）相邻权的产生和发展

在罗马法中，虽然认为所有权是最完全、最典型的物权，具有物权的绝对性、排他性等特点，但也认为所有权的绝对性并非指所有人可以不受任何限制地行使权利。所有权首先就受到相邻关系的限制，比如用人为的方法变更自然水流以致他人财产遭受损害的，受害人得诉请赔偿；建造或拆毁房屋，若邻居认为有损其利益的，得暂时阻止其建造或拆毁，至双方明确权益时止等。[3] 一般认为，相邻权规则来源于普通法系，对属于共同资源的地表土地所有者而言，一方有免受另一方损伤甚至破坏共同资源的权利。[4] 比如，在

---

[1] 参见 Terence Daintith, Finders Keepers? How the Law of Capture Shaped the World Oil Industry, RFF Press, 2010, pp. 8-9。

[2] 参见 Bruce M. Kramer and Owen L. Anderson, The Rule of Capture-An Oil and Gas Perspective, Environmental Law, Vol. 35, 2005, p. 901。

[3] 参见周枬：《罗马法原论（上册）》，商务印书馆 2019 年版，第 343~344 页。

[4] 参见 George W. Hardy II, The Doctrine of Correlative Rights: Origins and Modern Applications, Annual Institute on Mineral Law, Vol. 35, 1992, p. 172。

涉及水权问题上认为，对于地下湖泊或自流水系，相关土地所有者均享有合理利用这些地下水资源的互惠权利。该权利仅为用益物权，即如果一个土地所有者损害了共有资源，则其利用该共有资源的权利将被限制甚至禁止。①

早在 1862 年"巴赛特诉萨里斯堡制造公司案"（Bassett v. Salisbury Manufacturing Co.）中，法院就认为，捕获法则所确立的绝对所有权，有可能导致为获取地下水资源而进行无休止的争斗局面出现。该案判决认为，一个合适的普遍原则应当是"合理利用原则（the rule of reasonable use）"，即理智地行使一个人的权利。因为每一个土地所有者拥有的权利都是平等的，一个土地所有者所能享受到的权利取决于周围其他土地所有者的行为。如果相邻的土地所有者彼此都不克制，大家的权利都会失去其原有价值。在此意义上，这些权利具有相邻性（correlative）。②

在 20 世纪初，因捕获法则造成的浪费和污染等问题已引起了政府官员和油气行业有识之士的极大关切。由此，制止浪费、保护相邻权的相关立法得以展开。1900 年"俄亥俄石油公司诉印第安纳州案"（Ohio Oil Co. v. Indiana）是确定相邻权的最为著名的案件。

印第安纳州为保护天然气资源，以便满足公众照明和取暖对该种资源的依赖与需求，制定法令禁止肆意浪费从地下开采的天然气。对俄亥俄石油公司而言，业务集中于生产石油，天然气对其无商业价值。但由于地下油气两种资源往往伴生在一起，因而在开采过程中，该公司对石油予以回收和加工，对于天然气则直接排空，释放到空气中，也就是浪费掉了。在该公司看来，从地下开采出的资源，无论是其回收的石油，还是排空的天然气，基于捕获法则都属于其财产。然而，该公司排空天然气的行为却是印第安纳州新法律禁止的浪费行为。但因为没有回收和利用天然气的手段，该公司

---

① 参见 Lewis M. Andrews, The Correlative Rights Doctrine in the Law of Oil and Gas, Southern California Law Review, Vol. 13, No. 2, 1940, pp. 192-193。

② 参见 Terence Daintith, Finders Keepers? How the Law of Capture Shaped the World Oil Industry, RFF Press, 2010, pp. 39-40。

如果不排空天然气，就意味着不能生产与天然气伴生的石油。在该公司看来，此种禁止等于剥夺了该公司的财产，是对私人所有权不恰当的干涉，因而要求废止该法令。

印第安纳州最高法院和联邦最高法院最终确认该法令的正当性。州最高法院认为，只有当实际拥有天然气资源才意味着拥有对其的所有权。而俄亥俄石油公司将其排空，因而该公司并未拥有该份天然气，因此州法令并不构成对私人所有权不合理的干涉。而美联邦最高法院采取另一种解释路径，认为，如果认定地表土地所有者可任意处置其获取到地表的任何资源，甚至是浪费该种资源的权利是合法的，那么对于地下共同资源的不同地表土地所有者而言，没有一个人有权宣称对该地下资源的任一部分拥有所有权，因为这种权利缺少了所有权最基本的要素之一，即阻止他人剥夺或破坏本人所有物的权利。法院认为，由于地表土地所有者均有在自己的土地上钻井并从共同地下资源中获取自己份额的平等权利，因此，立法者有权制定法令，保护共同资源，制止浪费。印第安纳州的相关法令从本质上说是一个保护私人所有权的法令，以防止共同资源的其中一个所有者不顾其他所有者的权利而为所欲为。该判决中承认的这种共同拥有的权利(collectively held rights)，随后在其他判决中被相邻权(correlative rights)这个专有名词所取代。自此，在对油气开采的监督、立法、判决中，对相邻权的描述，要么是基于为了公众利益避免浪费，要么是基于保护共同资源所有者们的共同和平等的权利(co-equal rights)。①

1903年"路易斯维尔煤气公司诉肯塔基热力公司案"(Louisville Gas Co. v. Kentucky Heating Co.)的法庭判决基本体现了现今相邻权规则的主要内涵，其认为，一个土地所有者在使用自己所有权物时，须适当顾及其邻居的权利，不应允许其为达到伤害邻居的目的

---

① 参见 Terence Daintith, Finders Keepers? How the Law of Capture Shaped the World Oil Industry, RFF Press, 2010, pp. 181-184。

而刻意浪费资源。① 1925 年"路易斯安纳天然气和燃料公司诉怀特兄弟公司案"(Louisiana Gas & Fuel Co. v. White Bros.)中法庭在判决时则援引了"使用自己财产时不得损害他人财产(sic utere tuo ut alie num non laedas)"的原则。②

1948 年"艾利夫诉泰克森钻井公司案"(Elliff v. Texon Drilling Co.)中,原告认为,被告在其所有的土地上实施开发,但因其疏忽造成井喷,造成原告原本可获得的油气产量减少了,要求赔偿。而被告抗辩认为,虽然因其原因导致井喷,造成油气资源枯竭,但根据捕获法则,原告不能对未获得的油气资源主张所有权,因而不应赔偿。由于在相邻权概念下,所享有的只是平等开采共同资源的合理机会,而不是平等分配共同资源③,因此判决则认为,对共同油藏的每一个所有人而言,均应获得公平开采其应得份额的机会,但井喷造成的损失导致原告失去了这种机会,因而应予赔偿。此案判决的精到处在于,尽管根据捕获原则,相邻土地所有者开发同一油藏时可能造成地下油气资源被抽走,从而导致该土地所有者实际所得减少,但该土地所有者开发和拥有油气资源的机会并未受损,而本案中的井喷则造成该土地所有者的油井损毁,从而失去了开采和拥有其本应获得开采和拥有共同油藏中属于自己的合理份额的机会。④

由此,在美国一些州的法令中,关于相邻权被定义为土地所有者在其土地上,在避免浪费的情况下,有权获得开采和获取应属其

---

① 参见 Terence Daintith, Finders Keepers? How the Law of Capture Shaped the World Oil Industry, RFF Press, 2010, pp. 191-192。

② 参见 George W. Hardy II, The Doctrine of Correlative Rights：Origins and Modern Applications, Annual Institute on Mineral Law, Vol. 35, 1992, pp. 179-180。

③ 参见 Eugene Kuntz, Correlative Rights in Oil and Gas, Mississippi Law Journal, Vol. 30, No. 1, 1958, p. 7。

④ 参见 George W. Hardy II, The Doctrine of Correlative Rights：Origins and Modern Applications, Annual Institute on Mineral Law, Vol. 35, 1992, pp. 177-179。

份额的油气资源的合理机会。①

随着石油工业的发展和对油气开发规律的认识加深，从专业角度逐步形成了包括以最少的布井数量进行开发、获取单井最大采收率等经济有效开发油气田的一整套方案，前提是覆盖整个油气田的地表属于一个土地所有者。但在当时的美国，大部分土地为私人所有，油气田的开发者必须面对零零散散的不同土地所有者。只有所有土地所有者相互视为一个整体，理智、稳步规划和开发，才能实现利益最大化和利益均沾。因此，相邻权的内容除了享有拥有合理机会开发属于自己合理份额的资源的权利外，还发展为各相邻方对整个同一地下资源实行一体化开发的权利和责任。根据学者昆兹（Eugene Kuntz）的定义，相邻权就是用来形容所有属于同一资源的地表土地所有人之间相互关系和责任（reciprocal rights and duties of the owners in a common source of supply）的一个词语②，所谓"相邻权（correlative rights）"，是指在同一地下油气藏的开发中，所有相邻土地所有者之间存在的义务。相邻权主要包括四个方面的内容：（1）对开采的属于共同资源的物品不得浪费；（2）不得损害共同资源；（3）不得恶意造成共同资源枯竭；（4）享有平等开采共同资源的机会。③

（三）一体化开发（Unitization）的发展

对于一体化开发，可通过自愿协议的方式进行。一般比较通行的做法是在油气开发的租让协议中添加集中开发（pooling）的授权条款。此类条款由租让人（即参与集中开发的不同地表土地所有者）授权承租人（即油气开发者），为达到合理和集中开发的目的，

---

① 参见 George W. Hardy II, The Doctrine of Correlative Rights: Origins and Modern Applications, Annual Institute on Mineral Law, Vol. 35, 1992, pp. 191-192。

② 参见 George W. Hardy II, The Doctrine of Correlative Rights: Origins and Modern Applications, Annual Institute on Mineral Law, Vol 35, 1992, pp. 173-174。

③ 参见 Eugene Kuntz, Correlative Rights in Oil and Gas, Mississippi Law Journal, Vol. 30, No. 1, 1958, pp. 1-8。

可通过合理布井将同属一个地下油藏的资源集中统一开发出来，即便这种方式可能影响到个别租让者的法定权利（即在自己所有的土地上任意开发油气资源的权利）①。但对于有自利倾向的个体，自愿合作的方式并非都能如愿实现。在美国的一些州，发展出政府不仅有权力管理油气生产以避免浪费，也有权力调整和保护共同油藏的所有者们的相关权利。② 如《路易斯安那州保护法案》（Louisiana Conservation Act）要求政府设立保护专员，其职责包括防止因竞逐性钻井开发导致原本可避免的油气资源枯竭现象发生，一体化开发的油气田井位须布局合理，确保参与一体化开发的各部分生产份额不超出其"合理和公平的份额（just and equitable share）"③。在美国生产油气的 19 个州中，均不同程度通过立法对相邻权予以承认：有 5 个州在立法中对相邻权予以明确定义，13 个州通过立法对相邻权予以保护，7 个州认为浪费相当于违反相邻权，3 个州明确指定行政机构保护相邻权，甚至有 7 个州对"合理和公平"的份额作出明确规定。④ 对承租人（即油气开发者）而言，在获得开发油气资源的排他性权利的同时，也拥有了管理和保障所有参与一体化开发的租让人的相邻权的义务⑤。

　　当然，无论是自愿还是强制，一体化开发的目的都是为了避免

---

　　① 参见 George W. Hardy II, The Doctrine of Correlative Rights：Origins and Modern Applications, Annual Institute on Mineral Law, Vol. 35, 1992, p. 184。

　　② 参见 Ralph B. Shank, Present Status of the Law of Capture, Proceedings of the Annual Institute on Oil and Gas Law and Taxation as It Affects the Oil and Gas Industry, 6, 1955, p. 278。

　　③ 参见 George W. Hardy II, The Doctrine of Correlative Rights：Origins and Modern Applications, Annual Institute on Mineral Law, Vol. 35, 1992, pp. 186-196。

　　④ 参见 R. O. Kellam, A Century of Correlative Rights, Baylor Law Review, Vol. 12, No. 1, 1960, p. 35。

　　⑤ 参见 George W. Hardy II, The Doctrine of Correlative Rights：Origins and Modern Applications, Annual Institute on Mineral Law, Vol. 35, 1992, pp. 184-186。

经济资源错配，杜绝浪费。① 在一体化开发制度下，属于同一油藏的不同地表土地所有者开展合作，将地下油藏作为一个整体进行开发，通常由一家公司作为作业者负责油气生产和日常管理，土地所有者们成立作业委员会对油气作业及作业者活动予以监管。通过一体化开发，避免了在同一油藏范围内发生不必要的竞争，这是在捕获法则下无序竞争、低效开发、降低采收率导致浪费资源的情况无可比拟的，因而从行业角度看，是管理的最佳方式，如果运用得当，也是保护所有土地所有者相邻权的最佳方式②。由此，一体化开发的概念不仅从美国国内立法上得以承认，也逐步成为油气行业的共识，为更加科学、有序、经济、环保并确保最大收益地开发油气资源的行业实践所证明。

捕获法则和相邻权的应用与发展，不仅是美国油气行业发展的历史逻辑使然，而且是开发共同油藏的经济逻辑和技术逻辑使然。捕获法则和相邻权互为补充③，是开发共同油藏的一体两面，共同构成了美国国内油气开发的法理逻辑并决定了实践中的合作模式。而这一法理逻辑，也为跨越国界的油气资源开发奠定了法理基础，并依此提供了可供借鉴的合作模式。

第二节　国际公法中的油气资源所有权

自然资源永久主权是国际法上一个不断发展起来的重要的原

---

①　参见 George W. Hardy II, The Doctrine of Correlative Rights：Origins and Modern Applications, Annual Institute on Mineral Law, Vol. 35, 1992, pp. 184-185。

②　参见 Jacqueline Lang Weaver, Unitization of Oil and Gas Fields in Texas：A Study of Legislative, Administrative, and Judicial Policies, RFF Press, 2011, pp. 21-29；George W. Hardy II, The Doctrine of Correlative Rights：Origins and Modern Applications, Annual Institute on Mineral Law, Vol. 35, 1992, pp. 194-195, 203-204。

③　参见 Eugene Kuntz, The Law of Capture, Oklahoma Law Review, Vol. 10, No. 4, 1957, p. 408。

则。油气资源作为自然资源的一部分，当然要受到这一原则的支配。而随着油气藏不断由在单个国家内的发现趋向跨国、跨界被发现，从陆地走向海上被发现，海洋油气资源的所有权问题，以及对海洋油气资源进行一体化开发，或者说共同开发跨界油气资源，甚至是共同开发主权争议区油气资源的相关法律问题，也因之向着国际公法的方向不断发展起来。

一、自然资源永久主权概念的产生与发展

国家主权(sovereignty)原则是现行国际法律秩序的出发点，是国际法最重要的基本原则，被认为是"国家的最高的、对外独立的权力"①。国家主权可以分对外和对内两个部分来解读。对内而言，则意味着国家最高权威，并由此与私有权利，特别是所有权关系有明确的区别。② 对外而言，即对外独立，不受任何其他权威的命令强制或外来干涉。主权并非一个抽象的概念，而是依托于一个具体的拥有固定领土的独立国家，国家行使主权必然在其拥有的领土上，两者密不可分。尽管国家不是国内法上的全部土地所有者，但在国际关系上则具有完全支配和处理领土的权利，国家对其领土具有统治权，也具有所有权。③

根据国家领土客体论(object theory of state territory)的观点，国家与其领土的关系和个人与其土地及财产的关系是类似的。当一个国家就本国领土及领土上的物(res)行使主权时，其所行使的，是一种管理的权力。这种权力尽管不能等同于所有权(ownership)的概念，但实际上具有所有权(property rights)的特征。④ 如果从这个

---

① 参见周鲠生:《国际法》(上)，武汉大学出版社 2009 年版，第 150 页。

② 参 见 Richard Barnes, Property Rights and Natural Resources, Hart Publishing, 2009, p. 221。

③ 参见周鲠生:《国际法》(上)，武汉大学出版社 2009 年版，第 275 页。

④ 参 见 Richard Barnes, Property Rights and Natural Resources, Hart Publishing, 2009, pp. 221-224。

角度来分析国家对其领土所拥有的主权，即各种权利（rights）、权力（powers）、特权（privileges），等等，不妨使用领土主权（territorial sovereignty）这个词来描述。① 其主要内容包括了领有权（right to possess）、使用权（right to use）、管理权（right to manage）、收益权（right to the income of a thing）、取利权（right to the capital of the thing）、防止侵害权（the duty to prevent harm）等。领有权是指国家对领土实施排他性实际控制的权力，这是领土主权最基本的内容。使用权是指国家拥有独立自主对领土进行排他性使用的权利。管理权是指国家决定如何使用、由谁使用领土的权利。收益权则是指国家从领土获得各种收益的权利，这是领土主权的根本意义所在，并通过自然资源永久主权的概念具体体现。取利权则包括国家可以自由获取、使用以及浪费甚至消灭领土上的物的权利。当然，尽管一国拥有对其领土上的自然资源的永久主权和使用、浪费甚至耗尽这些资源的权利，但在某些方面，这种浪费和耗尽资源的权利是受到限制的。防止侵害等权利和责任等是一系列相关的概念，即国家有采取各种措施保护本国领土及财产不受他国（人）侵犯的权力和责任。②

自然资源泛指天然存在的并有利用价值的自然物，如土地、矿藏、气候、水利、生物、海洋等资源。③ 这些自然资源，当依附于一国领土而存在时，当然属于"领土上的物"的概念。当我们所关注的是属于一国领土之上的自然资源的所有权和用益权问题时，其核心就是如上所述的领土主权问题。

"二战"以后，旧的国际秩序被打破，新的国际秩序逐步建立，非殖民化运动蓬勃发展，原殖民地国家纷纷独立并以主权国家身份加入联合国。然而，长久以来作为西方殖民国家的资源供应方的新

---

① 参见 Richard Barnes, Property Rights and Natural Resources, Hart Publishing, 2009, pp. 224-225。

② 参见 Richard Barnes, Property Rights and Natural Resources, Hart Publishing, 2009, pp. 228-231。

③ 参见夏征农主编：《辞海》，上海辞书出版社 2000 年版，第 2286 页。

兴国家，其得以确保自身生存和发展的物质基础的自然资源却被外国公司或跨国公司所掌握，经济上无法获得独立，政治上的独立也就难以为继。当新兴国家寻求收回对本国自然资源的控制权时，西方国家每每辩解称，其资源是通过签订租让协议（concession contract）方式得到，基于"协议必须遵守"这一国际法基本原则，这些新兴国家不应提出其他高于协议的要求。但广大新兴国家认为那种协议是不平等的，他们为了维护国家主权和独立，保证本民族的生存和发展，基于主权的法理逻辑进而提出了自然资源永久主权（the permanent sovereignty over natural resources）的概念，以求改变当时的状况。此后，这一概念逐渐为国际社会普遍认可，并成为国家主权不可分割的组成部分和国际法的原则之一。①

　　联合国大会通过的一系列决议是自然资源永久主权的法律依据主要来源之一。如 1952 年联合国人权委员会第 8 次会议，就有国家提出对自然资源的永久主权问题。同年 12 月，联合国大会通过的第 626（Ⅶ）号决议（《自由开采自然财富和资源的权利》）指出："各国有权自由使用和开采自然资源。"1960 年联合国大会通过的第 1515（ⅩⅤ）号决议建议"对各国处置其财富和自然资源的主权权利应依国际法上之国家权利与义务予以尊重"，在该次大会通过的《给予殖民地国家和人民独立宣言》中，"重申各国人民可为自己的目的在互利和国际法的基础上自由地处理他们的自然财富和资源，而不损害以互利原则和国际法为基础的国际经济合作所产生的任何义务"。1962 年第 17 届联合国大会通过的《关于自然资源永久主权之宣言》（Declaration on Permanent Sovereignty over Natural Resources）宣布"各民族及各国行使其对自然财富与资源之永久主权"，强调各国对其自然资源的永久主权是自决权的基本要素，并规定了国有化的权利与条件。1970 年联合国大会第 2692（ⅩⅩⅤ）号决议和 1972 年第 3016（ⅩⅩⅦ）号决议，将国家对自然资源的永久主权从陆上扩及邻接海域和大陆架上覆水域

---

　　① 参见杨泽伟：《国际法析论（第五版）》，中国人民大学出版社 2022 年版，第 124~125 页。

的资源。1974年联合国大会第6届特别会议通过了77国集团起草的《建立新的国际经济秩序宣言》和《行动纲领》，宣布"各国对本国的自然资源以及一切经济活动拥有完整的、永久的主权；为保护这些资源，各国有权采取适合本国情况的各种措施，以对本国资源及其开发加以有效控制和管理，包括有权实行国有化或把所有权转移给本国国民。这种权利是国家享有完整的永久主权的一种体现"。《行动纲领》不仅在原则上确认对自然资源的永久主权，而且规定可以"通过对自然资源行使永久主权以结束一切形式的外国占领、种族歧视、种族隔离以及殖民主义的、新殖民主义的和外国的统治和剥削"。

此外，一些国际条约对自然资源永久主权也作出明确规定。例如1958年《大陆架公约》第2条指出，沿岸国有勘探和开发大陆架上的自然资源的权利。1966年《经济、社会、文化权利国际公约》第1条第2款规定"所有民族得为本身之目的，自由处置其自然财富和资源"。1982年《联合国海洋法公约》除重申《大陆架公约》规定的有关权利外，第56条还规定沿岸国在专属经济区内有以勘探和开发、养护和管理海床上覆水域和海床及其底土的自然资源为目的的主权权利，以及关于在该区内从事经济性开发和勘探的主权权利。1994年《欧洲能源宪章条约》承认国家对能源资源的主权权利，指出各国仍继续拥有决定其领域内哪一区域可进行能源开发和利用的权利，并规定该条约在任何情况下都不得损害缔约方管理能源资源所有权体制的规则。

一些国际司法判例也对自然资源永久主权予以肯定。例如，1977年利比亚美国石油公司仲裁案中，独任仲裁员认为，《关于自然资源永久主权之宣言》尽管不是法律的渊源，也是关于自然资源永久主权居于支配地位的最新趋势，并建议应尊重国家自由处置自然财富和资源的主权权利。① 1982年科威特石油国有化仲裁案中仲

---

① 参见 Nico Schrijver, Sovereignty Over Natural Resources: Balancing Rights and Duties, Cambridge University Press, 1997, p. 261；孟国碧：《略论经济主权原则的理论与实践》，厦门大学2000年博士学位论文，第32页。

裁庭裁决，科威特政府为完全接管对石油资源的所有权并将其置于国家管理之下，作出终止美国独立石油公司勘探和开发石油与天然气的特许协议的决定，是合法的。[1]

由此，自然资源永久主权是国家主权不可分割的一部分，是一国固有、不可剥夺的权利的概念逐步确立并为国际社会普遍认可。其具体内容主要包括各国或各民族在其管辖范围内有：自由处置其自然资源和财富的权利；自由地勘探和开发自然资源的权利；恢复对自然资源的有效控制权和损害赔偿的权利；为国家和民族发展而利用自然资源的权利；按照国家环境政策来管理自然资源的权利；平等地分享跨界自然资源惠益的权利；管理外国投资的权利；对外国投资实行征收或国有化的权利等。[2] 油气资源作为自然资源的一部分，当然受到自然资源永久主权这一原则的规范和支配。

二、海上油气资源开发中的所有权问题

海洋法律制度与陆地的不同，国家主权适用的内容也有所区别。就海洋油气资源开发而言，所有权(title)问题十分重要。因为这决定了一国是否有权力将其对资源的所有权以面对全球市场的方式转移给开发者，以及依据什么法律将资源的特许权授予开发者。[3] 而对于作为开发者的油气公司而言，由于海洋油气资源的勘探开发时间长、资金成本高、技术投入大、作业风险高，在没有确切的法律制度明确海洋油气资源所有权问题的条件下，则很难作出参与某个海域油气开发的决策。因此，厘清海洋制度下的油气资源所有权问题，是实施海洋油气勘探开发的基础，当然也是海洋油气资源共同开发所必须解决的重要问题。

---

[1] 参见姚梅镇主编：《国际投资法成案研究》，武汉大学出版社1989年版，第125~144页。

[2] 参见杨泽伟：《国际法析论(第五版)》，中国人民大学出版社2022年版，第128~134页。

[3] 参见 Richard Barnes, Property Rights and Natural Resources, Hart Publishing, 2009, p. 252。

(一)沿海国在领海的油气资源所有权

根据《联合国海洋法公约》第2条之规定，沿海国的主权(the sovereignty of a coastal state)及于领海的海床和底土，对于领海的主权的行使受公约和其他国际法规则的限制。据此，沿海国对领海内的油气资源的所有权完全与其在陆地领土上的对于油气资源的主权别无二致。

(二)沿海国在专属经济区对油气资源的主权权利①

根据《联合国海洋法公约》第56条之规定，沿海国在专属经济区拥有"以勘探和开发、养护和管理海床及其底土的自然资源(不论为生物或非生物资源)为目的的主权权利(sovereign rights)，以及关于在该区内从事经济性开发和勘探，如利用海水、海流和风力生产能等其他活动的主权权利"，其中关于海床和底土的权利，则按大陆架制度的相关规定行使。同时，沿海国在专属经济区内根据公约行使其权利和履行其义务时，有应适当顾及其他国家权利的义务。

(三)沿海国在大陆架对油气资源的主权权利

根据《联合国海洋法公约》第77条之规定，沿海国为勘探大陆架和开发其自然资源，对大陆架行使主权权利；这种权利具有专属性，即，如沿海国不勘探大陆架或开发其自然资源，任何人未经沿海国明示同意，不得从事这种活动；沿海国对大陆架的主权权利不取决于有效或象征的占领或任何明文公告。第81条则规定，沿海国有授权和管理为一切目的在大陆架上进行钻探的专属权利；第82条规定了在外大陆架上开发非生物资源缴付费用或实物问题。

由此，在专属经济区和大陆架，沿海国对海洋油气资源具有专属性的勘探和开发的主权权利，以及对相关活动进行管理的主权权

---

① 沿海国在毗连区的油气资源所有权，与专属经济区的类似，兹不赘述。

利。这种主权权利,可以理解为沿海国有自己进行勘探开发(或者不勘探开发)位于相关海域的油气资源的专属性权利,有允许(或不允许)他人勘探开发位于相关海域的油气资源的专属性权利,以及管理相关油气资源勘探开发活动及相关设施的专属性权利。

有学者认为,在海洋制度下,沿海国并不"拥有"海洋(there is no ownership offshore),因此沿海国并不拥有(own)海洋的自然资源,仅可根据《联合国海洋法公约》第 56、77 条的规定享有勘探和开发这些自然资源的主权权利。然而不少欧盟国家,如丹麦、挪威、西班牙、荷兰,则不仅宣称拥有对海洋油气资源的管理权(right to regulate),而且拥有所有权(ownership)[1]。又如《墨西哥宪法》第 27 条规定,国家对陆地、大陆架、岛屿及其大陆架中的所有自然资源,特别是油气和其他碳氢化合物资源,拥有直接所有权(direct ownership)[2]。英国依据其对国际法的解读,未宣称对未开采出的海洋油气资源具有所有权。[3] 根据《美国外大陆架土地法案》(the US Outer Continental Shelf Lands Act),美国联邦政府控有(control)沿岸三海里以外的海洋海床和底土以及相关的油气资源,但美国国会在该法案中并未明确联邦政府是否具有所有权(ownership)和管辖权(jurisdiction)。[4]

(四)跨界油气资源的所有权

由于油气资源具有流动性,对于已定边界的跨界油气资源,国

---

[1] 参见 William Hughes, Fundamentals of International Oil and Gas Law, PennWell Corporation, 2016, p. 231。

[2] 参见 Jorge A. Vargas, Mexico's legal Regime Over its MarineSpaces: A Proposal for the Delimitation of the Continental Shelf in the Deepest Part of the Gulf of Mexico, University of Miami Inter-American Law Review, Vol. 26, No. 2, 1995, p. 195。

[3] 参见 William Hughes, Fundamentals of International Oil and Gas Law, PennWell Corporation, 2016, p. 253。

[4] 参见 William Hughes, Fundamentals of International Oil and Gas Law, PennWell Corporation, 2016, p. 232, 253。

际上已逐步形成一体化开发的实践。在一体化开发相关协议中，隐含着相关海洋油气资源属于"共同财产(joint property)"的内容。① 一般规定，在已定界线两侧依据各自国家法律执行对油气勘探开发的管理；对于油气资源的分配则可从技术层面予以公平合理解决。例如，1993 年《牙买加与哥伦比亚共同海域划界条约》第 2 条规定，如在分界线两侧发现油气田，则开采的油气资源的产量的分配比例应与发现的地下储量的分割比例相一致。② 2002 年《东帝汶政府与澳大利亚帝汶海条约》第 9 条关于一体化开发规定，对于任何跨界油气田，两国应就公平分配开发收益(equitable sharing of the benefits)的方法达成一致③。而规定最为细致的是英挪共同开发弗里格气田案，根据相关协定，英挪两国政府应对气田产量的分配比例达成一致。这种分配是基于对天然气储量的评估进行的，而且并非一劳永逸，还要通过定期审查和回顾重新确定，以保持两国最终所得的天然气份额比例与地下储量的分布比例保持一致。④ 换言之，整个气田由于存在海洋边界而一分为二，两国分别占有总储量的不等的份额，由于一体化开发，对于所产出的天然气按地下储量的分割比例予以分配。但地下储量毕竟是一个预估而无法准确衡量的数据，也会因开发的进度、地层的变化以及实际开发过程中对地层的新认识发生变化，通过定期审查回顾，可就地下剩余储量的分割比例进行调整，以确保两国所获得的天然气产量基本与地下储量的分割比例保持一致，从而达到公平合理的目的。

---

① 参见 David M. Ong, Joint Development of Common Offshore Oil and Gas Deposits："Mere" State Practice or Customary International Law? American Journal of International Law, Vol. 93, 1999, p. 778。

② 参见杨泽伟主编：《海上共同开发协定汇编(汉英对照)(上)》，社会科学文献出版社 2016 年版，第 325 页。

③ 参见杨泽伟主编：《海上共同开发协定汇编(汉英对照)(下)》，社会科学文献出版社 2016 年版，第 524 页。

④ 参见杨泽伟主编：《海上共同开发协定汇编(汉英对照)(上)》，社会科学文献出版社 2016 年版，第 118~121，156~158 页。

(五)主张重叠区的油气资源所有权

由于存在海洋划界争议，对于未进行海洋划界而存在海洋主张重叠的海域，争议方依据包括《联合国海洋法公约》在内的国际法均认为自己享有对相关海域的主权权利，因而对相关海域的油气资源拥有专属性的勘探开发的主权权利。但现实是，相互之间的争议往往带来旷日持久的对峙甚至对抗。如果一方以其主权权利为由坚持单边勘探开发，可能会引发海上冲突或国际诉讼。对于如何在争议解决之前能够享受开发油气资源所带来的经济利益，一种较好的方案就是进行共同开发。在此临时安排下，争议各方通过对所开发的油气资源进行分享，共同对油气开发活动进行管理，各自法律立场，包括对油气资源的所有权，或者说勘探开发油气资源的专属性权利，并不因此受到影响。① 与跨界一体化开发协议相类似，在已有的共同开发相关协议中，同样隐含着相关海洋油气资源属于"共同财产"的内容。②

例如，1974 年《日本和大韩民国关于共同开发邻接两国的大陆架南部的协定》③第 16 条规定，特许权持有人(concessionaires)在共同开发区内开采并拥有的自然资源，应被视为从各方享有主权权利的大陆架上开采出的自然资源。④ 1979 年《马来西亚和泰王国为开发泰国湾两国大陆架划定区域内海床资源而设立联合管理局的谅解备忘录》第 3 条规定，两国建立联合管理局勘探和开发重叠区域内

---

① 参见 William Hughes, Fundamentals of International Oil and Gas Law, PennWell Corporation, 2016, pp. 2234-2248。

② 参见 David M. Ong, Joint Development of Common Offshore Oil and Gas Deposits："Mere" State Practice or Customary International Law? American Journal of International Law, Vol. 93, 1999, p. 778。

③ 必须指出的是，该日韩共同开发协定侵犯了中国在东海大陆架的主权权利，遭到中国政府的抗议。为了论述的需要，本书虽多处提及该协定，但并不代表笔者认可该协定。

④ 参见杨泽伟主编：《海上共同开发协定汇编(汉英对照)(上)》，社会科学文献出版社 2016 年版，第 72 页。

海床和底土中的非生物资源，联管局代表两国享有重叠区域内海床和底土非生物自然资源所有的权利和义务。① 《马来西亚和泰国联合管理局第 440 号法令(1991)》第 5 条则进一步明确，联管局被赋予和承担有关勘探和开发共同开发区的自然资源，尤其是石油资源的专属性权利、权力、自由和特权。②

三、国际法中的捕获法则问题

捕获法则能否在国际法中适用，学界有不少争论。

有学者认为"捕获法则"适用于国际法，当然也适用于大陆架制度下的海洋油气资源的开发。其基本逻辑在于：当石油公司作为承租方自一国获得租让权(特许经营权)后，即具有在该国大陆架上开采油气资源的权利，从而有权尽其所能从地下获取油气资源，无须顾及地下油气资源是储层中原本就自然存在的，还是从邻近国家的地下跨界运移而来的。即便获得相邻国家租让权的石油公司因前述公司的开发行为导致其位于同一油藏的油气开发利益受损，前述公司可置之不顾，因为他只需顾及自己与租让国之间的石油开发合同即可，而合同中绝无禁止其尽其所能开发油气资源的条款。③

学者三好正弘(Masahiro Miyoshi)在总结 1985 年东西方研究中心组织的东南亚海洋问题研讨会第三次会议就相关问题的讨论时则表示，与会绝大多数法学专家们达成的共识是，在国际法中不适用捕获法则。④ 学者们认为，恰恰是因为油气资源有流动性，当地下

---

① 参见杨泽伟主编：《海上共同开发协定汇编(汉英对照)(上)》，社会科学文献出版社 2016 年版，第 182 页。

② 参见杨泽伟主编：《海上共同开发协定汇编(汉英对照)(上)》，社会科学文献出版社 2016 年版，第 231~232 页。

③ 参见 Joseph W. Morris, The North Sea Continental Shelf: Oil and Gas Problems, International Lawyer, Vol. 2, 1967, pp. 203-210。

④ 参见 Masahiro Miyoshi, The Basic Concept of Joint Development of Hydrocarbon Resources on the Continental Shelf: With Special Reference to the Discussions at the East-West Centre Workshops on the South-East Asian Seas, International Journal of Estuarine and Coastal Law, Vol. 3, No. 1, 1988, pp. 5-7。

储层跨越国家(陆上或海上)边界时,一方的单边开发活动,将导致其他方的利益受损。对于跨界单一油藏的开发,应通过合作寻求一体化开发,以使各方均可获得公平合理的份额。这正是海洋油气资源共同开发概念最根本的要素。① 学者王大卫(David Ong)则认为,就海洋生物和非生物资源的开发而言,尽管有很多国际协定要求沿海国开展合作,且对合作的形式和内容并无明确的法定义务,更多是宣示性而非强制性条款,但根据他的梳理,在国际法中并无明确条款表明捕获法则优于合作原则。②

学者朗琴(Logchem)认为,捕获法则适用于国际法的逻辑是基于国家主权规定一国有权自由行事,因而可依据捕获法则采取各种行动,以确保该国所有的油气田产能最大化。然而,执行油气田开发的是石油公司,只是私人行为者(private actor),国际法所直接规范的对象是国家而非公司。沿海国自始(ab initio)就从法律上(de jure)拥有对大陆架的主权权利。对位于大陆架的海洋油气资源的勘探开发体现了沿海国的主权权利,因而只能由沿海国开展,或在其授权下开展。沿海国依国际法可拥有专属经济区,并在专属经济区享有包括利用生物和非生物资源的专属性主权权利。对位于主张重叠区的油气资源而言,沿海国依据国际法均合法对其拥有主权和管辖权。无论是由自己还是通过石油公司,一国如不顾及其他国家的权利采取单边行动勘探开发位于主张重叠区的油气资源,则必然损害其他国家享有的与其具有同等效力(strength)、同等依据(substance)、同等合法性(validity)的主权权利。对处于跨越已定边界的油气资源而言,基于捕获法则进行单边开发也必然损及其他国家对位于己方一侧的油气资源的主权权利。在"利用自己的财产

① 参见 Masahiro Miyoshi, The Basic Concept of Joint Development of Hydrocarbon Resources on the Continental Shelf: With Special Reference to the Discussions at the East-West Centre Workshops on the South-East Asian Seas, International Journal of Estuarine and Coastal Law, Vol. 3, No. 1, 1988, p. 6。

② 参见 David M. Ong, Joint Development of Common Offshore Oil and Gas Deposits: "Mere" State Practice or Customary International Law? American Journal of International Law, Vol. 93, 1999, p. 777。

不应损及他人之财产(sic utere tuo, ut alienum non leaedas)"原则下发展出并为习惯国际法所接受的友邻原则(principle of good neighbourliness)规定,一国有义务确保在其管辖和控制下的活动须得尊重处于其他国家管辖下之区域及整体环境。在此原则下,一国应避免在其管辖的大陆架上的油气勘探开发活动损及其他沿海国对其大陆架的主权权利。① 因此,捕获法则不适用于国际法。

当然,作为油气行业发展基础的捕获法则,仍不时出现在与海洋油气资源勘探开发相关的国际法规则中。如前所述,英国根据其对国际法的解读,不认为本国对未开采出的海洋油气资源具有所有权,这与捕获法则中对于油气资源"获得才得拥有"的概念相一致。又比如,不少学者认为从实际的角度而言,沿海国在专属经济区和大陆架拥有专属性勘探和开发油气资源的主权权利与对这些油气资源的所有权的界限似乎并不特别明晰,② 但如果依据捕获法则的逻辑来解释,则较为清晰:即对于专属经济区和大陆架底土中的油气资源,沿海国拥有的是勘探和开发的主权权利,在其被开发出来后,沿海国因控有这些油气资源才自然而然地获得了所有权。因沿海国相关主权权利是排他性的,因而其对油气资源的所有权也是十分明确的。而对于捕获法则在海洋油气资源开发中被应用最为明显的例证,甚至来自于不少海洋油气资源共同开发协议中的条款。例如,《东帝汶政府与澳大利亚政府间帝汶海条约》第 1 条对"石油"的定义特别表明,其除自然产生的石油外,也包括回运(returned)到自然储层的石油。③ 2012 年《塞舌尔共和国政府与毛里求斯共和国政府关于共同管理马斯克林高原地区大陆架的条约》第 1 条中对

---

① 参见 Youri van Logchem, The Status of A Rule of Capture Under International Law of the Sea With Regard To Offshore Oil and Gas Resource Related Activities, Michigan State International Law Review, Vol. 26, No. 2, 2018, pp. 202-219。

② 参见 William Hughes, Fundamentals of International Oil and Gas Law, PennWell Corporation, 2016, p. 231。

③ 参见杨泽伟主编:《海上共同开发协定汇编(汉英对照)(下)》,社会科学文献出版社 2016 年版,第 517 页。

石油的定义也包括自然形成和回运进入储层的石油。[①] 这里所谓"回运"进入储层的石油，就是指原本可能不属于共同开发区地下储层、但在共同开发区石油被开发后从其他地方运移进入共同开发区储层的石油。这实际上仍是捕获法则的应用。

总之，无论是位于跨界海域还是争议海域的海洋油气资源，对其勘探开发而言，国际法都不支持适用捕获法则。当然，共同开发虽非处理海洋油气资源开发问题的唯一选择，但也许可以认为，正是相关国家都意识到了捕获法则所带来的害处，为避免无谓浪费和竞争，共同开发反而成为沿海国之间一种现实可行的选择。[②] 因之，跨界海洋油气资源的一体化开发，以及主张重叠区的海洋油气资源的共同开发，理所当然成为既急于将油气资源开发出来并享受其收益，又要相互顾及彼此利益的相关沿海国的一种必然选择。

本 章 小 结

油气开发中最重要的是明确产权。由于油气资源的流动性特质，针对同属一个地下油藏、地面却分属不同土地所有者的情况，如何确定油气的产权至关重要。在现代油气行业的发展初期，行业起源国美国选择了捕获法则来确定所有权。这一规则促进了油气业的快速发展，成为油气行业法律规则的基石。但捕获法则的应用也带来了明显的负面影响，造成无序竞争、浪费和污染。伴随着相邻权利的产生和发展，地表不同土地主就同一油藏进行一体化开发成为美国油气业的现实选择并上升为法律规定。

随着现代工业的发展，各国越来越重视油气资源的获取。而新兴国家从原殖民地独立后，看重资源所带来的经济和政治利益，在

---

①　参见杨泽伟主编：《海上共同开发协定汇编（汉英对照）（下）》，社会科学文献出版社 2016 年版，第 668 页。

②　参见 David M. Ong, Joint Development of Common Offshore Oil and Gas Deposits: "Mere" State Practice or Customary International Law? American Journal of International Law, Vol. 93, 1999, p. 778。

与原殖民国家争取资源所有权和管理权的斗争中，自然资源永久主权概念勃兴。油气资源的所有权，当然属于自然资源永久主权所包含的内容。

由于国际法中海洋制度与陆地制度的不同，就海洋油气资源开发而言，所有权问题十分重要。沿海国依据包括《联合国海洋法公约》在内的国际法规则，对位于领海、毗连区、专属经济区和大陆架的海洋油气资源享有不同程度的主权和主权权利。就跨界油气资源和主张重叠区的油气资源，相关沿海国享有"共同"的所有权。

尽管捕获法则奠定了油气行业发展的法律基础，但在涉及海洋油气资源勘探开发的国际法规则中，捕获法则并不适用。正是因为看到捕获法则的缺陷，特别是国际法在适当顾及其他方利益以及友邻原则的规范下，共同开发成为沿海国在涉及跨界和主张重叠区油气资源开发时的现实可行的必然选择。

第二章 海上油气资源共同开发的 历史发展及其法律适用的 不同情形

第一节 海上油气资源共同开发的历史发展

如上所述,海上油气资源共同开发是指两国或两国以上的政府在签订海上油气资源共同开发协议的基础上,双方根据该协议共同勘探开发跨界或争议海域的油气资源。[①]

1958年2月,巴林与沙特阿拉伯签订了《巴林—沙特阿拉伯边界协定》(Bahrain—Saudi Arabia Boundary Agreement)[②],实施海上油气资源的共同开发。此后,共同开发跨界或争议海域油气资源的国家实践已成为一种较为普遍的现象。迄今,海上油气资源共同开发的国家实践也有30多起。

回顾海上油气资源共同开发60多年的发展历程,我们可以把海上油气资源共同开发的演进分为以下四个阶段:第一,海上油气资源共同开发的产生阶段(1958—1969年),在波斯湾和西欧一共出现了6例海上油气资源共同开发案。第二,海上油气资源共同开发的发展阶段(1970—1993年),一共出现了16例海上油气资源共

---

① 参见杨泽伟主编:《海上共同开发国际法理论与实践研究》,武汉大学出版社2018年版,第1页。

② 参见 Bahrain-Saudi Arabia Boundary Agreement, 22 February 1958, available at http://www.un.org/Depts/los/LEGISLATIONANDTREATIES/PDFFILES/TREATIES/BHR-SAU1958BA.PDF。

同开发案，涉及 27 个国家，包括亚洲国家 11 个、欧洲国家 5 个、非洲国家 7 个、美洲国家 3 个及大洋洲的澳大利亚。第三，海上油气资源共同开发的回落阶段（1994—1999 年），只有一例海上油气资源共同开发案，即 1995 年 9 月英国与阿根廷签订的《关于在西南大西洋近海活动进行合作的联合声明》。第四，海上油气资源共同开发的平稳阶段（2000 年至今），进入 21 世纪以来，海上油气资源共同开发活动又逐渐增多，产生了 15 例海上油气资源共同开发的国家实践。

一、共同开发的产生阶段（1958—1969 年）

在这一阶段，在波斯湾和西欧一共出现了 6 起有关海上油气资源共同开发的国家实践。

（一）50 年代海上油气资源共同开发案

在 20 世纪 50 年代，国际社会关于海上油气资源共同开发的国家实践，方兴未艾。在这一时期，只有一起海上油气资源共同开发案——1958 年巴林与沙特阿拉伯共同开发波斯湾大陆架案。

1958 年 2 月 22 日，巴林与沙特阿拉伯签订了《巴林—沙特阿拉伯边界协定》（Bahrain—Saudi Arabia Boundary Agreement）。这是世界上第一个涉及海上油气资源共同开发的协定。该协定规定，除划定两国间的大陆架界限以外，位于沙特阿拉伯管辖下的法席卜·萨法（Fasht bu Saafa）一块六边形区域的石油资源将按照沙特阿拉伯确定的方式开发，但巴林政府可得到开发后政府所获净收益的一半；该协定还强调这个安排应不损害沙特阿拉伯在该区域的主权权利和行政管辖。①

---

① 参见"1958 年巴林与沙特阿拉伯共同开发波斯湾大陆架案"，载杨泽伟主编：《海上共同开发协定汇编（汉英对照）（上）》，社会科学文献出版社 2016 年版，第 3~9 页；关培凤：《巴林与沙特阿拉伯大陆架划界暨资源共享案》，载杨泽伟主编：《海上共同开发国际法问题研究》，社会科学文献出版社 2016 年版，第 123~136 页。

(二)60年代海上油气资源共同开发案

早20世纪60年代,海上油气资源共同开发的国家实践逐渐增多。在这一时期,共有以下5起海上油气资源共同开发案。

1. 1962年荷兰与联邦德国埃姆斯河口资源共同开发案。1962年5月14日,荷兰与联邦德国签订了《荷兰王国与德意志联邦共和国签署的〈关于在埃姆斯河口合作安排的条约〉(〈埃姆斯—多拉德条约〉)之补充协定》(Supplementary Agreement to the Treaty Concerning Arrangements for Cooperation in the Ems Estuary (Ems—Dollard Treaty), Signed between the Kingdom of the Netherlands and the Federal Republic of Germany)。[1] 根据该协定,荷兰与联邦德国在边界线建立一个油气资源开发区,各方应在边界线已方一侧行使其管辖权并进行油气资源的勘探和开发,但双方有权平等分享所开发的石油和天然气,费用也按同样比例平摊。[2]

2. 1965年沙特阿拉伯与科威特共同开发案。1965年7月7日,沙特阿拉伯与科威特签订了《沙特阿拉伯王国—科威特国划分中立区的协定》(Agreement between the Kingdom of Saudi Arabia and the State of Kuwait on the Partition of the Neutral Zone)。该协定将1922年沙特阿拉伯与科威特的《欧奎尔协定》(the Convention of Al-Uqair)所建立的"中立区"(the Neutral Zone)划为均等的两部分,分别附属于两个国家,"作为其领土不可分割的一部分",每个国家对其所有之部分行使行政、立法、防卫的权利,并互相尊重对方在相应部分的自然资源的权利。此外,该协定还规定,除非双方另有协议,缔约双方应以共同开发的方式对划分区域以外的一块海底区域享有平等权利。[3]

---

① 参见 the United Nations. Treaty Series, Vol. 508, footnote 1, p. 20。

② 参见"1962年荷兰与联邦德国埃姆斯河口资源共同开发案",载杨泽伟主编:《海上共同开发协定汇编(汉英对照)(上)》,社会科学文献出版社2016年版,第10~27页。

③ 参见"1965年沙特阿拉伯与科威特共同开发案",载杨泽伟主编:《海上共同开发协定汇编(汉英对照)(上)》,社会科学文献出版社2016年版,第28~38页。

3. 1969 年卡塔尔与阿布扎比共同开发案。1969 年 3 月 20 日，卡塔尔与阿布扎比签订了《关于解决卡塔尔与阿布扎比两国间海上边界线和岛屿主权权利的协定》（Agreement on Settlement of Maritime Boundary Lines and Sovereign Rights over Islands between Qatar and Abu Dhabi）。① 该协定规定，阿尔本都油田（the Al-Bunduq field）由双方"平等分享"（equally shared），双方应就该油田的所有事项经常协商，以便在平等基础上行使所有权利。按照该协定，油田将由阿布扎比海洋区域公司（the Abu Dhabi Marine Areas（ADMA）Company）根据其规章规定的特许权条款进行开发，所有费用和收益由两国政府平等分摊。②

4. 1967 年伊朗与伊拉克共同开发案。1967 年 1 月，伊朗与伊拉克签订了《关于共同开发砍那申—卡那—南伊沙油田的协定》，以实施两国间海上油气资源的共同开发。③

值得注意的是，还有学者把 1960 年 1 月 23 日捷克斯洛伐克与奥地利签订《捷克斯洛伐克与奥地利关于开采天然气和石油共同矿田的协定》（Agreement between the Government of the Czechoslovakia Republic and the Austria Federal Government Concerning the Working of Common Deposits of Natural Gas and Petroleum）④而实施的共同开发案，也作为这一时期的共同开发案例。虽然该协定是针对陆地资源

---

① 参见 Agreement on Settlement of Maritime Boundary Lines and Sovereignty Rights over Islands between Qatar and Abu Dhabi, 30 March 1969, ST/LEG/SER. B/16, p. 403。

② 参见于辉：《共同开发海洋矿物资源的国际法问题》，载《中国国际法年刊》1994 年，第 52 页。

③ 参见萧建国：《国际海洋边界石油的共同开发》，海洋出版社 2006 年版，第 8 页。

④ 参见 Agreement concerning the Working of Common Deposits of Natural Gas and Petroleum, 23 January 1960, CZECHOSLOVAKIA-AUSTRIA, U. N. T. S. Vol. 495, pp. 134-140; available at https：//treaties. un. org/doc/Publication/UNTS/Volume%20495/volume-495-I-7241-English. pdf。

开发的，但是它为解决海上跨界油气资源开发问题提供了先例。①

然而，在这一阶段为什么在波斯湾、西欧先后出现 6 起有关海上油气资源共同开发的国家实践呢？笔者认为，这主要有以下几个方面的原因。

1. 沿海国家在第二次世界大战以后维护海洋权益的意识日益增强

一方面，第二次世界大战结束以后，由于近海石油工业的迅猛发展，各沿海国为扩大获得资源的机会，纷纷对海洋特别是近海海域提出了最大可能的权利主张或要求。另一方面，美国总统杜鲁门发表的有关大陆架的公告推动了更多国家纷纷颁布本国的大陆架法。1945 年，美国总统杜鲁门发表了《美国关于大陆架的底土和海床的自然资源的政策的第 2667 号总统公告》，提出了沿海国对其大陆架自然资源的权利主张，引起了众多国家的仿效。到 1958 年《大陆架公约》签署前，世界上已有约 50 个国家宣布了大陆架法令，②并开始考虑它们开发海洋及其资源的经济利益。

2. 世界各国对近海油气资源重要性的认识进一步加深

从 20 世纪 50 年代中后期开始，石油和天然气在全球一次性能源消费结构中的比例跃居第一和第三位，成为关系到国家经济建设、政治稳定和军事安全的重要战略物资。然而，经过数十年的大规模开采，陆地油气资源有的业已告罄、有的濒临枯竭，越来越无法满足人类的需求。在这种背景下，对海洋油气资源的开发利用成为直接关系到国家生存和发展的迫切问题。因此，世界各国逐渐把目光转向了海洋，在第二次世界大战后逐渐形成了开采利用海底油气资源的热潮。

---

①　参见于辉：《共同开发海洋矿物资源的国际法问题》，载《中国国际法年刊》1994 年，第 51 页。

②　参见［加拿大］巴里·布赞：《海底政治》，时富鑫译，三联书店 1981 年版，第 17~22 页；华敬炘：《海洋法学教程》，中国海洋大学出版社 2009 年版，第 155 页。

3. 良好的双边关系

稳定、友好的国家间关系是进行海上油气资源共同开发的一个重要前提和保证。在这一阶段出现的海上油气资源共同开发案例中，所涉及的双边国家间基本上都保持着稳定、密切的关系。例如，巴林在历史上曾是沙特阿拉伯的主要转口港，两国长期保持紧密的经济贸易关系；沙特阿拉伯与科威特也是长期和睦共处的。1960 年 9 月 14 日，为协调石油政策，维护共同利益，沙特阿拉伯、科威特、伊朗、伊拉克四国还与委内瑞拉一起发起成立了"石油输出国组织"（Organization of Petroleum Exporting Countries，OPEC）[①]，进一步促进了波斯湾国家间关系的发展。而荷兰与联邦德国同为北约和欧共体的成员国，在政治、军事和经济等方面都有着密切关系。

4. 中东国家经济发展的迫切需要

在海上油气资源共同开发的产生阶段，一共出现了 5 例海上油气资源共同开发实践，其中有 4 例是波斯湾国家间的海上油气资源共同开发案例。其根本原因在于，第二次世界大战结束后，大批新兴民族独立国家都把发展经济置于极其重要的地位，而伊朗、沙特阿拉伯、科威特等波斯湾国家更是由于其丰富的油气资源，制定了相近的经济发展战略，即主要以发展石油出口和石油加工业来带动整个国民经济的发展。因此，为了实现经济发展目标和经济利益的最大化，这些国家比较容易就海上油气资源共同开发问题达成协定。

综上可见，正是各沿海国家维护海洋权益的意识日益增强、对海洋及海洋油气资源重要性的认识进一步加深、良好的国家间关系的存在以及发展经济的迫切需求等因素，使它们有较强的海上油气资源共同开发的意愿和充分的谅解合作精神，从而为海上油气资源

---

① 目前石油输出国组织共有 13 个成员国：阿尔及利亚、伊朗、伊拉克、科威特、利比亚、尼日利亚、沙特阿拉伯、阿拉伯联合酋长国、委内瑞拉、安哥拉、加蓬(1975 年加入，1995 年退出，2016 年再次加入)、赤道几内亚、刚果。参见石油输出国组织网站 http：//www.opec.org。

共同开发实践的产生奠定了基础。

二、共同开发的发展阶段(1970—1993 年)

国际法院在对 1969 年"北海大陆架案"的判决中，首次正式提出了争议海区海上油气资源共同开发的解决方法，为此后 20 多年中海上油气资源共同开发的国际实践进一步发展夯实了法律基础。在 1970—1993 年这一阶段，海上油气资源共同开发的国际实践日益增多，一共出现了 16 例海上油气资源共同开发案，涉及 27 个国家，其中包括：亚洲国家 11 个、欧洲国家 5 个、非洲国家 7 个、美洲国家 3 个及大洋洲的澳大利亚。

(一)20 世纪 70 年代海上油气资源共同开发案

在 20 世纪 70 年代，一共有 8 起海上油气资源共同开发案。

1. 1971 年伊朗与阿拉伯联合国酋长国共同开发案。1971 年 11 月 18 日，伊朗与阿拉伯联合国酋长国签订了《伊朗与沙加谅解备忘录》(Memorandum of Understanding Between Iran and Sharjah)。[①] 按照该备忘录的规定，伊朗与阿拉伯联合国酋长国同意，在阿布穆萨地区(the Abu Musa Area)的石油由巴提斯油气公司(Buttes Gas and Oil Company)进行勘探和开发，该公司向伊朗和沙加平均输送其所开采的政府石油资源。

2. 1974 年法国与西班牙划界与共同开发案。1974 年 1 月 29 日，法国与西班牙签订了《法兰西共和国政府与西班牙王国政府划分两国在比斯开湾大陆架的公约》(Convention Between the Government of the French Republic and the Government of the Spanish State on the Delimitation of the Continental Shelves of the Two States in the Bay of Biscay)。按照该协定的规定，在划分两国在比斯开湾大陆架的同时，建立一个横跨两国大陆架边界线的长方形区域，每一

---

① 参见 Memorandum of Understanding Between Iran and Sharjah, November 1971, Middle East Economic Survey, Vol. 15, No. 28, 1972, Supplement。

方对位于边界线一侧区域内的矿物资源行使主权权利。① 此外，该协定附件二还进一步规定，法、西双方同意平等分享在整个区域内的资源，并保证双方有关的公司在平等的基础上参加该区域内的矿物资源开发。②

3. 1974 年日本与韩国共同开发案。1974 年 1 月 30 日，日本与韩国签订了《日本与大韩民国关于共同开发邻接两国的大陆架的南部协定》(Agreement Between Japan and the Republic of Korea Concerning Joint Development of the Southern Part of the Continental Shelf Adjacent to the Two Countries)。根据该协定规定，双方建立一个共同开发区，并又划分为 9 个小区块，每个小区块由双方承租人根据作业协定进行勘探和开发，双方承租人平等分享从共同开发区开采的自然资源并分摊勘探和开发费用；设立一个"日韩联合委员会"(the Japan-Republic of Korea Joint Commission)，负责对执行该协定各事项进行协商。③

4. 1974 年苏丹与沙特阿拉伯共同开发案。1974 年 5 月 16 日，苏丹与沙特阿拉伯签订了《苏丹与沙特阿拉伯关于共同开发共同区红海海床和底土的自然资源的协定》(Agreement Between Sudan and Saudi Arabia relating to the Joint Exploitation of the Natural Resources of the Sea-Bed and Sub-soil of the Red Sea in the Common Zone)。④ 该协

---

① 参见"1974 年法国与西班牙划界与共同开发案"，载杨泽伟主编：《海上共同开发协定汇编(汉英对照) (上)》，社会科学文献出版社 2016 年版，第 91~102 页。

② 参见 Annex II Provisions Applicable to the Zone Defined in Article 3 of This Convention。

③ 参见" 1974 年日本与韩国共同开发案"，载杨泽伟主编：《海上共同开发协定汇编(汉英对照) (上)》，社会科学文献出版社 2016 年版，第 49~90 页；刘佳：《论日韩共同开发案对中日东海共同开发的启示》，武汉大学硕士学位论文 2015 年；邓妮雅：《日韩共同开发东海大陆架案及其对中国的启示》，载《中国海洋大学学报》(社会科学版)2016 年第 2 期，第 65~73 页。

④ 参见 Agreement Between Sudan and Saudi Arabia Relating to the Joint Exploitation of the Natural Resources of the Sea-Bed and Sub-soil of the Red Sea in the Common Zone, 16 May 1974, ST/LEG/SER. B/18, pp. 452-455。

定规定，承认两国对邻接其沿岸至深达 1000 米的海床区域享有各自的专属主权权利，双方的 1000 米等深线之间的海床区域为共同区，两国政府对共同区的全部自然资源享有平等的主权权利，这种权利是专属两国政府的；建立一个由双方同等人数代表组成的联合委员会，行使有关发放许可证、监督开发和制定有关规章等综合职责。

5. 1975 年卢旺达与扎伊尔共同开发案。1975 年 5 月 3 日，卢旺达与扎伊尔签订了《卢旺达共和国与扎伊尔共和国关于基伍湖的天然气的勘探和开发以及商业化的协定》。该协定规定，承认基伍湖的天然气资源为两国共同财产，原则上决定设立一个双方平分资本的合资公司，行使关于资源勘探和开发以及商业化的专属权利。①

6. 1976 年英国与挪威共同开发弗里格天然气案。1976 年 5 月 10 日，英国与挪威签订了《大不列颠及北爱尔兰联合王国政府与挪威王国政府关于开发弗里格气田及从该气田向英国输送天然气的协定》(Agreement Between the Government of the United Kingdom of Great Britain and Northern Ireland and the Government of the Kingdom of Norway Relating to the Exploitation of the Frigg Field Reservoir and the Transmission of Gas therefrom to the United Kingdom)。该协定规定，经两国政府批准，天然气将作为一个"单一整体"(A Single Unit)，由两国许可证持有者协议产生的一个"单一作业者"进行开发，两国政府共同决定与边界线有关的每一天然气井的位置，并协商确定弗里格天然气田的总储量及其分配；同时，许可证持有者进行开发不影响两国对边界线一侧的大陆架的管辖权。②

7. 1979 年泰国与马来西亚有关泰国湾的共同开发案。1979 年 2 月 21 日，泰国与马来西亚签订了《马来西亚和泰王国为开发泰国湾两国大陆架划定区域内海床资源而建立联合管理局的谅解备忘

---

① 参见于辉：《共同开发海洋矿物资源的国际法问题》，载《中国国际法年刊》1994 年，第 53 页。

② 参见"1976 年英国与挪威共同开发弗里格天然气案"，载杨泽伟主编：《海上共同开发协定汇编(汉英对照)(上)》，社会科学文献出版社 2016 年版，第 103~136 页；王欣裕：《英挪弗里格气田联合开发案及其对我国的启示》，武汉大学硕士学位论文 2015 年。

录》(Memorandum of Understanding Between Malaysia and the Kingdom of Thailand on the Establishment of the Joint Authority for the Exploitation of the Resources of the Sea Bed in a Defined Area of the Continental Shelf of the Two Countries in the Gulf of Thailand)。按照该备忘录的规定，双方承认在泰国湾存在一个海域重叠区域，并认为通过相互合作共同开发重叠区域海床资源是两国的最大利益；建立一个"马泰联合管理局"(Malaysia-Thailand Joint Authority)，代表双方全权负责重叠区域生物资源的勘探开发。①

此外，70 年代还有 1975 年伊朗与伊拉克共同开发案。②

(二)20 世纪 80 年代海上油气资源共同开发案

在 20 世纪 80 年代，一共有 5 起海上油气资源共同开发案。其中，比较有代表性的案例主要有以下两起案例。

1. 1981 年冰岛与挪威扬马延岛共同开发案。1981 年 10 月 22 日，冰岛与挪威签订了《关于冰岛和扬马延岛之间的大陆架协定》(Agreement on the Continental Shelf Between Iceland and Jan Mayen)。根据该协定，双方同意建立一个共同开发区，该区域划分为位于边界线以北的挪威部分和边界线以南的冰岛部分，每一方对其管辖部分适用各自的立法和石油开发政策，而共同开发区的开发和生产根据合资合同进行。③

---

① 参见"1979 年泰国与马来西亚有关泰国湾的共同开发案"，载杨泽伟主编：《海上共同开发协定汇编(汉英对照)(上)》，社会科学文献出版社 2016 年版，第 177~262 页；王小梅：《泰国和马来西亚共同开发案研究》，武汉大学硕士学位论文 2015 年。

② 参见 Treaty Concerning the Frontier and Neighbourly Relations Between Iran and Iraq, 13 June 1975, available at http：//www. parstimes. com/history/iran _iraq_1975. html；Agreement Between Iran and Iraq Concerning the Use of Frontier Watercourses, 26 December 1975, available at http：//www. ucdp. uu. se/ gpdatabase/peace/Iran-Iraq%2019751226b. pdf.

③ 参见"1981 年冰岛与挪威扬马延岛共同开发案"，载杨泽伟主编：《海上共同开发协定汇编(汉英对照)(上)》，社会科学文献出版社 2016 年版，第 263~ 271 页；马晟：《挪威与冰岛共同开发案研究》，武汉大学硕士学位论文 2015 年。

　　2. 1989 年澳大利亚与印度尼西亚共同开发案。1989 年 12 月 11 日，澳大利亚与印度尼西亚签订了《澳大利亚与印度尼西亚共和国在印度尼西亚东帝汶省与澳大利亚北部之间的区域设立合作区的条约》（Treaty Between Australia and the Republic of Indonesia on the Zone of Cooperation in an Area Between the Indonesian Province of East Timor and Northern Australia）。该条约将存有争议的帝汶海区域划入共同开发区内，两国平等分享合作开发收益；合作区分为三个区域，A 区由联合管理局来管理勘探、开发和收益的平分，在 B 区澳大利亚有权发放许可证、批准租赁等，而在 C 区印度尼西亚拥有类似的权利。① 此外，该条约还有详细的附件，如《石油开采章程》《生产分成标准合同》等。不少学者认为该条约是"迄今在条约文本中就共同开发规定得最为详尽的一个条约"②。

　　除了上述海上油气资源共同开发的国际案例以外，这一时期还有 1981 年美国与加拿大缅因湾共同开发案③、1988 年利比亚与突尼斯共同开发案④、1988 年阿拉伯也门共和国与也门民主人民共和国共同开发案⑤。

---

　　① 参见"1989 年澳大利亚与印度尼西亚共同开发案"，载杨泽伟主编：《海上共同开发协定汇编（汉英对照）（上）》，社会科学文献出版社 2016 年版，第 272~312 页；李亚伟：《帝汶海共同开发案研究》，武汉大学硕士学位论文 2016 年。

　　② 萧建国：《国际海洋边界石油的共同开发》，海洋出版社 2006 年版，第 10 页。

　　③ 参见 Treaty to Submit to Binding Dispute Settlement the Delimitation of the Maritime Boundary in the Gulf of Maine Area, 29 March 1979, available at http：//www. un. org/Depts/los/LEGISLATIONANDTREATIES/PDFFILES/TREATIES/CAN-USA1979GM. PDF, Delimitation of the Maritime Boundary in the Gulf of Maine Area, Judgment, available at http：//www. icj-cij. org/docket/files/67/6369. pdf。

　　④ 1988 年 8 月，利比亚与突尼斯签订了《利比亚与突尼斯大陆架划界与共同开发协定》。

　　⑤ 1988 年 11 月 19 日，阿拉伯也门共和国与也门民主人民共和国签订了《阿拉伯也门共和国与也门民主人民共和国之间的亚丁协议》（Aden Agreement Between the Yemen Arab Republic and the People's Democratic Republic of Yemen）。按照该协议，双方通过共有的公司共同投资勘探开发共有的潜在石油资源。

(三)90 年代海上油气资源共同开发案

在 20 世纪 90 年代的这一时期，一共有 3 起海上油气资源共同开发案。

1. 1992 年马来西亚与越南共同开发案。1992 年 6 月 5 日，马来西亚与越南签订了《马来西亚和越南社会主义共和国关于两国大陆架划定区域内石油勘探和开采的谅解备忘录》(Memorandum of Understanding Between Malaysia and the Socialist Republic of Vietnam for the Exploration and Exploitation of Petroleum in A Defined Area of the Continental Shelf Involving the Two Countries)。根据该备忘录，马越双方承诺将在未来 40 年内平等共担或共享争议区石油勘探和开采活动引起的一切费用以及带来的所有收益；决定由马来西亚国家石油公司和越南国家石油和天然气公司作为两国的代理机构签订协议来管理划定区域内自然资源的勘探和开采活动。①

2. 1993 年几内亚比绍与塞内加尔共同开发案。1993 年 10 月 14 日，几内亚比绍与塞内加尔签订了《几内亚比绍共和国与塞内加尔共和国管理和合作协定》(Agreement on Management and Cooperation Between the Republic of Guinea-Bissau and the Republic of Senegal)。根据该协定，几、塞双方同意联合开采划定区域，双方的领海不包括在该区域之内；该区域的资源是按以下比例分享的，在渔业资源方面，塞内加尔占 50%，几内亚比绍占 50%；在大陆架中的资源方面，塞内加尔占 85%，几内亚比绍占 15%；双方的共同开发协议不会损害各方先前取得的、经司法裁决确认的法律权利以及先前规定的、对没有划定区域的所有权。②

3. 1993 年牙买加与哥伦比亚共同开发案。1993 年 11 月 12

---

① 参见"1992 年马来西亚与越南共同开发案"，载杨泽伟主编：《海上共同开发协定汇编(汉英对照)(上)》，社会科学文献出版社 2016 年版，第 313~319 页。

② 参见"1993 年塞内加尔与几内亚比绍共同开发案"，载杨泽伟主编：《海上共同开发协定汇编(汉英对照)(上)》，社会科学文献出版社 2016 年版，第 329~366 页。

日，牙买加与哥伦比亚签订了《牙买加与哥伦比亚共和国海洋划界条约》(Maritime Delimitation Treaty Between Jamaica and the Republic of Colombia)。按照该条约的规定，牙、哥两国在指定区域的管辖权界限无法确定的情况下，同意在该区域确立一个联合管理、支配、勘探和开发生物和非生物资源的"联合管理区"(the Joint Regime Area)；双方还同意成立一个"联合委员会"(the Joint Commission)，以实施该条约相关规定以及执行缔约国分配其执行的有利于实现该条约目的的其他工作。①

综上可见，从1970—1993年海上油气资源共同开发的第二阶段，海上油气资源共同开发从地理范围上讲已从波斯湾、西欧、北欧发展到了红海、地中海、东亚，再到南亚和东南亚、非洲和拉美地区等，成为世界范围内共同开发的国际实践。然而，为什么在这一阶段，海上油气资源共同开发的国家实践能得到较快发展？笔者认为，这主要有以下几个方面的原因。

第一，一些国际司法判例的支持和权威国际法学家的倡导，有力地推动了海上油气资源共同开发的迅猛发展

国际法院在其判决中首次将"海上油气资源共同开发"作为解决资源争夺的一种适宜办法是在1969年的"北海大陆架案"(the North Sea Continental Shelf Cases, Federal Republic of Germany/Denmark, Federal Republic of Germany/the Netherlands)中。在该案判决中，国际法院正式指出，矿藏的统一性是大陆架划界中应予考虑的一种合理因素。"在保护矿藏统一性的问题上，最后一个解决办法(即共同开发)显得尤为适当。"②杰瑟普(Jessup)法官在该案中发表的个别意见还指出，海上油气资源共同开发不仅适用于边界线

---

① 参见"1993年哥伦比亚与牙买加共同开发案"，载杨泽伟主编：《海上共同开发协定汇编(汉英对照)(上)》，社会科学文献出版社2016年版，第320~328页；宗吕谦：《哥伦比亚与牙买加共同开发案研究》，武汉大学硕士学位论文2016年。

② 参见 the North Sea Continental Shelf Cases (Federal Republic of Germany/Denmark, Federal Republic of Germany/the Netherlands), Judgment of 20 February 1969, available at https://www.icj-cij.org/en/case/51/judgments。

已经划定的情况，也适用于双方主张均为合法的海上争议区，并强调"共同开发原则在涉及矿藏统一性原则时尤为适用"。[①] 在1982年"突尼斯—利比亚大陆架案"（Continental Shelf, Tunisia/Libyan Arab Jamahiriya）的判决中，特别法官埃文森（Evensen）在其个别意见中也提出，在争议海域划定共同开发区以进行油气资源的勘探和开采，是解决海洋边界争端的一个公平的替代方法。他还就确定共同开发区的方法、共同开发区内的管辖权分配、合作原则及争端解决等问题提出了具体建议。[②] 无疑，上述国际司法判例和国际法权威学者对海上油气资源共同开发的推崇，是海上油气资源共同开发实践得以迅速发展的推进器。

第二，诸如国际条约等国际法律文件对以合作方式对共有资源进行开发利用的明确规定，也有助于海上油气资源共同开发国际实践的快速发展。

例如，1974年联合国大会通过的《各国经济权利和义务宪章》第3条明确规定，在开发属于两个或两个以上国家共有的自然资源时，各国必须在互通声气和事前协商的基础上通力合作，以便在不损害其他国家合法权益的前提下，最适当地利用这些资源。联合国大会通过的其他一些决议还从环境保护的角度，规定了共享资源的国家间在资源保护和一体开发方面进行合作的原则。特别是，1982年《联合国海洋法公约》第74条、第83条、第123条、第142条等都强调了国家间的合作原则。在海域争议和围绕海底资源的争夺日渐突出的情况下，这些重要的国际法律文件对共有资源合作开发的支持，推动了相关国家的海上油气资源共同开发的实践。

第三，全球性石油危机的多次出现，进一步刺激了各国对海上

---

① 参见 Separate Opinion of Judge Jessup, in the North Sea Continental Shelf Cases（Federal Republic of Germany/Denmark, Federal Republic of Germany/the Netherlands）, available at https：//www.icj-cij.org/public/files/case-related/51/051-19690220-JUD-01-03-EN.pdf。

② 参见 Dissenting Opinion of Judge Evensen, in Continental Shelf, Tunisia/Libyan Arab Jamahiriya, available at https：//www.icj-cij.org/public/files/case-related/63/063-19820224-JUD-01-06-EN.pdf。

油气资源的需要，并加快了各国勘探近海油气资源的步伐。

迄今被国际社会公认的三次全球性石油危机都发生在海上油气资源共同开发的发展阶段(1970—1993年)。全球性石油危机对世界经济产生的严重影响，使世界各国特别是一些能源消耗严重依赖进口的发达国家深受刺激，加速勘探和开发近海油气资源成为保障其能源安全的重要手段之一。对能源的强烈需求，在一定程度上减弱甚至超越了政治上的考虑，促使有关国家达成了共同开发海上油气资源的安排。仅第一次石油危机后的1974年就出现了3例共同开发案，1979年、1981年各1例，1990年后出现3例。这清楚地表明，对油气资源的强烈需求和对油气来源安全的担心在推动海上油气资源共同开发实践的发展中有巨大的作用。值得注意的是，发达国家间出现的海上油气资源共同开发案也基本都集中在这一时期，如法国和西班牙、日本与韩国、英国与挪威、冰岛与挪威等国家间的海上油气资源共同开发实践。诚如美国夏威夷大学东西方研究中心的专家瓦伦西亚(M. J. Valencia)和日本学者三好正弘(Masahiro Miyoshi)所指出的："也许国家选择共同开发最主要的原因是，出于保护其石油和天然气储藏方面利益的紧迫感和义务感。"[1]

第四，良好、稳定的国家间双边关系，也促进了这一阶段有关海上油气资源共同开发国家实践的发展。

例如，法国与西班牙、英国与挪威、冰岛与挪威之间的关系都很友好，而泰国与马来西亚作为东盟创始成员国，也保持了稳定密切的关系。此外，20世纪80年代末以来，越南与周边国家关系由对抗转向对话，也为它和马来西亚有关海上油气资源共同开发协定的达成奠定了基础。

三、共同开发的回落阶段(1994—1999年)

在这一阶段，有关海上油气资源共同开发的国家实践仅有1

---

[1] 参见 M. J. Valencia and M. Miyoshi, Southeast Asian Seas: Joint Development of Hydrocarbons in Overlapping Claim Area? Ocean Development and International Law, Vol. 16, 1986, p. 223。

例，即 1995 年英国与阿根廷共同开发案。

1995 年 2 月 27 日，英国与阿根廷签订了《关于在西南大西洋近海活动进行合作的联合声明》(Joint Declaration on Cooperation over Offshore Activities in the Southwest Atlantic)。① 该联合声明被视为两国进行共同开发合作的法律文件。按照该联合声明的规定，英阿两国为鼓励西南大西洋近海活动同意开展合作，对油气资源的勘探和开发将会在依据合理的商业原则和良好油田实践，并吸收两国政府分别在西南大西洋和北海开发经验的基础上执行；两国政府同意通过商业行为者所承担的不同阶段的开发近海活动进行合作等。②

与前一阶段相比，海上油气资源共同开发的国家实践在这一阶段表现出一定的回落态势。其原因主要有：

1.《联合国海洋法公约》生效对海上油气资源共同开发的消极影响

1994 年 11 月 16 日，《公约》正式生效。《公约》的生效，对海上油气资源共同开发的国家实践产生了较为明显的消极影响。一方面，《公约》的生效使主权国家对适用《公约》来解决海域划界问题，或通过《公约》规定的第三方强制程序来解决海域划界争议问题的希望越来越大，海上油气资源共同开发的国家实践相对受到冷落③；另一方面，《公约》的生效使许多海岸相邻或相向的国家，都可以合法地扩展其主权或主权权利，并因为坚持其主张的有法可依而在政策选择上倾向于划界、而非海上油气资源的共同开发。各国追求签订明确的海洋划界条约，使得海上油气资源共同开发方式受

---

① 参见 T. W. Wälde & Andrew McHardy, Argentina-United Kingdom: Joint Declaration on Cooperation over Offshore Activities in the Southwest Atlantic, International Legal Materials, Vol. 35, No. 2, 1996, p. 302。

② 参见 R. R. Churchill, Falkland Islands—Maritime Jurisdiction and Co-Operative Arrangements with Argentina, International and Comparative Law Quarterly, Vol. 46, Issue. 2, 1997, pp. 468-469；王阳：《英国和阿根廷共同开发案研究》，武汉大学硕士学位论文 2016 年。

③ 萧建国：《国际海洋边界石油的共同开发》，海洋出版社 2006 年版，第 12 页。

到不小冲击。总之，自1994年《联合国海洋法公约》生效以来，国家间的海洋边界划定活动日趋增加，有关的海洋划界协议也大量出现，从而大大削弱了海上油气资源共同开发的紧迫性和必要性。

2. 一些争议较大的海域涉及多个主权国家，从而加大了海上油气资源共同开发协定达成的难度

到20世纪90年代，已有的海上油气资源共同开发协定和国家实践涉及的都是双边关系，迄今尚未有多边海上油气资源共同开发协定和国家实践的产生。而且在已有的20多例共同开发案中，很多协定的达成和真正实施都是历经波折。双边协定尚且如此，多边协定达成并实施的难度更是不言而喻。然而，目前一些存在较大争议、且急需进行海上油气资源共同开发的有争议海域恰恰是涉及多国、多方的。因此，在这样的争议海域要实现海上油气资源共同开发，需要有关国家花费更长的时间，拿出更大的勇气和更多的智慧。

3. 对海上油气资源储藏的情况了解越多，越有可能对海上油气资源共同开发的国家实践带来负面影响

正如对油气资源的了解越深越不容易达成海上划界协定一样，这种了解的深入也可能会影响到海上油气资源共同开发协定的达成。因为有关国家越是清楚争议海域的油气资源储藏丰富，越倾向于明确资源的归属，而不是模糊其归属并进行共同开发。正是这些复杂因素，使得海上油气资源共同开发的国家实践在20世纪90年代中期以来进展缓慢。

综上所述，海上油气资源共同开发的国家实践从产生、发展到回落的发展历程表明，国家发展经济对油气资源的迫切需要和对资源进行海上油气资源共同开发的强烈政治意愿，是海上油气资源共同开发国家实践得以逐渐展开的重要动力；而国家追求其主权或主权权利的唯一和专属的本质属性，是阻碍海上油气资源共同开发的一个根本原因。

四、共同开发的平稳阶段(2000年至今)

在这一阶段，海上油气资源共同开发的国家实践又再次兴起，

一共出现了 15 起案例。

(一)2001 年尼日利亚与圣多美和普林西比共同开发案

2001 年 2 月 21 日,尼日利亚与圣多美和普林西比签订了《尼日利亚联邦共和国与圣多美和普林西比民主共和国关于共同开发两国专属经济区的石油及其他资源的条约》(Treaty Between The Federal Republic of Nigeria and The Democratic Republic of São Tomé e Príncipe on the Joint Development of Petroleum and other Resources, in Respect of Areas of the Exclusive Economic Zone of the Two States)。① 按照该条约之规定,在开发区内,应由双方当事国共同管控资源的勘探和开发,旨在实现最大限度的商业利用;双方当事国应依据该条约,对开发区内由开发活动所产生的所有收益和责任做如下分配,尼日利亚占 60%,圣多美和普林西比占 40%;设立联合管理局(the Joint Authority),管理责任区域内资源勘探和开发资源相关的活动等。②

(二)2002 年东帝汶与澳大利亚共同开发案

2002 年 5 月 20 日,在东帝汶恢复独立当天,东帝汶与澳大利亚签订了《东帝汶政府与澳大利亚政府间帝汶海条约》(Timor Sea Treaty Between the Government of East Timor and the Government of Australia)。③ 该条约规定,建立共同石油开发区,澳大利亚和东帝

---

① 参见 Treaty Between The Federal Republic of Nigeria and The Democratic Republic of São Tomé e Príncipe on the Joint Development of Petroleum and Other Resources, in Respect of Areas of the Exclusive Economic Zone of the Two States, available at http://www. un. org/Depts/los/LEGISLATIONANDTREATIES/PDFFILES/ TREATIES/STP-NGA2001. PDF。

② 参见"2001 年尼日利亚与圣多美和普林西比共同开发案",载杨泽伟主编:《海上共同开发协定汇编(汉英对照)(下)》,社会科学文献出版社 2016 年版,第 367~426 页;张慧芬:《尼日利亚与圣多美和普林西比共同开发案研究》,武汉大学硕士学位论文 2015 年。

③ 参见 Timor Sea Treaty Between the Government of East Timor and the Government of Australia. Australian Treaty Series 2003 No. 13。

汶基于两国人民的福祉，共同控制、管理和促进共同石油开发区石油资源的勘探、开发、利用；澳大利亚和东帝汶对于共同石油开发区生产的所有石油享有所有权，其中所产石油 90%属于东帝汶，10%属于澳大利亚等。① 之后两国还就日升(Greater Sunrise)区块的开发问题达成了《澳大利亚政府与东帝汶民主共和国政府关于联合开采日升油气田的协议》(Agreement Between the Government of Australia and The Government of the Democratic Republic of Timor-Leste Relating to the Unitisation of the Sunrise and Troubadour Fields)。② 2016 年 1 月 12 日，澳大利亚与东帝汶又签订了《澳大利亚—东帝汶民主共和国关于在帝汶海特定海上安排条约》(Treaty Between Australia and the Democratic Republic of Timor-Leste on Certain Maritime Arrangements in the Timor Sea)。③

(三)2003 年巴巴多斯与圭亚那共同开发案

2003 年 12 月 2 日，巴巴多斯与圭亚那签订了《圭亚那共和国和巴巴多斯关于在其他国家专属经济区外部界限以外两国专属经济区外部界以内的双边重叠区中的专属经济区行使管辖权的专属经济区合作条约》(Exclusive Economic Zone Cooperation Treaty Between the Republic of Guyana and the State of Barbados Concerning the Exercise of Jurisdiction in Their Exclusive Economic Zones in the Area of Bilateral Overlap Within Each of Their Outer Limits and Beyond the

---

① 参见"2001 年东帝汶与澳大利亚共同开发案"，载杨泽伟主编：《海上共同开发协定汇编(汉英对照)(下)》，社会科学文献出版社 2016 年版，第 499~535 页；李亚伟：《帝汶海共同开发案研究》，武汉大学硕士学位论文 2016 年。

② 参见 Agreement Between the Government of Australia and The Government of the Democratic Republic of Timor-Leste Relating to the Unitisation of the Sunrise and Troubadour Fields，Australian Treaty Series 2007，No. 11。

③ 参见 Treaty Between Australia and the Democratic Republic of Timor-Leste on Certain Maritime Arrangements in the Timor Sea，Australian Treaty Series 2007，No. 12。

Outer Limits of the Exclusive Economic Zones of Outer States）。按照该条约，两国在专属经济区内的重叠区域，对生物和非生物资源行使共同管辖、控制、管理、勘探和开发以及公约规定的其他权利和义务等。[1]

（四）2009年文莱与马来西亚共同开发案

2009年3月16日，文莱和马来西亚通过互换信函的方式，解决了两国一系列陆地和海洋边界争端。相关信函以及文莱与马来西亚国家石油公司的协议均未曾公开，但从可获知的信息看，主要包括：文马划定海上边界；确定陆地边界划分方式；确定海上商业安排区（Commercial Arrangement Area）及相关安排；马来西亚国民享有不受限制穿越文莱管辖海域的权利等。根据相关安排，马来西亚海上L、M区块与文莱的J、K区块重叠，双方确认由文莱行使《联合国海洋法公约》所赋予的主权权利，并将有关区块重新命名为CA1、CA2区块。马来西亚此前对外招标合同废止，原合同方退出；马来西亚国家石油公司参与文莱CA1、CA2的油气开发并与文方共享收益[2]。

（五）2012年美国与墨西哥共同开发案

2012年2月20日，美国和墨西哥签订了《美利坚合众国与墨西哥合众国之间关于墨西哥湾跨界油气储藏协定》（Agreement Between the United States of America and the United Mexican States Concerning Transboundary Hydrocarbon Reservoirs in the Gulf of Mexico）。该协定主要规定了适用范围、管理模式、决定的作出和

---

[1] 参见"2003年巴巴多斯与圭亚那共同开发案"，载杨泽伟主编：《海上共同开发协定汇编（汉英对照）（下）》，社会科学文献出版社2016年版，第594~606页。

[2] 参见 Robert Beckman, et al ed., Beyond Territorial Disputes in the South China Sea: Legal Frameworks for the Joint Development of Hydrocarbon Resources, pp. 204-210。

争端的解决程序等。① 另外，该协定与以往海上油气资源共同开发协定不同的是，它只是一个框架性规定，既没有规定共同开发利益的分配比例，也没有规定环境保护、安全措施的具体条款。②

（六）2012 年塞舌尔群岛与毛里求斯共同开发案

2012 年 3 月 13 日，塞舌尔群岛与毛里求斯签订了《关于共同管理马斯克林高原地区大陆架的条约》（Treaty Concerning the Joint Management of the Continental Shelf in the Mascarene Plateau Region）。根据该条约，两国设立了共同管理区，共同控制、管理与促进共同管理区大陆架的勘探及对其自然资源的保护、开发与开采；双方平等分享从共同管理区开展的自然资源活动中获取的利益，其中收益的 50% 交予毛里求斯，另 50% 交予塞舌尔等。③

此外，在这一阶段，还有以下海上油气资源共同开发案，尽管不少迄今没有取得实质性的进展，如 2000 年中国与越南北部湾共同开发案④、2001 年泰国与柬埔寨共同开发案⑤、2002 年刚果

---

① 参见"2012 年美国与墨西哥共同开发案"，载杨泽伟主编：《海上共同开发协定汇编（汉英对照）（下）》，社会科学文献出版社 2016 年版，第 616~649 页。

② 参见黄田：《美国和墨西哥共同开发协定研究》，武汉大学硕士学位论文 2016 年，第 1 页。

③ 参见"2012 塞舌尔群岛与毛里求斯共同开发案"，载杨泽伟主编：《海上共同开发协定汇编（汉英对照）（下）》，社会科学文献出版社 2016 年版，第 650~685 页，王居平：《塞舌尔与毛里求斯共同开发马斯克林高地案研究》，武汉大学硕士学位论文 2016 年。

④ 2000 年 12 月 25 日，中国与越南分别签署了《中华人民共和国和越南社会主义共和国关于两国在北部湾领海、专属经济区和大陆架的划界协定》《中华人民共和国政府和越南社会主义共和国政府北部湾渔业合作协定》。

⑤ 2001 年 6 月 18 日，泰国与柬埔寨签订了《泰王国与柬埔寨王国间关于它们大陆架重叠海区主张的谅解备忘录》（Memorandum of Understanding Between the Royal Thai Government and the Royal Government of Cambodia Regarding the Area of their Overlapping Maritime Claims to the Continental Shelf）。

（布）与安哥拉共同开发案①、2005 年中国与朝鲜共同开发案②、
2006 年密克罗尼西亚与马绍尔群岛共同开发案③、2006 年密克罗
尼西亚与帕劳共同开发案④、2007 年特立尼达和多巴哥与委内瑞拉
玻利瓦尔共和国共同开发案⑤、2008 年中国与日本共同开发案⑥以
及 2010 年挪威与俄罗斯共同开发案⑦。

　　进入 21 世纪以来，海上油气资源共同开发的国家实践又再次
兴起。其原因主要有：

　　（1）作为海域划界前的一种临时安排，海上油气资源共同开发

---

　　①　2002 年 11 月 27 日，刚果（布）与安哥拉签订了《边境海域油田开发协
定》。

　　②　2005 年 12 月 24 日，中国与朝鲜签订了《中朝政府间关于海上共同开
发石油的协定》。

　　③　2006 年 6 月 6 日，密克罗尼西亚与马绍尔群岛签订了《密克罗尼西亚
联邦与马绍尔群岛共和国关于海上边界与其他事项合作的条约》（Treaty
Between the Federated States of Micronesia and the Republic of the Marshall Islands
Concerning Maritime Boundaries and Cooperation on Related Matters）。

　　④　参见 Treaty Between the Federated States of Micronesia and the Republic
of Paul Concerning Maritime Boundaries and Cooperation on Related Matters,
available at http：//www. un. org/Depts/los/LEGISLATIONANDTREATIES/PDFFILES/
FSM-PALAU. pdf。

　　⑤　参见 Framework Treaty Relating to the Unitisation of Hydrocarbon
Reservoirs That Extend Across the Delimitation Line Between the Republic of
Trinidad and Tobago and the Bolivarian Republic of Venezuela, 20 March 2007,
Republic of Trinidad and Tobago—the Bolivarian Republic of Venezuela, U. N. T. S.
Vol. 2876. pp. 1-24, available at https：//treaties. un. org/doc/Publication/UNTS/
No%20Volume/50196/Part/I-50196-08000002802bb3a7. pdf。

　　⑥　2008 年 6 月 18 日，中国政府与日本政府达成了《中日东海问题原则
共识》。按照该共识，双方一致同意在实现划界前的过渡期间，在不损害双方
法律立场的情况下进行共同开发。

　　⑦　2010 年 9 月 15 日，挪威与俄罗斯签署了《挪威王国与俄罗斯联邦关
于在巴伦支海和北冰洋海域划界和合作的条约》（Treaty Between the Kingdom of
Norway and the Russian Federation concerning Maritime Delimitation and Cooperation
in the Barents Sea and the Arctic Ocean）, available at http：//www. un. org/Depts/
los/LEGISLATIONANDTREATIES/PDFFILES/TREATIES/NOR-RUS2010. PDF。

仍然有它的固有优势

　　虽然 1994 年《联合国海洋法公约》的生效，有力地推动了各沿海国按照《公约》规定的程序解决彼此间的海域划界争端、划定两国间的海洋边界线，但是随着这股热潮的慢慢消退，"海洋划界是一个世界性难题"的现实再次呈现在沿海国家的面前①，"如何确定领海基线就成了一个非常复杂而敏感的问题"②。因此，在这种情况下，既然沿海国在短期内不能解决海域划界争端、划定明确的海上边界线，那么海上油气资源共同开发就成为了一种退而求其次的选择。

　　（2）开发油气资源、促进经济发展，是一个重要因素

　　例如，东帝汶独立后，面临经济上非常困难的局面，急需开发帝汶海的油气资源以发展本国经济，因而迅速与澳大利亚政府签订了《东帝汶政府与澳大利亚政府间的帝汶海条约》，进行海上油气资源的共同开发活动。又如，在"2012 年美国与墨西哥共同开发案"中，美墨共同开发协定的签订与两国石油巨大的供需缺口有着密切的联系。美国是世界上最大的石油消费国，据《2012 年 BP 世界能源统计年鉴》，2011 年美国石油消费占全球消费总量的20.5%，遥居世界之首。③ 无独有偶，墨西哥对石油的需求相比美国也丝毫不逊色。墨西哥是世界上最大的石油生产国之一，石油是该国的支柱性产业，约占该国财政收入的 1/3，石油产业的兴衰在一定程度上牵动着该国经济的命脉；2011 年墨西哥石油收入就占

　　　① 据统计，全世界海洋中有 400 多条潜在的海洋边界，其中正式达成划界协议的仅约 160 条。包括中国、日本、美国在内的许多国家都仅仅完成与其邻国之间的个别海上边界划定。

　　　② ［澳］维克托·普雷斯科特、克莱夫·斯科菲尔德：《世界海洋政治边界》，吴继陆、张海文译，海洋出版社 2014 年版，第 3 页。

　　　③ 参见 B. Dudley, BP Statistical Review of World Energy, June 2012, London 2012, pp. 6-9。

公共部门收入的 33.7%。[①]

（3）国家间关系的改善，为签订海上油气资源共同开发协定奠定了民意基础

例如，就 2000 年"中国与越南北部湾共同开发案"而言，中越两国之所以能够在 2000 年达成划界协定和渔业协定，是因为 20 世纪 90 年代以来两国关系实现了正常化，并向好的方向发展。又如，从 2008 年"中国与日本共同开发案"来看，21 世纪初，在中国国内出现了"对日关系新思维"、谋求进一步改善对日关系的舆论潮流。事实上，在 2008 年之前，中日关系也的确经历"融冰""迎春""暖春"的过程。

第二节　海上油气资源共同开发法律
适用的不同情形

虽然海上油气资源共同开发主要分为争议海域油气资源共同开发和跨界海域油气资源共同开发，但是海上油气资源共同开发区仍然可能位于国家专属管辖海区内或国家管辖范围以外。因此，海上油气资源共同开发的法律适用主要涉及以下五种情形。

一、争议海域共同开发的法律适用

在争议海域或主张重叠区，虽然没有一条明确的海上边界线，但是在国际实践中有关共同开发的法律适用一般有两种做法：一是制定适用海上共同开发区的统一法律，二是采用两国共同管辖或作业者所属国管辖的方式。[②] 不过，前者难度较大，短期内不易达成协议；后者的共同管辖一般由联合管理机构负责实施。

---

① 参见 Petroleos Mexicanos, Statistical Yearbook 2013, available at http：//www. pemex. com/acerca/informes _ publicaciones/Documents/anuario _ estadistico _ 2013/statistical-yearbook-2013_131014. pdf。

② 参见余民才：《海洋石油勘探与开发的法律问题》，中国人民大学出版社 2001 年版，第 146 页。

例如，在 1979 年"马来西亚与泰国共同开发案"中，根据 1979 年《马来西亚和泰王国为开发泰国湾两国大陆架划定区域内海床资源而建立联合管理局的谅解备忘录》第 3 条第 2 款之规定："马泰联合管理局应代表双方享有和承担勘探及开发重叠区域（以下称"共同开发区"）内，海床和底土非生物自然资源事宜所有的权利和义务，以及共同开发区域内开发、控制和管理的所有权利和义务；马泰联合管理局的这种权利和义务不得以任何方式影响或减损任何一方迄今授予的特许权、已签发的许可证、协定或安排的有效性。"可见，联合管理局代表马、泰两国行使在共同开发区海床及其底土的非生物自然资源的勘探、开发、控制及行政管理的权利。①

而作业者所属国管辖方式的典型例子是 1974 年"日本与韩国共同开发案"。按照 1974 年《日本与大韩民国关于共同开发邻接两国的大陆架南部的协定》第 19 条规定："除协定另有规定外，如果一方已同意承租人作为小区块的作业者，有关该区块内自然资源的勘探或开发事项应适用该国的法律规章。"

二、跨界海域共同开发的法律适用

在跨界海域海上油气资源共同开发的情况下，由于有共同的海洋边界线，各国一般在海上油气资源共同开发区内其边界线一侧的区域行使管辖权，并适用其法律。

例如，在 1974 年"法国与西班牙共同开发案"中，1974 年《法兰西共和国政府与西班牙王国政府划分两国在比斯开湾大陆架的公约》之附件二《适用于本公约第 3 条所确定的共同开发区的条款》明确规定："双方当事国鼓励开发共同开发区资源，并进行资源的平均分配；依据此原则，任一合同当事国应依据本国矿产法，鼓励公

---

① 参见 Article 3 of the Memorandum of Understanding Between Malaysia and the Kingdom of Thailand on the Establishment of a Joint Authority for the Exploitation of the Resources in the Sea-Bed in a Defined Area of the Continental Shelf of the Two Countries in the Gulf of Thailand of 21 February 1979。

司间就区域内开发的许可证的申请达成协议，以使具有另一当事国国籍的公司能在平等合作和依据出资比例经营的基础上，参与资源的开发；为此目的，任意一方当事国收到在其海域内进行开发的许可证申请后，应通知另一当事方，被通知的当事方可在六个月内指派具有本国国籍的公司，与其他申请者一起参与许可证授权程序。"可见，在该案中法西两国在海上油气资源共同开发区各自部分依照规定"分别行使主权权利"，各方把本国法律应用于各自管辖的那部分水域。①

又如，在 1981 年"冰岛与挪威关于扬马延岛共同开发案"中，1981 年《关于冰岛和扬马延岛之间的大陆架协定》第 5 条第 3 款明确规定："挪威有关油气活动管理、安全措施和环境保护的法律法规、石油政策适用于第一款中所提及区域的油气活动，挪威当局也应负责执行和管理上述区域"；第 6 条第 2 款规定："冰岛有关油气活动管理、安全措施和环境保护的法律法规、石油政策适用于第一款规定区域的油气活动，冰岛当局也应负责执行和管理上述区域。"可见，在该案中冰、挪双方在各自的区域内适用其有关控制石油勘探开发活动、安全措施和环境保护的立法、石油政策及法规，双方的行政当局负责各自区域的行政管辖。②

三、国家专属管辖范围内共同开发的法律适用

按照《联合国海洋法公约》的有关规定，专属经济区和大陆架属于沿海国的专属管辖范围，沿海国对其拥有专属管辖权。例如，《公约》第 56 条规定："沿海国在专属经济区内有以勘探和开发、养护和管理海床上覆水域和海床及其底土的自然资源（不论为生物或非生物资源）为目的的主权权利，以及关于在该区内从事经济性

---

①　参见 Article 3 of the French-Spanish Convention on the Delimitation of the Continental Shelves of the Two States in the Bay of Biscay of 29 January 1974。

②　参见 Article 5 and See Article 6 of the Agreement Between Iceland and Norway on the Continental Shelf in the Area Between Iceland and Jan Mayen of 22 October 1981。

开发和勘探，如利用海水、海流和风力生产能等其他活动的主权权利。"《公约》第77条也指出，沿海国为勘探大陆架和开发其自然资源如海床和底土的矿物和其他非生物资源等的目的，对大陆架行使主权权利。

因此，对专属经济区或大陆架的勘探开发活动，自然会在签约主体之间产生一系列新的法律关系，如沿海国政府与承包商之间的契约关系、经营人与承包商以及承包商与第三方的关系、沿海国与第三方船旗国的关系、石油勘探开发合同与一般的法律规章的关系等。① 因为上述关系均是在国家专属管辖范围内产生的，所以它主要适用沿海国的法律。然而，在国家专属管辖范围内的油气资源开发活动一般属于海上油气资源合作开发的范畴，因此它不是本书的研究对象。

四、200海里以外大陆架共同开发的法律适用

海上油气资源共同开发区如果位于沿海国200海里以外的大陆架上，那么其法律适用则较为复杂。

一方面，《公约》第74条第4、5款明确规定：（a）为本公约的目的，在大陆边从测算领海宽度的基线量起超过200海里的任何情形下，沿海国应以下列两种方式之一，划定大陆边的外缘：（i）按照第7款，以最外各定点为准划定界线，每一定点上沉积岩厚度至少为从该点至大陆坡脚最短距离的百分之一；或（ii）按照第7款，以离大陆坡脚的距离不超过60海里的各定点为准划定界线。（b）在没有相反证明的情形下，大陆坡脚应定为大陆坡坡底坡度变动最大之点。组成按照第4款（a）项（i）和（ii）目划定的大陆架在海床上的外部界线各定点，不应超过从测算领海宽度的基线量起350海里，或不应超过连接2500公尺深度各点的2500公尺等深线一百海里。可见，200海里以外的大陆架仍然属于沿海国的管辖范围，沿海国对它拥有管辖权，沿海国的法律当然能够适用。

---

① 参见蔡鸿鹏：《争议海域共同开发的管理模式：比较研究》，上海社会科学院出版社1998年版，第49~50页。

另一方面,《公约》第 82 条"对 200 海里以外的大陆架上的开发应缴的费用和实物"第 1 款明确规定:"沿海国对从测算领海宽度的基线量起 200 海里以外的大陆架上的非生物资源的开发,应缴付费用或实物。"可见,根据《公约》第 82 条之规定,沿海国对 200 海里以外大陆架上的非生物资源的开发,应缴付费用或实物。

因此,200 海里以外大陆架上的海上共同开发区的开发活动,还应特别适用《公约》第 82 条之规定。

五、国家管辖范围以外共同开发的法律适用

如果海上油气资源共同开发区的资源延伸到公海即国家管辖范围以外的海床、洋底及其底土,那么在这种情况下相关的海上油气资源开发活动,既涉及沿海国或联合开发机构与国际海底管理局之间有关管辖权的分配,也包含《公约》有关条款的适用问题。

例如,按照《公约》第 142 条之规定,"'区域'内活动涉及跨越国家管辖范围的'区域'内资源矿床时,应适当顾及这种矿床跨越其管辖范围的任何沿海国的权利和合法利益。应与有关国家保持协商,包括维持一种事前通知的办法在内,以免侵犯上述权利和利益;如'区域'内活动可能导致对国家管辖范围内资源的开发,则需事先征得有关沿海国的同意"。[1] 而《公约》第 140 条明确指出,"'区域'内活动应依本部分的明确规定为全人类的利益而进行,不论各国的地理位置如何,也不论是沿海国或内陆国,并特别考虑到发展中国家和尚未取得完全独立或联合国按照其大会第 1541(XV)号决议和其他有关大会决议所承认的其他自治地位的人民的利益和需要;(国际海底)管理局应按照第 160 条第 2 款(f)项(1)目作出规定,通过任何适当的机构,在无歧视的基础上公平分配从'区域'内活动取得的财政及其他经济利益"。

---

① 有学者认为,《公约》第 142 条所规定的这些原则和程序,为沿海国与国际海底管理局就跨界资源进行共同开发提供了法律基础。参见 Yu Hui, Joint Development of Mineral Resources — An Asian Solution, Asian Yearbook of International Law, Vol. 2, 1994, p. 101。

因此，国家管辖范围以外海上油气资源共同开发区的法律适用问题，也不属于本书要专门研究的内容。

本 章 小 结

海上油气资源共同开发是指两国或两国以上的政府在签订海上油气资源共同开发协议的基础上，双方根据该协议共同勘探开发跨界或争议海域的油气资源。根据该定义，海上油气资源共同开发分为跨界海洋海上油气资源共同开发和争议海域海上油气资源共同开发。海上油气资源共同开发至今已有60多年的历史了。它起源于1958年巴林与沙特阿拉伯签订的《巴林—沙特阿拉伯边界协定》。该协定开启了海上油气资源的共同开发的国家实践。此后，共同开发跨界或争议海域油气资源的国家实践逐渐成为了一种较为普遍的现象。目前国际社会已有30多起海上油气资源共同开发的案例。

我们可以把海上油气资源共同开发60年多年的发展历程分为以下四个阶段：第一阶段是从1958年至1969年，为海上油气资源共同开发的产生阶段，共有6例海上油气资源共同开发案。第二阶段是从1970年至1993年，是海上油气资源共同开发的发展阶段，一共出现了16例海上油气资源共同开发的国家实践。第三阶段是1994年至1999年，为海上油气资源共同开发的回落阶段，仅有1例海上油气资源共同开发案。第四阶段是从2000年到现在，为海上油气资源共同开发的平稳阶段，出现了15例海上油气资源共同开发案。

虽然海上油气资源共同开发主要分为争议海域油气资源共同开发和跨界海域油气资源共同开发，但是海上油气资源共同开发区仍然可能位于国家专属管辖海区内或国家管辖范围以外。因此，海上油气资源共同开发的法律适用主要涉及以下五种情形：一是争议海域海上油气资源共同开发的法律适用，二是跨界海上油气资源共同开发的法律适用，三是国家专属管辖范围内海上油气资源共同开发的法律适用，四是200海里以外大陆架上的油气资源共同开发的法律适用，五是国家管辖范围以外海上油气资源共同开发的法律适用。其中，"国家专属管辖范围内海上油气资源共同开发的法律适用"和"国家管辖范围以外海上油气资源共同开发的法律适用"不属于本书的研究范围，而"200海里以外大陆架上的油气资源共同开发的法律适用问题"较为复杂，也不是本书的研究重点。

第三章 海上油气资源共同开发法律适用的法理基础与主要类型

第一节 海上油气资源共同开发法律适用的法理基础

一、共同开发法律适用的意涵

(一)法律适用的含义

法律适用又称法的适用,是一个多重含义的概念,法学界对此也有不同的认识。有学者认为,法的适用的主体,包括国家权力机关、行政机关和司法机关,除此之外,还包括国家授权的单位,如有权授予学位的大专院校、科研机构等。[①] 而《中国大百科全书·法学卷》"法的适用"条目则将其解释为国家机关及其公职人员、社会团体和公民实现法律规范的活动。[②] 此外,还有学者把法律实施等同法律适用。[③]

不过,大多数学者认为,法律适用是指"国家司法机关根据法

---

① 参见孙国华主编:《法学基础理论》,中国人民大学出版社 1987 年版,第 393 页。

② 参见《中国大百科全书·法学》,中国大百科全书出版社 1984 年版,第 83 页。

③ 参见沈宗灵主编:《法理学》,高等教育出版社 1994 年版,第 340 页。

定职权和法定程序，具体应用法律处理案件的专门活动"①。由于这种活动是以国家名义来行使司法权，因而一般简称为"司法"；它与行政执法一样，是法的实施的重要形式。因此，在法律适用的过程中，法院和法官又是法律适用的主体或主要承担者。

（二）海上油气资源共同开发法律适用的概念

海上油气资源共同开发法律适用是指在海上油气资源共同开发的国家实践中，主权国家、共同开发的管理机构、法人基于共同开发协议的相关规定，具体运用相关的法律规定处理与共同开发活动有关的税收、收益分配、民事或刑事案件等方面的专门活动。此外，国际司法机构、仲裁机构或国内法院按照相关国家的约定，运用国际条约、国际习惯、一般法律原则、司法判例、国际石油合同或国内法等法律处理海上油气资源共同开发过程中产生的争端或冲突，也属于海上油气资源共同开发法律适用。

可见，海上油气资源共同开发法律适用与国内法上的法律适用有很大的不同。以我国为例，按照我国宪法规定，人民法院是国家的审判机关，依照法律规定独立行使国家审判权；人民检察院是国家的法律监督机关，依照法律规定独立行使国家检察权。人民法院和人民检察院都属于国家司法机关，负有实施国家法律的职责，但人民法院侧重于代表国家通过审理和判决民事、刑事和行政案件，具体适用法律，实现国家的司法职能；人民检察院侧重于依法履行法律监督职能，通过依法进行侦查、审查批捕、提起公诉、开展对审判和诉讼活动的法律监督等活动，保证国家法制的统一和法律的正确实施。

二、共同开发法律适用的主体

美国社会学法学家庞德（Roscoe Pound）曾经指出："法律的生命在于它的实行。"②可见，法律适用具有十分重要的意义。国内法

---

①　参见《法理学》编写组：《法理学》，人民出版社、高等教育出版社2010年版，第326页。

②　参见 Roscoe Pound, Jurisprudence, Vol. 1, West Publishing Co. 1959, p. 353。

是如此，在海上油气资源共同开发国家实践中也是这样。可以说，法律适用是海上油气资源共同开发顺利实施的关键步骤和根本保证。然而，"法的适用是一种具有创造性、组织性内容的特殊法律活动"①。况且，"法的适用的最重要特点之一在于，只有专门的机关(主管机关)才能适用法律规范"②。因此，海上油气资源共同开发法律适用的主体主要有主权国家、联合管理局、法人、国际司法机构、仲裁机构以及国内法院等。

(一)主权国家

主权国家既是海上油气资源共同开发活动的发起者，也是海上油气资源共同开发协议的谈判者和缔约方。因此，作为国际法上最基本的主体、也是最重要的主体的主权国家③，当然也是海上油气资源共同开发法律适用的主体。④

也有学者认为，非国家实体也可以成为海上油气资源共同开发协议的主体。因为根据《公约》第305条第1款之规定，非国家的政治实体可参与公约签署，并且享有公约所规定事项的权限。依此而论，此等政治实体应可成为《公约》第74条及第83条临时安排(共同开发)的主体。但根据《公约》第305条，上述政治实体局限于联合国所承认者或依联合国大会决议监督并核准的自治实体。

1985年东西方研究中心东南亚海洋问题研讨会第三次会议认为，从国际法的角度，共同开发条约应当限定为政府间协议，并将

---

① 参见[苏]阿列克谢耶夫：《法的一般理论》，黄良平、丁文琪等译，法律出版社1988年版，第336页。

② 参见[苏]阿列克谢耶夫：《法的一般理论》，黄良平、丁文琪等译，法律出版社1988年版，第338页。

③ 参见[英]詹宁斯、瓦茨修订：《奥本海国际法》(第一卷、第一分册)，王铁崖等译，中国大百科全书出版社1995年版，第91页。

④ 参见张丽娜：《南海油气资源共同开发的主体适格性》，载《法学杂志》2012年第11期，第108页；何海榕：《争议海域油气资源共同开发五要素及对中国的启示》，载《武大国际法评论》2016年第2期，第324页；何海榕：《泰国湾海上共同开发法律问题研究》，武汉大学出版社2020年版，第62页。

一国政府与石油公司之间为成立合资(合营)公司所签署的协议或是石油公司组成联合体参与一国油气开发所签署的协议区分开来。① 从目前可收集到的共同开发协议看，全部都是由相关国家政府或外交部门代表人签署的②。因此，海上油气资源共同开发协议本质上属于国家间签署的双边或多边国际条约③，只有作为国际法主体的主权国家才具备缔约能力。④

（二）联合管理局

学术界一般把海上油气资源共同开发的管理模式分为以下三类：联合经营模式、共同机构模式和代理制模式。⑤ 其中，"共同

① 参见 Masahiro Miyoshi, The Basic Concept of Joint Development of Hydrocarbon Resources on the Continental Shelf: With Special Reference to the Discussions at the East-West Centre Workshops on the South-East Asian Seas, International Journal of Estuarine and Coastal Law, Vol. 3, No. 1, 1988, p. 5。

② 参见杨泽伟主编：《海上共同开发协定汇编（汉英对照）（上、下）》，社会科学文献出版社 2016 年版，及杨泽伟主编：《海上共同开发协定续编》，武汉大学出版社 2018 年版。

③ 参见 Hazel Fox et al eds., Joint Development of offshore Oil and Gas: A Model Agreement for States with Explanatory Commentary, London 1989, p. 34。

④ 参见何恩得：《海上共同开发的基本法律制度》，载杨泽伟主编：《海上共同开发国际法问题研究》，社会科学文献出版社 2016 年版，第 12 页。

⑤ 参见 Robert Beckman eds., Beyond Territorial Disputes in the South China Sea: Legal Framework for the Joint Development of Hydrocarbon Resources, Edward Elgar Publishing Limited 2013, p. 145; Yusuf Mohammad Yusuf, Is Joint Development A Panacea for Maritime Boundary Disputes and for the Exploitation of Offshore Transboundary Petroleum Deposits?, International Energy Law Review, Vol. 4, 2009, pp. 132-133; Ana E. Bastida, Adaeze Ifesi-Okoye, Salim Mahmud, JamesRoss, and Thomas Walde, Cross-border Unitization and Joint Development Agreements: An International Law Perspective, Houston Journal of International Law, Vol. 29, No. 2, 2007, pp. 416-418; David M. Ong, Joint Development of Common Offshore Oil and Gas Deposits: "Mere" State Practice or Customary International Law?, The American Journal of International Law, Vol. 93, No. 4, 1999, pp. 788-792; 萧建国：《国际海洋边界石油的共同开发》，海洋出版社 2006 年版，第 122~127 页；蔡鹏鸿：《争议海域共同开发的管理模式：比较研究》，上海社会科学研究院出版社 1998 年版。

机构模式"（the joint authority model）是指在海上油气资源共同开发区建立一整套新的石油开发法律机制，并设立一个共同机构代表相关国家管理共同开发区内油气资源的开发。① "共同机构模式"也称为"超国家管理模式"（super-national authority），② 即海上油气资源共同开发的两国政府同意将本国对共同开发区的管辖权转让给一个超国家机构来管理，并由该机构制定经营许可证的发放和管理的相关规定。按照"共同机构模式"，一般会设立"联合管理局"（joint authority）代表两国全权负责海上油气资源共同开发区的一切活动。因为"联合管理局"被赋予独立的法律人格和行为能力，所以当然是海上油气资源共同开发法律适用的主体。

例如，在1979年"泰国与马来西亚有关泰国湾的共同开发案"中，根据《马来西亚和泰王国为开发泰国湾两国大陆架划定区域内海床资源而建立联合管理局的谅解备忘录》的规定，两国决定设立专门机构——"马泰联合管理局"，代表双方全权负责重叠区域生物资源的勘探开发。③ 该备忘录第3条明确规定："双方将建立'马泰联合管理局'，旨在勘探和开发重叠区域内海床和底土中的非生物自然资源；管理局应代表双方享有和承担勘探及开发重叠区域内海床和底土非生物自然资源事宜所有的权利和义务，以及共同开发区域内开发、控制和管理的所有权利和义务；管理局将代表双方行使，与共同开发区内勘探和开发海床及底土非生物自然资源所必需的、有关的或附带的所有权利；管理局在共同开发区活动所产生的费用以及由此获得的利润，应由两国平等分担和分享。"可见。"马

---

① 参见何海榕：《泰国湾海上共同开发法律问题研究》，武汉大学出版社2020年版，第84页。

② 参见萧建国：《国际海洋边界石油的共同开发》，海洋出版社2006年版，第122~127页；蔡鹏鸿：《争议海域共同开发的管理模式：比较研究》，上海社会科学研究院出版社1998年版，第63~65页。

③ 参见"1979年泰国与马来西亚在泰国湾的共同开发案"，载杨泽伟主编：《海上共同开发协定汇编（汉英对照）（上）》，社会科学文献出版社2016年版，第177~262页；王小梅：《泰国和马来西亚共同开发案研究》，武汉大学硕士学位论文2015年。

泰联合管理局"负责管理共同开发事务，在纯商业性事务上享有决策权；在共同开发事务的行政管理上享有广泛决定权；但是在重大事项上须经两国政府批准。也就是说两国政府在重大事务上享有最终决定权。①

(三)法人

一般认为，法人或企业不是国际法的主体。这种观点也得到了1952年国际法院"英伊石油公司案"(Anglo-Iranian Oil Co., United Kingdom v. Iran)判决的支持。② 然而，法人却是海上油气资源共同开发法律适用的主体，而且是重要的主体。石油公司是海上油气资源共同开发的最终实施者，无论是跨界的海上油气资源共同开发还是争议海域的海上油气资源共同开发，终究还是需要由石油公司来完成。③

在共同开发中，参与的法人或企业主要包括石油公司和服务商企业等。一般石油公司分为国家石油公司、国际石油公司和私人石油公司等。国家石油公司是由国家控股对本国油气资源实施管理和开发的公司。国际大型石油公司则包括如埃克森—美孚、壳牌、道达尔等，此外在国际上也活跃着很多小型私人石油公司以及各种油田服务、石油工程的专业公司和服务商。

在一国国内的油气开发中，国家石油公司依据本国法律对油气产业的管控能力较强。比如墨西哥国家石油公司(PEMEX)，原本依据本国宪法第27章和联邦海洋法案(Federal Ocean Act)等相关规定，拥有在本国独家进行油气勘探、开发、生产、炼制、储存、销售等的权利。直至为与美国实现在墨西哥湾的共同开发，才修改了

① 参见何海榕:《泰国湾海上共同开发法律问题研究》，武汉大学出版社2020年版，第86页。

② 参见 Anglo-Iranian Oil Co. (United Kingdom v. Iran), available at https://www.icj-cij.org/public/files/case-related/16/016-19520722-JUD-01-00-EN.pdf.

③ 参见杨泽伟:《论海上共同开发"区块"的选择问题》，载《时代法学》2014年第3期，第8~9页。

相关法律，允许外国石油公司参与一体化开发区内墨方一侧的油气开发，而不再是由墨西哥国家石油公司独家开发①。在我国，中国海洋石油集团有限公司（中国海洋石油总公司）则根据《中华人民共和国对外合作开采海洋石油资源条例》拥有海上油气对外合作的专营权。

在跨界油气资源开发中，国家石油公司也可根据一体化开发的规则，至少在本国一侧的油气开发中扮演国家石油公司的角色，但其原有的作为资源国国家石油公司的独家垄断地位，以及对油气资源的所有权，因与另一国之间的合作而一定程度发生改变，如上文所述墨西哥国家石油公司在美墨签署共同开发协议后，其在国内的垄断地位发生变化。

在共同开发中，即便存在两个国家石油公司，例如马来西亚和泰国的共同开发案中的马来西亚国家石油公司和泰国国家石油公司，相对于管理局这个具有法人地位的"超国家"实体机构而言，这两个公司都谈不上是"国家石油公司"（除非有一个专门成立的"管理局石油公司"），其法律地位与一般商业石油公司并无二致。

比较特殊的则是马来西亚与越南共同开发案。在该案中，由于当时越南国内并无油气法，越南国家石油公司也处于刚刚起步阶段，尚缺乏管理和作业经验，最终两国选择适用了马来西亚石油法，由马来西亚国家石油公司与越南国家石油公司各派4人成立协调委员会负责日常管理，以友好和符合石油工业良好实践的方式解决争议。同时指定马来西亚国家石油公司负责日常运营，越方只是进行监管并分享收益。只有在协调委员会不能友好解决的问题才提交两国政府协调解决②。在这里，两个国家石油公司所成立的协调委员会一定程度上扮演了两个国家政府（或类似超国家的联合管理

---

① 参见 Jorge A. Vargas, The 2012 U. S. -Mexico Agreement on Transboundary Hydrocarbon Reservoirs in the Gulf of Mexico: A Blueprint for Progress or a Recipe for Conflict?, San Diego International Law Journal, Vol 14, No. 3, 2012, pp. 62-68。

② 参见 Robert Beckman, et al. edited, Beyond Territorial Disputes in the South China Sea, Legal Frameworks for the Joint Development of Hydrocarbon Resources, Published by Edward Elgar Publishing Limited, 2013, pp. 197-200。

局)的角色。

(四)国际司法机构

国际司法机构主要是联合国国际法院和国际海洋法法庭,是海上油气资源共同开发法律适用的主体。一方面,在众多的海上油气资源共同开发协议定中,一般均含有"争端解决条款"。在这些条款中,往往规定如果双方在海上油气资源共同开发过程中产生争端,则交由国际司法机构予以解决。

例如,在1965年"沙特阿拉伯与科威特共同开发案"中,沙特阿拉伯与科威特签订的《沙特阿拉伯王国—科威特国划分中立区的协定》第22条规定:"一旦因本协定的解释或适用,或者权利义务而产生争端,缔约国双方应当寻求友好方式解决争端,其中包括寻求阿拉伯联盟解决争端。如果证明上述方式无法解决争端,应将争端提交到国际法院。缔约国双方应当就此接受国际法院强制管辖。如果一缔约国反对另一缔约国采取的某一行动,反对的一方可请求国际法院采取临时措施以中止对方当事国采取的行动,或者允许对方当事国的行动继续直到国际法院作出最终决定。如果任一缔约国不遵守对其不利的判决,另一缔约国将免除本协定所规定的义务。"

又如,在1974年"苏丹与沙特阿拉伯共同开发案"中,苏丹与沙特阿拉伯签订的《苏丹与沙特阿拉伯关于共同开发共同区红海海床和底土的自然资源的协定》也明确规定,如当事国不能通过协商解决争端,则将争端提交国际法院。①

另一方面,国际司法机构在解决海上油气资源共同开发争端的过程中,一般会按照争端当事双方的约定适用相关的法律来作出裁判、解决争端;如果争端当事双方没有约定,国际司法机构将按照《国际法院规约》第38条的相关规定,选择适用相关的国际条约、

---

① 参见 Agreement Between Sudan and Saudi Arabia Relating to the Joint Exploitation of the Natural Resources of the Sea-bed and Subsoil of the Red Sea in the Common Zone of 16 May 1974, ST/LEG/SER. B/18, pp. 452-455。

国际习惯或一般法律原则等国际法渊源来作出裁判。

(五) 仲裁机构

仲裁机构也是海上油气资源共同开发法律适用的主体。因为仲裁是海上油气资源共同开发争端解决使用较多的一种方法①，特别是共同开发机构与承包商之间的争端，"最常用的解决方式就是仲裁或商事仲裁"②。在这种情况下，如果共同开发机构的国家和承包商的国籍国都是 1965 年华盛顿《关于解决国家与他国国民之间的投资争端公约》的缔约国，争端双方还可以选择华盛顿"解决投资争端国际中心"(International Center for the Settlement of Investment Dispute)来解决其争端。在海上油气资源共同开发实践中，如果选择仲裁方法，那么海上油气资源共同开发协议一般会详细规定仲裁程序和仲裁庭组成等。

例如，在 1974 年"法国与西班牙划界与共同开发案"中，法国与西班牙签订的《法兰西共和国政府与西班牙王国政府划分两国在比斯开湾大陆架的公约》第 5 条详细规定了仲裁程序，"因本协定的解释或适用引起的争端，当事国应通过外交途径尽快予以解决。任何争端，在一方当事国发出其意图启动上款程序的通知后四个月内，仍未解决，任一当事方可请求将该争端提交仲裁庭裁决。仲裁庭应通过如下方式组成：各方任命一名仲裁员，由该两名仲裁员共同任命第三名仲裁员，且第三名仲裁员不能为任一方当事国国民；第三名仲裁员担任仲裁庭主席。若当事国发出其意图将争端提交仲裁的通知后的两个月内，仍未任命仲裁员，或第二名仲裁员任命后一个月内，当事方任命的仲裁员不能就第三名仲裁员的任命达成一致时，任一方当事国均可请求国际法院院长作出必要任命。若国际法院院长为一方当事国国民，或因其他原因不能任命，由国际法院

①　参见 Hazel Fox et al eds., Joint Development of offshore Oil and Gas: A Model Agreement for States with Explanatory Commentary, London 1989, p. 288。

②　参见萧建国：《国际海洋边界石油的共同开发》，海洋出版社 2006 年版，第 153 页。

副院长任命。若副院长仍为一方当事国国民，或因其他原因不能任命，则由非双方当事国国民的国际法院高级法官任命。每一当事国应负担其各自仲裁员费用，并负担一半的其他费用。若当事国自第三名仲裁员任命后两个月内没有决定仲裁程序规则，则由仲裁庭自己决定"。①

又如，在2013年"东帝汶诉澳大利亚仲裁案"中，东帝汶政府根据《帝汶海条约》第23条附件B(b)的规定②，任命英国最高法院前法官劳伦斯·柯林斯(Lawrence Collins)为仲裁员，澳大利亚则任命美国学者迈克尔·莱斯曼(Michael Reisman)为仲裁员，仲裁庭主席则由两国一致推荐的国际海洋法法庭前法官、意大利米兰大学教授图利奥·特里夫斯(Tullio Treves)担任。③

此外，在2012年"塞舌尔群岛与毛里求斯共同开发案"中，按照塞舌尔群岛与毛里求斯签订的《关于共同管理马斯克林高原地区大陆架的条约》第21条第2款的规定，"任何未通过(a)项所列的方式解决的争端，及任何未能依据第4(b)(ii)项解决的与条约的执行有关的问题，经任一缔约方的要求，均应提交给依据附件B

---

① 杨泽伟主编：《海上共同开发协定汇编(汉英对照)(上)》，社会科学文献出版社2016年版，第94页。

② 《帝汶海条约》第23条附件B(b)规定："根据第23条b款提交争端至仲裁庭，该仲裁庭由三名仲裁员按照以下方式组成：i. 澳大利亚和东帝汶各任命一名仲裁员；ii. 由澳大利亚和东帝汶任命的两名裁员，在第二名任命后的60天内，通过协商一致选举第三名仲裁员，该仲裁员应为与澳大利亚和东帝汶均建立了外交关系的第三国的国民或永久性居民；iii. 在选出第三名仲裁员后60天内，澳大利亚和东帝汶应该批准选择该仲裁员作为仲裁庭主席。一国通过外交途径将提起仲裁程序通知另一缔约国，仲裁程序即被启动。这种通知应当包含一项声明简要阐述主张的依据，寻求救济的性质以及任命的仲裁员的名字。在接到通知后的60天内，被申请方应当通知申请方，其任命的仲裁员的名字。"

③ 参见 On 23 April 2013, the Republic of Timor-Leste Instituted Arbitral Proceedings Against the Commonwealth of Australia under Paragraph (b) of Annex B to Article 23 of the Timor Sea Treaty Between the Government of East Timor and the Government of Australia of 20 May 2002, available at：https：//pcacases.com/web/view/37。

所列程序设立的仲裁法庭"。

很明显，上述作为海上油气资源共同开发法律适用的主体的国际司法机构或仲裁机构，其适用法律的过程与国内法上的法律适用非常类似。

（六）国内法院

海上油气资源共同开发活动中承包商之间的争端，也可以由国内法院来解决。因为承包商之间是平等的商事主体关系，所以在许多情况下承包商也会采取诉讼的方式，把其争端提交对海上油气资源共同开发区有管辖权的国内法院或任一承包商所属国法院来裁判。①

例如，在1974年"日本与韩国共同开发案"中，《日本与大韩民国关于共同开发邻接两国的大陆架南部的协定》第21条第1、2款明确规定："（1）如果任何一方的国民或居民，遭受共同开发区内因自然资源勘探或开采所引起的损害时，该国国民或者其他人可以在以下法院提起损害赔偿：（a）损害发生地的法院，（b）该国国民或其他人居住地法院，或（c）发生损害事故的区块内，作为经营者的特许权持有人授予国法院。（2）本条第一款情形下，接受损害赔偿诉讼一方的法院，应当适用该方的法律和法规。"

又如，在1989年"澳大利亚与印度尼西亚共同开发案"中，《澳大利亚与印度尼西亚共和国在印度尼西亚东帝汶省与澳大利亚北部之间的区域设立合作区的条约》第28条，也对海上油气资源共同开发过程中出现的因民事侵权行为引发的争端、并通过国内法院的救济措施予以解决的办法，作出了相应的如下规定："由于A区内的活动造成的损害而产生的主张或赔偿，可以向受害人或者加害人的国籍国或者永久性居所地所在的缔约国提出；受理诉讼的法院应当适用该缔约国的法律和法规。"

因此，在这种情况下，国内法院当然也是海上油气资源共同开

---

① 参见 Hazel Fox et al eds., Joint Development of Offshore Oil and Gas: A Model Agreement for States With Explanatory Commentary, London 1989, p. 289。

发法律适用的主体。

综上所述，不难看出法律适用是一种特殊种类的国家活动或社会管理活动。正如有学者所言："按其社会内容来说，法的适用和法的创制一样，是管理活动———一种特殊的社会管理。然而，法的适用并不是一般的管理，而是专门化性质的管理，目的在于保证法律规范中明文规定的一般准则完全实现。"①

三、共同开发法律适用的客体

海上油气资源共同开发法律适用的客体是指在海上油气资源共同开发过程中需要用国际法或国内法等不同类型的法律制度予以规范的对象或事项，如石油合同模式、收益分配、财税征收、环境保护、刑事管辖、民事行为、海关检疫、健康安全和雇佣培训等。一般而言，海上油气资源共同开发当事国双方会在共同开发协定或之后的有关共同开发补充协定中，对上述有关海上油气资源共同开发法律适用的客体作出明确的规定。

（一）石油合同模式

国际上的石油合同模式一般分为许可制（租让制）和合同制（产品分成合同、服务合同等）等类型（详见第四章第四节相关内容）。由于不同国家采用的石油合同模式可能有所不同，其国内相关立法的规定也因而大不相同，如采用与当事国一致的石油合同模式还算简便，如采用与本国国内立法不同的石油合同模式，则可能意味着在国内法适用、国家执行管理等相关问题上十分繁琐的改变或调整，对于任何一个当事的主权国而言，都可能是一场政治上的灾难。因而在共同开发谈判中，特别是对于适用不同石油合同模式的当事国来说，在共同开发区内采用何种合同模式是谈判的焦点和难点之一。

例如，马来西亚和泰国共同开发案中，马来西亚国内油气勘探

---

① 参见［苏］阿列克谢耶夫：《法的一般理论》，黄良平、丁文琪等译，法律出版社 1988 年版，第 339 页。

开发采用的是产品分成合同模式，而泰国国内采用的是租让制模式，由于双方需要在共同开发区实施统一的法律体系和统一的石油合同模式，因而在共同开发区采用何种石油合同模式成为谈判的焦点之一。对泰国而言，产品分成是完全陌生的合同模式；对马来西亚而言，也不愿放弃本国坚持的产品分成模式，让管理局成为"国中之国"。双方经过长达 11 年的谈判，克服了重重技术和现实困难，最终在共同开发区采用了产品分成合同模式，并在管理局的相关章程中以出台"产品分成合同"的方式予以明确。①

当然，如果当事国谈判中对共同开发区进一步分割为不同的小区，在不同的小区内采用当事国各自的法律体系，包括石油合同模式，也是一种解决方案。比如在日韩共同开发案中，日韩将共同开发区进一步分割为 9 个小区，在每一个小区内根据不同的作业者国籍，适用不同国家法律。特别需要指出的是，日韩共同开发案中规定不同小区的作业者只能是日本或韩国的石油公司，即适用法律只能是日本或韩国的法律，虽然该案中的石油合同选择了租让制石油合同模式，但这仅仅是因为当时日韩在其国内采用的石油合同模式恰巧均为租让制。

(二)收益分配

"国际实践表明，共同开发是基于现实的考虑，具有明显的功能性特征。"②因此，推动沿海国作出进行海上油气资源共同开发的一个重要诱因就是经济上的考量。沿海国要么希望通过海上油气资源共同开发增加油气资源的赋能，从而更好地保障本国的能源安全；要么通过油气资源开发的收益，促进本国的经济增长。诚如美国夏威夷东西方研究中心瓦伦西亚(M. J. Valencia)教授和日本学

---

① 参见 Constantinos Yiallourisdes, Maritime Disputes and International Law: Disputed Waters and Seabed Resources in Asia and Europe, Routledge, 2019, pp. 224-225。

② 参见萧建国：《国际海洋边界石油的共同开发》，海洋出版社 2006 年版，第 50 页。

者三好正弘（Masahiro Miyoshi）所言："也许国家选择共同开发的最主要的理由是出于保护其油气矿藏的紧迫感或义务感。"①换言之，"国家急需油气资源等经济因素，会促使政府寻找办法先从开发上受益，而不至于使资源的开发利用由于有时甚至会影响国家关系的划界谈判而拖延"②。

在上述经济因素的驱动下，海上油气资源共同开发协议一般均会对海上油气资源共同开发的收益分配问题作出明确的规定。

例如，在 2012 年"塞舌尔群岛与毛里求斯共同开发案"中，塞舌尔群岛与毛里求斯签订的《塞舌尔共和国政府与毛里求斯共和国政府关于共同管理马斯克林高原地区大陆架的条约》第 5 条对"收益分配（sharing of revenue）"作出了如下规定："缔约方应平等分享从共同管理区开展的自然资源活动中获取的收益，为此收益的50%应交予毛里求斯，另 50%交予塞舌尔。"③又如，在 2001 年"尼日利亚与圣多美和普林西比共同开发案"中，尼日利亚与圣多美和普林西比签订的《尼日利亚联邦共和国与圣多美和普林西比民主共和国共同开发两国专属经济区的石油及其他资源的条约》第 3 条第1 款明确规定："在开发区内，应由双方当事国共同管控资源的勘探和开发，旨在实现最大限度的商业利用。双方当事国应依据本条约，对开发区内由开发活动所产生的所有收益和责任（all benefits and obligations）做如下分配，尼日利亚占 60%，圣多美和普林西比占 40%。"④

在这里特别需要注意以下几点问题。

---

① 参见 M. J. Valencia and M. Miyoshi, Southeast East Sea: Joint Development of Hydrocarbons in Overlapping Claims Areas? Ocean Development & International Law, Vol. 16, 1986, p. 223。

② 参见于辉：《共同开发海洋矿物资源的国际法问题》，载《中国国际法年刊》（1994 年），中国对外翻译出版公司 1996 年版，第 50 页。

③ 参见杨泽伟主编：《海上共同开发协定汇编（汉英对照）（下）》，社会科学文献出版社 2016 年版，第 672 页。

④ 参见杨泽伟主编：《海上共同开发协定汇编（汉英对照）（下）》，社会科学文献出版社 2016 年版，第 396 页。

一是这个"收益"是指国家所得（government take），而非油气开发的全部收益，因为总收益中总有一部分需要给付负责油气开发的石油公司。以一国国内的石油合同作为参考，在租让制下，国家所得包括矿区使用费（royalty）和与油气作业有关的特种税费①。在产品分成合同下，则包括申请费、竞标费、签字费、发现定金、生产定金等在内的各种生产前费用②、各种培训和基础设施建设、矿区使用费、政府留成油、利润油的分配以及各种税收等，有的因油价上涨导致利润大幅提高后还要征收特别收益金，等等③。国家所得之外，则为石油公司所得。

二是对资源（resources）的分配与对收益（revenue，benefits）的分配是有区别的。在这一点上，不少人作出了误读。例如，在1993年"几内亚比绍与塞内加尔共同开发案"中，按照几内亚比绍与塞内加尔签订的《几内亚比绍共和国与塞内加尔共和国管理和合作协定》第2条之规定，"共同开发区域内的资源应当作出下分配：渔业资源，塞内加尔占50%，几内亚比绍占50%；而大陆架资源，塞内加尔占85%，几内亚比绍占15%；如果发现了新资源，以上百分比必须进行根据发现资源的数量进行修订"④。在这里，缔约双方是根据资源的所有权对所开发出的资源（油气或渔业资源）进行分配，而并非对国家收益进行分配。缔约方在获得其分配所得的资源后，必然还要根据各自国内相关法律，与作业者再行分配，分配后国家所得的部分才是国家收益。在2002年"东帝汶与澳大利亚共同开发案"中，东帝汶与澳大利亚签订的《东帝汶政府与澳大利

---

① 参见王年平：《国际石油合同模式比较研究》，法律出版社2009年版，第49页。

② 参见王年平：《国际石油合同模式比较研究》，法律出版社2009年版，第38~39页。

③ 参见 Hazel Fox et al, Joint Development of Offshore Oil and Gas: A Model Agreement for States for Joint Development with Explanatory Commentary, British Institute of International and Comparative Law, 1989, pp. 245-248。

④ 参见杨泽伟主编：《海上共同开发协定汇编（汉英对照）（上）》，社会科学文献出版社2016年版，第331页。

亚政府间帝汶海条约》第 4 条对"产品分成合同"作出了如下规定："澳大利亚和东帝汶对于共同石油开发区生产的所有石油享有所有权,其中所产石油 90%属于东帝汶,10%属于澳大利亚。"在第 5 条就"财政安排和税收"规定两国就共同开发区内的石油项目的财政制度应达成一致,如不能达成一致,则根据上述分配比例分别采取各自的财政制度①。这段话的正确解读是,假设共同开发区生产出 100 桶油气,则其中东帝汶拥有 90 桶,澳大利亚拥有 10 桶。在双方没有统一的财政制度时,东帝汶按其国内的相关石油法律,将其拥有的这 90 桶油气在本国政府和参与共同开发的石油公司之间分配,并向石油公司收取各种税费;澳大利亚按其国内法律对其拥有的 10 桶进行分配。在这 100 桶总产出中,东帝汶的政府收益一定少于 90 桶,澳大利亚的政府收益一定少于 10 桶,两国因各自国内法律不同,对石油公司的税费不同,最终政府收益的比例一定偏离 90∶10。

　　三是收益分配原则一般为平分或按比例分配,但也有例外。关于跨界油气资源的分配原则,已在第一章第二节中予以阐述,对同一储层的油气资源进行一体化开发后的油气的分配比例,大体与地下资源分界线两侧的储量比例相一致。对于共同开发的收益,或资源的分配,大多数是按照平分的方式在当事国之间分享。如上所述,塞内加尔和几内亚比绍是一个特例,对油气资源和渔业资源采用了不同的分配比例。对于东帝汶和澳大利亚共同开发案的资源分配比例,一般学者认为分配向东帝汶极度倾斜。但对这一分配方式,不仅要从东帝汶和澳大利亚共同开发协议本身,更需要从所在海域 Great Sunrise 油田的整体开发角度来看。从国际法角度看,东帝汶可主张的管辖海域,是包括了整个 Great Sunrise 油气田的。但由于历史和现实的原因,东帝汶与澳大利亚谈判时,实质上放弃了帝汶缺口东段的权利主张,导致最终确定的共同开发区仅涵盖了

---

　　①　参见杨泽伟主编:《海上共同开发协定汇编(汉英对照)(下)》,社会科学文献出版社 2016 年版,第 501~502 页。

Great Sunrise 油田的一小部分。① 在东帝汶与澳大利亚签订《东帝汶政府与澳大利亚政府间帝汶海条约》后，又签订了《关于 Sunrise 和 Troubadour 油田统一开发的协定》。根据该协定，Great Sunrise 油田的 20.1% 位于共同开发区内，因而所有石油产量的 20.1% 归共同开发区，其余 79.9% 归澳大利亚。② 而根据共同开发区东帝汶与澳大利亚 90：10 的分配比例，整个 Great Sunrise 油田的石油产量实际只有 18.09% 归东帝汶所有。③ 设若东帝汶未放弃其主张，则整个 Great Sunrise 油田的产量分配比例似乎怎么也不应该按照 18：82 的比例且大幅倾向于澳大利亚的方式来进行分配。

(三)财税征收

"财税征收是国家行使主权权利的表现形式之一"④，也是海上油气资源共同开发活动的重要环节。因此，海上油气资源共同开发协议的当事双方均重视财税征收问题，并在海上油气资源共同开发区划定后，注意协调彼此的税收制度，以避免共同开发区内主权权利在税收方面的重叠行使。⑤

例如，在 2012 年"塞舌尔群岛与毛里求斯共同开发案"中，塞舌尔群岛与毛里求斯签订的《塞舌尔共和国政府与毛里求斯共和国政府关于共同管理马斯克林高原地区大陆架的条约》第 6 条对"税收制度"(Taxation Code)作出了如下的明确规定："缔约方应就适用

---

① 参见 Paul Cleary, Skaedown: Australia's Grab for Timor Oil, Allen & Unwin, 2007, pp. 34-109。

② 参见杨泽伟主编：《海上共同开发协定汇编(汉英对照)(下)》，社会科学文献出版社 2016 年版，第 536 页。

③ 参见 Robert Beckman etc. ed., Beyond Territorial Disputes in the South China Sea: Legal Frameworks for the Joint Development of Hydrocarbon Resources, Edward Elgar Publishing Limited 2013, pp. 253-256。

④ 参见蔡鹏鸿：《争议海域共同开发的管理模式：比较研究》，上海社会科学院出版社 1998 年版，第 72 页。

⑤ 参见萧建国：《国际海洋边界石油的共同开发》，海洋出版社 2006 年版，第 136 页。

于共同管理区自然资源活动收入的税收法规达成协议，自然资源项目进行期间，任一缔约方都不得违反适用于该项目的税收法规，缔约方相互同意的除外。"

(四)环境保护

《联合国海洋法公约》第194条明确规定："各国应在适当情形下个别或联合地采取一切符合本公约的必要措施，防止、减少和控制任何来源的海洋环境污染，为此目的，按照其能力使用其所掌握的最切实可行的方法，并应在这方面尽力协调它们的政策。"因此，在海上油气资源共同开发的国家实践中，各当事国负有海洋环境保护的义务。

事实上，众多海上油气资源共同开发协议一般都对海洋环境保护作出原则性的规定。例如，在2012年"塞舌尔群岛与毛里求斯共同开发案"中，塞舌尔群岛与毛里求斯签订的《塞舌尔共和国政府与毛里求斯共和国政府关于共同管理马斯克林高原地区大陆架的条约》第12条对"海床海洋环境保护"(Protection of the Seabed Marine Environment)作出了较为详细的如下规定："(1)缔约国应在保护共同管理区自然资源活动上加强合作，以确保海床生物多样性，防止污染及其他由共同管理区自然资源活动产生的或与之相关的对环境的不良风险。(2)缔约国应在合作保护共同管理区海底环境与海洋生物多样性中坚持预防的原则……(3)缔约国应加强合作以保护共同管理区海底的海洋栖息地与相关的生态群落……(4)当发生于共同管理区的海洋环境污染扩散超出共同管理区之时，缔约国应依据最佳国际实践、标准和程序加强合作，采取果断有效的行动阻止、减轻和消除这种污染等。"

(五)刑事管辖

"刑事管辖"(Criminal Jurisdiction)问题属于海上油气资源共同开发活动中主权色彩较为明显的事项。因此，海上油气资源共同开发协议通常会作出明确的规定。

例如，在2001年"尼日利亚与圣多美和普林西比共同开发案"

中，尼日利亚与圣多美和普林西比签订的《尼日利亚联邦共和国与
圣多美和普林西比民主共和国共同开发两国专属经济区的石油及其
他资源的条约》就"刑法和刑事管辖权"问题作出了非常明确的规
定："（1）根据本条第3款，一国国民或永久居民在开发区内的作为
或不作为，应当适用其本国刑法，若一国的永久居民拥有另一方
当事国国籍，将适用另一方当事国刑法。拥有双方当事国国籍的国
民应适用两国刑法。（2）非双方当事国永久居民的第三国国民，在
区域内的作为或不作为应适用两国的刑法。若该国民依据另一国法
律，已经经法庭审判、释放或宣告无罪，或因同一作为或不作为已
受处罚，则该国民不得适用另一国的刑事程序……本条不影响双方
当事国行使刑事管辖权的任何基础。"

（六）民事行为

在海上油气资源共同开发的国家实践中，不少共同开发协议也
对有关"民事行为"（Civil Action）事项作出了比较明确的规定。

例如，在2001年"尼日利亚与圣多美和普林西比共同开发案"
中，尼日利亚与圣多美和普林西比签订的《尼日利亚联邦共和国与
圣多美和普林西比民主共和国共同开发两国专属经济区的石油及其
他资源的条约》第42条为"民事和行政管辖"条款。该条规定："除
非本条约另有规定，任一当事国可对开发区内的开发活动有关的事
项或者对实施开发活动的个人，行使民事或行政管辖权，管辖权的
范围为专属经济区内对相关活动和个人行使的管辖。在根据第1款
行使管辖权时，双方当事国应实施相关可适用的法律。本条不损害
任一当事国行使民事或行政管辖权的任何基础。"

（七）海关检疫

在海上油气资源共同开发的国家实践中，一些共同开发协议还
对有关"海关检疫"（Application of Custom and Quarantine Laws）问题
作出了规定。[1]

---

① 也有不少海上油气资源共同开发案例，没有对有关"海关检疫"事项
作出规定，如2012年"美国与墨西哥共同开发案"。

例如，在 1989 年"澳大利亚与印度尼西亚共同开发案"中，澳大利亚与印度尼西亚签订的《澳大利亚与印度尼西亚共和国在印度尼西亚东帝汶省与澳大利亚北部之间的区域设立合作区的条约》第 23 条就专门专门规定了"海关检疫"问题。该条规定："根据本条第 3、5 款之规定，缔约国有权对从本国前往 A 区，或者来自 A 区进入本国领土的人、设备和货物，适用自己的关税、移民和检疫法。缔约国应作出必要的安排，便利这种进出……本条规定不得损害缔约国对未获得任何一方缔约国授权进入 A 区的人员、设备和货物，适用其关税、移民和检疫法。缔约国之间应就适用安排以协调行使这一权利。与 A 区石油作业有关的进入 A 区的货物和设备，无须缴纳关税；与石油作业相关的基于进入 A 区的目的，而离开或途经一缔约国的货物和设备，无须缴纳关税；为永久性地运往一缔约国而离开 A 区的货物和设备，应该向该国缴纳关税。"

(八)健康安全

一些海上油气资源共同开发协议，对有关"海上油气资源共同开发区内作业者或工人的健康安全"问题，作出了原则性的规定。

例如，在 2012 年"塞舌尔群岛与毛里求斯共同开发案"中，塞舌尔群岛与毛里求斯签订的《塞舌尔共和国政府与毛里求斯共和国政府关于共同管理马斯克林高原地区大陆架的条约》第 15 条为"工人的健康与安全"(Health and Safety for Workers)条款。该条明确规定："指定当局应为在共同管理区设施与构筑物上工作的工人制定符合国际公认的标准与最佳实践的职业健康与安全标准和程序，缔约国在需要时应予以适用；相似的职业健康、安全标准和程序应适用于共同管理区内从事自然资源活动的所有工人。"此外，在 1989 年"澳大利亚与印度尼西亚共同开发案"中，《澳大利亚与印度尼西亚共和国在印度尼西亚东帝汶省与澳大利亚北部之间的区域设立合作区的条约》第 25 条也有类似的规定。

(九)雇佣培训

进入 21 世纪以来，在海上油气资源共同开发的国家实践中，有关海上油气资源共同开发协议的内容日益详细、完备，甚至出现了有关"雇佣培训"（Employment and Training）等方面的规定。

例如，2001 年"尼日利亚与圣多美和普林西比共同开发案"中，尼日利亚与圣多美和普林西比签订的《尼日利亚联邦共和国与圣多美和普林西比民主共和国共同开发两国专属经济区的石油及其他资源的条约》第 36 条对"雇佣培训"事项做了如下的明确规定："（1）为了以下目的，联合管理局应就开发区内承包商应遵守的雇佣和培训政策，制定指导方针：（a）提高双方当事国国民的雇佣机会，并有效安全地开展石油和其他资源开发活动；（b）切实可行地协助双方当事国公平地分享雇佣和培训的利益。（2）开发合同的条款应遵守上述指导方针。（3）双方当事国应在移民管理和劳工法方面进行合作，为区域内开发合同所需的签证和工作许可证问题提供便利。"

又如，在 2012 年"塞舌尔群岛与毛里求斯共同开发案"中，塞舌尔群岛与毛里求斯签订的《塞舌尔共和国政府与毛里求斯共和国政府关于共同管理马斯克林高原地区大陆架的条约》第 14 条为"雇佣"条款，该条规定："缔约方应采取合适的措施确保给予缔约国国民在共同管理区工作的优先权，促进国民在培训与雇佣机会上享有优先权。"

第二节　海上油气资源共同开发法律
适用的主要类型

如前所述，自 1958 年第一起巴林与沙特阿拉伯海上油气资源共同开发案实施以来，迄今已有 30 多起海上油气资源共同开发的国家实践。通过系统梳理、总结这 30 多起海上油气资源共同开发的国家实践，我们发现：海上油气资源共同开发的法律适用主要有分别适用、共同适用和综合适用三种类型。

一、共同开发法律的分别适用

海上油气资源共同开发法律的分别适用，又可分为海上油气资源共同开发法律的绝对分别适用和海上油气资源共同开发法律的相对分别适用。

(一)海上油气资源共同开发法律的绝对分别适用

海上油气资源共同开发法律的绝对分别适用是指将海上共同开发区分隔,分别适用且只能适用本国法律。例如,在1965年"沙特阿拉伯与科威特共同开发案"中,《沙特阿拉伯王国—科威特国划分中立区的协定》第3条明确规定:"在遵守协定其他条款,以及不损害缔约国双方对于整个中立区自然资源的权利的情况下,缔约国在划归自己的分隔区内,行使和自己原有领土一样的行政、立法和防卫权利。"①可见,在该案中缔约方同意各缔约方的法律适用于中立区中属于其领土的区域。

又如,在1981年"冰岛与挪威关于扬马延岛共同开发案"中,《关于冰岛和扬马延岛之间的大陆架协定》对双方各自有权分别适用本国法律管辖所控制的那一区域作出如下规定:"在第2条确定的双方经济区之间边界线以北区域部分大约32750平方公里……与控制这些活动、安全措施和环境保护有关的挪威立法、挪威石油政策以及挪威法规,将适用于第一段所提及的那一区域的种种活动;挪威行政当局对该地区负责行政管辖。在第2条规定的签约双方经济区之间边界线以南区域部分大约12720平方公里……与控制这些活动、安全措施和环境保护相关的冰岛法律、冰岛石油政策以及冰岛法规,应该适用于第一段提及的那部分区域中所进行的种种活动;冰岛当局应对该地区实施行政管辖。"②可见,在该案中挪威与冰岛分别在本国管辖、控制的海区,适用本国的法律。

---

① 参见 Article 3 of the Agreement Between the State of Kuwait and the Kingdom of Saudi Arabia Relating to Partition of the Neutral Zone of 7 July 1965。

② 参见 Article 5 and See Article 6 of the Agreement Between Iceland and Norway on the Continental Shelf in the Area Between Iceland and Jan Mayen of 22 October 1981。

(二)海上油气资源共同开发法律的相对的分别适用

海上油气资源共同开发法律的相对的分别适用是指海上共同开发区在被分隔的情况下，虽然原则上分别适用本国法律，但是在实践中又有所变通或调整。例如，在 1974 年"日本与韩国共同开发案"中，海上共同开发区的每个分区虽然只适用一个国家的法律，但是适用法律并不固定，而取决于该分区作业者所属国的国籍。《日本和大韩民国关于共同开发邻接两国的大陆架南部的协定》第 19 条明确规定："除本协定另有规定外，一方的法律和规章应适用于有关对业已指定为作业者并作为作业者行事的租让权人所授权的分区内勘探或开采自然资源的事项。"①这就是所谓的"作业者方案"(operator formula)②，它是一种比较特殊的制度安排。正如有学者所指出的："日韩共同开发区管辖权的分配方式是用本国法律管辖自己分管的区域的一种变化或变通方式。"③

二、共同开发法律的共同适用

所谓海上油气资源共同开发法律的共同适用是指采用双方共同认定的一套法律适用于共同开发区。例如，在 1979 年"马来西亚与泰国共同开发案"中，马来西亚与泰国同意建立一个联合管理局负责海上共同开发区的勘探开发活动。1979 年《马来西亚与泰王国为开发泰国湾两国大陆架划定区域内海床资源而设立联合管理局的谅解备忘录》第 3 条规定："联合管理局应代表双方对于勘探开发重叠区域(以下称共同开发区域)海床和底土的非生物资源事宜承担

---

① 参见 Article 19 of the Agreement Between Japan and the Republic of Korea Concerning Joint Development of the Southern Part of the Continental Shelf Adjacent to the Two Countries of 30 January 1974。

② 参见 Masahiro Miyoshi, The Joint Development of Offshore Oil and Gas in Relation to Maritime Boundary Delimitation, International Boundaries Research Unit, Maritime Briefing, Vol. 2, No. 5, 1999, p. 12。

③ 参见孙炳辉：《共同开发海洋资源法律问题研究》，中国政法大学 2000 年博士学位论文，第 80 页。

权利和义务。联合国管理局所承担的权利和义务不得以任何方式影响或缩短任何一方迄今作出的安排、已达成的协议或已签发的许可证或作出让步的有效期限。联合管理局将由下列人员组成：两国各派一名联合主席，两国各派相同名额的成员。根据本备忘录的条款规定，联合管理局将代表双方行使所有的权利，这些权利对于在共同开发区内履行同勘探开发海床和底土中非生物自然资源的功能是必需的、有关联或附带的。"①

　　1990 年，马、泰两国签订了《马来西亚政府与泰王国政府关于建立马来西亚—泰国联合管理局涉及宪法及其他事项的 1990 年协定》。该协议详细规定了如何建立马泰共同开发区、该区域有何权利以及如何行使权利等。② 同时，联合管理局还出台了《马来西亚—泰国联合机构钻探运作程序》(Malaysia—Thailand Joint Authority Procedures for Drilling Operations, 1996)、《马来西亚—泰国联合机构生产运作程序》(Malaysia—Thailand Joint Authority Procedures for Production Operations, 2003)以及《产品分成合同》等。此外，泰国于 1990 年通过了《泰国—马来西亚联合机构法》(Thailand —Malaysia Joint Authority Act 1990)，马来西亚于 1990 年通过了《马来西亚—泰国联合管理局第 2533 号法令》(Malaysia—Thailand Joint Authority Act 1990, B. E. 2533)。上述法律文件构成了马、泰海上共同开发区共同适用的法律体系。

　　不过，马、泰两国对各自在共同开发区内的刑事司法管辖范围

---

　　①　参见 Article 3 of the Memorandum of Understanding Between Malaysia and the Kingdom of Thailand on the Establishment of a Joint Authority for the Exploitation of the Resources in the Sea-Bed in a Defined Area of the Continental Shelf of the Two Countries in the Gulf of Thailand of 21 February 1979。

　　②　参见 1990 Agreement Between the Government of Malaysia and the Government of the Kingdom of Thailand on the Constitution and Other Matters Relating to the Establishment of the Malaysia—Thailand Joint Authority。

又做了专门的划分①，并且特别声明："关于刑事司法管辖范围的规定，既不能被视为两国在依据第 2 款规定而确定的共同开发区的大陆架分界线；同时，这样的规定也不应损害任何一方在共同开发区的主权权利。"②值得注意的是，虽然最初的协议只是针对刑事司法管辖范围，但是在后来的执法过程中，马、泰两国又同意把它扩大到民事管辖事项。③

三、共同开发法律的综合适用

海上油气资源共同开发法律的综合适用既包含分别适用，也有共同适用。这方面最典型的例子是 1989 年"澳大利亚与印度尼西亚共同开发案"。按照《澳大利亚与印度尼西亚共和国在印度尼西亚东帝汶省与澳大利亚北部之间的区域设立合作区的条约》的规定，两国建立的合作区分为 A、B、C 三个区域。其中，B 区靠近澳大利亚一侧，由澳大利亚管辖，适用澳大利亚法律；C 区靠近印度尼西亚一侧，由印度尼西亚管辖，适用印度尼西亚法律。④ 而 A 区由澳、印双方共同管辖，采用双方共同认定的一整套法律制度，如《条约附件 B》—《合作区 A 区石油开采章程》《条约附件 C》—《联合管理局与(合作方)产品分成合同模式》《条约附件 D》—《避免对合

---

① 参见 Ana E. Bastida etc., Cross-Border Unitization and Joint Development Agreements：An International Law Perspective, Houston Journal of International Law, Vol. 29, No. 2, 2007, p. 417。

② 参见 Article 5 of the Memorandum of Understanding Between Malaysia and the Kingdom of Thailand on the Establishment of a Joint Authority for the Exploitation of the Resources in the Sea-Bed in a Defined Area of the Continental Shelf of the Two Countries in the Gulf of Thailand of 21 February 1979。

③ 参见 Datuk Harun Ariffin, The Malaysian Philosophy of Joint Development, Energy, Vol. 10, 1985, p. 535。

④ 参见 Lian A. Mito, The Timor Gap Treaty as A Model for Joint Development in the Spratly Islands, American University International Law Review, Vol. 13, 1998, pp. 753-755。

作区 A 区活动双重征税税务规章》等。①

值得注意的是，《澳大利亚与印度尼西亚共和国在印度尼西亚东帝汶省与澳大利亚北部之间的区域设立合作区的条约》还明确规定了澳、印两国法律在 A 区如何适用。

例如，《澳大利亚与印度尼西亚共和国在印度尼西亚东帝汶省与澳大利亚北部之间的区域设立合作区的条约》第 23 条就"关税、移民和检疫适用的法律"问题作出了如下的明确规定："(1)根据本条第 3、5 款之规定，缔约国有权对从本国前往 A 区，或者来自 A 区进入本国领土的人、设备和货物，适用自己的关税、移民和检疫法。缔约国应作出必要的安排，便利这种进出。(2)承包商应当确保，除非得到缔约国的授权，否则没有首先进入澳大利亚或者印度尼西亚共和国的人员、设备和货物，不得进入 A 区的构筑物内。承包商应当确保，承包商的雇员和分包商的雇员进入 A 区由联合当局的授权。(3)出于控制这些人员、设备或货物的转移，一缔约国可以要求与另一国，就特定人员、设备和货物进入 A 区进行协商。(4)本条规定不得损害缔约国对未获得任何一方缔约国授权进入 A 区的人员、设备和货物，适用其关税、移民和检疫法。缔约国之间应就适用安排以协调行使这一权利。(5)(a)与 A 区石油作业有关的进入 A 区的货物和设备，无须缴纳关税；(b)与石油作业相关的基于进入 A 区的目的，而离开或途经一缔约国的货物和设备，无须缴纳关税；(c)为永久性的运往一缔约国而离开 A 区的货物和设备，应该向该国缴纳关税。"②

又如，《澳大利亚与印度尼西亚共和国在印度尼西亚东帝汶省与澳大利亚北部之间的区域设立合作区的条约》第 27 条就"刑事管辖权"问题也作出了较为详细的规定："(1)根据本条第 3 款之规

---

① 参见 Anthony Bergin, The Australian-Indonesian Timor Gap Maritime Boundary Agreement, International Journal of Estuarine and Coastal Law, Vol. 5, 1990, pp. 388-389。

② 杨泽伟主编：《海上共同开发协定汇编(汉英对照)(上)》，社会科学文献出版社 2016 年版，第 283~284 页。

定，一缔约国的公民或永久性居民，在 A 区内与石油资源勘探开发相关的作为或不作为，适用该国的刑法；如果是一缔约国的永久性居民，同时也是另一缔约国的公民，适用后一国的刑法。(2)(a)根据本条第 3 款之规定，非任一缔约国永久性居民的第三国公民，在 A 区内与石油资源勘探开发相关的作为或不作为，适用缔约国双方的刑法。如果一人因同一作为或不作为，已经根据一缔约国的法律，受到该国主管法院审判并且认定无罪或免除刑事责任，或者已经受到处罚，或者主管当局根据本国法律，基于公共利益，不对该人的行为提起公诉，那么该人在另一缔约国就无须遭受刑事追诉。缔约双方应相互咨询以确定将要适用的刑事法律，考虑受害人国籍以及被影响的缔约方的利益。(b)在上述 a 项所提情形，如必要时，缔约国双方应相互咨询以确定将要适用的刑事法律，并要考虑受害人国籍以及受影响的缔约国利益。(3)对于 A 区内航行的船只(包括地震勘测船或者钻井船)上发生的作为或不作为，适用船旗国刑法；对于飞越 A 区的飞机上发生的作为或不作为，适用国籍国刑法。(4)(a)为了执行本条所规定的刑法，包括获得证据和信息，缔约国之间应当互助合作，包括通过适当的协定或安排。(b)当一缔约国公民是所控罪行的受害者时，另一缔约国须承认其利益，并在法律允许的范围内，将针对所控罪行所采取的措施告知该缔约国。(5)缔约国之间应作出安排，允许一缔约国公务人员协助另一缔约国执行刑法。如果这一协助，需要对本条第 1 款所列的由另一缔约国进行管辖的人员进行拘留，拘留只能持续到将相关人员可以移交给另一缔约国的相关公务人员。"①

由上可见，在"澳大利亚与印度尼西亚共同开发案"中，B 区、C 区分别属于澳大利亚和印度尼西亚的领海、是其领土的一部分，因而分别适用两国的国内法；而 A 区属于澳大利亚和印度尼西亚的海上共同开发区，因而适用两国一起制定、共同认可的

---

① 参见 Article 27 of the Treaty Between Australia and the Republic of Indonesia on the Zone of Co-operation in an Area Between the Indonesian Province of East Timor and Northern Australia of 11 December 1989。

法律制度。

本 章 小 结

法律适用是指国家司法机关根据法定职权和法定程序，具体应用法律处理案件的专门活动。而海上油气资源共同开发法律适用是指在海上油气资源共同开发的国家实践中，主权国家、共同开发的管理机构或法人基于共同开发协议的相关规定，具体运用相关的法律规定处理与共同开发活动有关的税收、收益分配、民事或刑事案件等方面的专门活动。此外，国际司法机构、仲裁机构或国内法院按照相关国家的约定，运用国际条约、国际习惯、一般法律原则、司法判例、国际石油合同以及相关国家的国内法等法律处理海上油气资源共同开发过程中产生的争端或冲突，也属于海上油气资源共同开发法律适用。

法律适用是一种具有创造性、组织性内容的特殊法律活动，它具有十分重要的意义。可以说，法律适用是海上油气资源共同开发顺利实施的关键步骤和根本保证。海上油气资源共同开发法律适用的主体主要有主权国家、联合管理局、法人、国际司法机构、仲裁机构以及国内法院等。海上油气资源共同开发法律适用的客体是指在海上油气资源共同开发过程中需要用国际法或国内法等不同类型的法律制度予以规范的对象或事项，如石油合同模式、收益分配、财税征收、环境保护、刑事管辖、民事行为、海关检疫、健康安全和雇佣培训等。一般而言，海上油气资源共同开发当事国双方作为海上油气资源共同开发法律适用的主要主体，会在共同开发协定或之后的有关共同开发补充协定中，对上述有关海上油气资源共同开发法律适用的客体作出明确的规定。

通过对迄今30多起海上油气资源共同开发的国家实践的考察，海上油气资源共同开发的法律适用主要有分别适用、共同适用和综合适用三种类型。其中，海上油气资源共同开发法律的分别适用，又可分为海上油气资源共同开发法律的绝对分别适用和海上油气资源共同开发法律的相对分别适用。海上油气资源共同开发法律的绝对分别适用是指将海上共同开发区分隔，各区分别适用且只能适用本国法律；海上油气资源共同开发法律的相对的分别适用是指海上共同开发区在被分隔的情况下，各区虽然原则上分别适用本国法律，但是在实践中又有所变通或调整。而海上油气资源共同开发法律的共同适用是指将双方共同认定的一套法律适用于共同开发区。海上油气资源共同开发法律的综合适用，则既包含分别适用，也有共同适用，这方面最典型的例子是1989年"澳大利亚与印度尼西亚共同开发案"。

第四章　海上油气资源共同开发
适用的主要法律

海上油气资源共同开发适用的法律主要包括国际法、国内法、特别法和国际石油开发合同。本章将对此一一作出专门的分析。

第一节　海上油气资源共同开发适用的国际法

共同开发是基于国家间协议之上产生的一个国际法的概念。[①]因此，处于争议海域的共同开发，其理论基础和所遵循的原则都是以国际法为出发点的，[②] 作为国家间的一项国际合作行动，海上油气资源共同开发无疑要接受国际法的调整和规范。[③]《国际法院规约》第 38 条第 1 款明确指出："（国际）法院对于陈诉各项争端，应依国际法裁判之，裁判时应适用：（子）不论普通或特别国际协约，确立诉讼当事国明白承认之规条者。（丑）国际习惯，作为通例之

---

① 参见 Rainer Lagoni，转引自 Hazel Fox et al, Joint Development of Offshore Oil and Gas：A Model Agreement for States for Joint Development with Explanatory Commentary, British Institute of International and Comparative Law, 1989, p. 44。

② 参见杨泽伟主编：《海上共同开发国际法问题研究》，社会科学文献出版社 2016 年版，第 60 ~ 70, 108 ~ 119 页；Robert Beckman, et al. edited, Beyond Territorial Disputes in the South China Sea, Legal Frameworks for the Joint Development of Hydrocarbon Resources, Published by Edward Elgar Publishing Limited, 2013, pp. 300-302。

③ 参见 Robert Beckman et al. edited, Beyond Territorial Disputes in the South China Sea：Legal Framework for the Joint Development of Hydrocarbon Resources, Edward Elgar Publishing Limited, 2013, p. 169。

证明而经接受为法律者。(寅)一般法律原则为文明各国所承认者。
(卯)在第 59 条规定之下，司法判例及各国权威最高之公法学家学
说，作为确定法律原则之补助资料者。"虽然上述规定没有明确指
出国际法的渊源，但是它通常被认为是对国际法渊源的权威说
明。① 因此，海上油气资源共同开发适用的国际法，无疑应当包括
国际条约、国际习惯、一般法律原则、司法判例以及各国权威最高
之公法学家学说等。然而，鉴于海上油气资源共同开发活动的特殊
性，海上油气资源共同开发适用的国际法主要包括：国际法基本原
则、《联合国海洋法公约》、共同开发协定、与航行和捕鱼活动以
及环境保护有关的国际法律制度、国际习惯、一般法律原则以及国
际司法判例等。

一、国际法基本原则

(一)海上油气资源共同开发首先要遵守和适用国际法基本原则

一般认为，国际法基本原则(basic principles of international law)
是指在国际法体系中那些被国际社会公认的、具有普遍约束力的、
适用于国际法各个领域并构成国际法基础的法律原则。② 从上述国际
法基本原则的定义可见，国际法基本原则不但具有普遍约束力，而
且能适用于国际法各个领域。开展海洋合作也是全球性国际条约规
定的法律义务，并得到诸多国际性文书的指导。例如《联合国宪章》
《联合国海洋法公约》、1970 年的《国际法原则宣言》③和 1992 年《里

---

① 参见 Andrew Clapham, Brierly's Law of Nations: An Introduction to the
Role of International Law in International Relations, 7th edition, Oxford University
Press 2012, p. 54。

② 参见杨泽伟：《国际法》(第 4 版)，高等教育出版社 2022 年版，第 285
页。

③ 参见 UN General Assembly, Declaration of Principles of International Law
Concerning Friendly Relations and Co-operation Among States in Accordance with the
Charter of the United Nations, October 1970, available at www. unhcr. org/refworld/
docid/3dda1f104. html(accessed 19 November 2019)。

约环境和发展宣言》①。《联合国海洋法公约》序言多次强调各国加强合作的重要性，关于沿海国开展海洋合作的原则精神贯穿整个公约，体现在航行、资源开发与养护、环境保护、海洋科学研究及科技转让等诸多制度中。例如，关于海洋划界的第 74 条第 3 款和第83 条第 3 款，用完全相同的语句规定"有关各国应基于谅解和合作精神，尽一切努力作出实际性的临时安排，并在此过渡期间内，不危害或阻碍最后协议的达成。这种安排应不妨害最后界限的划定。"这一规定被认为是海洋油气资源共同开发的重要国际法依据。因此，国际法基本原则无疑能适用于海上油气资源共同开发活动。换言之，沿海国进行海上油气资源共同开发活动首先要遵守和适用国际法基本原则。诚如有学者所指出的，《国际法原则宣言》"作为一种权威解释和联合国宪章之原则的适用，可以具有直接法律效力"②。况且，一些国际法基本原则，如和平解决国际争端原则、国际合作原则、国家主权平等原则、禁止以武力相威胁或使用武力原则等均已发展成为国际强行法规则。

事实上，在目前已有的海上油气资源共同开发活动的实践中，有关国家在共同开发协议一般均明确规定要遵守国际法基本原则。

例如，在 1979 年"泰国与马来西亚有关泰国湾的共同开发案"中，马、泰两国签订的《马来西亚和泰王国为开发泰国湾两国大陆架划定区域内海床资源而建立联合管理局的谅解备忘录》第 2 条明确规定："双方都同意按照国际法原则和国际惯例……本着合作原则和两国的安全利益，采取协商谈判或双方同意的其他和平手段，来解决两国在泰国玩的大陆架的划界问题。"此外，该谅解备忘录的前言还

---

①　《里约环境与发展宣言》，中国网：http://www.china.com.cn/environment/txt/2003-04/24/content_5320117.htm; Rio Declaration on Environment and Development, United Nations Conference on Environment and Development, 3-14 June 1992, available at www.unep.org/Documents.Multilingual/Default.asp? documentid = 78&articleid = 1163（accessed 22 November 2019）。

②　参见 James Crawford, Brownlie's Principles of Public International Law, 9th edition, Oxford University Press 2019, p.10。

专门强调:"确信通过彼此间相互合作,才能进行开发活动。"①可见,在该案中马、泰两国签订的海上油气资源共同开发协定,蕴含了国际合作原则、和平解决国际争端原则等国际法基本原则。

又如,在2012年"塞舌尔群岛与毛里求斯共同开发案"中,塞、毛两国签订的《关于共同管理马斯克林高原地区大陆架的条约》第21条也明确要求:"除属于条约第6条涉及的税收法规范围内的争端及应依照缔约方协商一致的法规解决的争端外,与条约的解释和适用有关的任何争端都应尽可能地通过互相协商友好地解决"。不难看出,在该共同开发案中,塞、毛两国签订的共同开发协议同样载有"和平解决国际争端原则"等国际法基本原则的内容。

综上可见,海上油气资源共同开发首先要遵守和适用国际法基本原则。

(二)国际法基本原则为海上油气资源共同开发提供了坚实的法律基础

一般认为,国际合作原则是海上油气资源共同开发的理论基础。② 不过,另有学者指出海上油气资源共同开发的法律基础包括国际法上的国家主权平等原则、国际合作原则以及和平解决国际争端原则等国际法基本原则。③

事实上,在海上油气资源共同开发活动中,坚持国家主权平等原则等国际法基本原则具有重要的意义。例如,坚持国家主权平等

---

① 参见 Memorandum of Understanding Between Malaysia and the Kingdom of Thailand on the Establishment of a Joint Authority for the Exploitation of the Resources in the Sea-Bed in a Defined Area of the Continental Shelf of the Two Countries in the Gulf of Thailand (21 February 1979), Energy, Vol. 6, 1981, pp. 1356-1358。

② 参见萧建国:《国际海洋边界石油的共同开发》,海洋出版社2006年版,第79~102页。

③ 参见杨泽伟主编:《海上共同开发国际法理论与实践研究》,武汉大学出版社2018年版,第1页;杨泽伟:《论海上共同开发的法律依据、发展趋势及中国的实现路径》,载《中国国际法年刊(2015年)》,法律出版社2016年版,第111页。

原则，不但有利于海上油气资源共同开发协议的达成，而且有利于海上油气资源共同开发协议的实施。因为海上油气资源共同开发区的主权归属尚未明确，所以双方互相尊重、互谅互让十分重要。因此，有关国家应在坚持国家主权平等原则的基础上，基于"谅解和合作"的精神，尊重对方的主权地位和主权权利，注重各主权国家实质上的平等，善意谈判，达成协议。正如国际法院在"北海大陆架案"（the North Sea Continental Shelf Case）判决中所阐明的那样，"这种谈判应是富有意义的，不应当各持己见，而不考虑对其主张作任何修改"①。

　　海洋油气资源开发合作还应符合条约法原则。遵守条约是制订条约的自然结果。条约必须遵守，国家不能以国内法改变国际法。《维也纳条约法公约》第 27 条规定："各国不得援引国内法规定为理由而不履行条约。"当合作协议缔结后，缔约国有义务要遵守合作协议。条约的国内适用是缔约国履行条约的重要内容。条约在缔约国适用的问题，原则上由缔约国自由决定。现代国家一般都是通过本国法律对条约的国内适用加以规范。缔约国不能因协议与国内法冲突而不履行合作协议，而应采取适当方式适用协议并履行协议。以国内法甚至上升到宪法为由，对抗合作协议的履行，是缺乏合作履行应具有的诚信。

　　此外，海上油气资源共同开发协议的实施，同样离不开各主权国家及其国内各部门的配合与支持。如果有关的海上油气资源共同开发协议完全违背国家主权平等原则，在违反一方意志的情况下作出明显有利于另一方的安排，那么这样的协议是不可能得到很好的实施的，有关的海上油气资源共同开发也难以付诸实践。

　　综上所述，国家主权平等原则是海上油气资源共同开发的基石，国际合作原则是海上油气资源共同开发的核心，和平解决国际争端原则是海上油气资源共同开发的重要保障，它们犹如一副三脚

---

　　①　参见 North Sea Continental Shelf Cases（Federal Republic of Germany/Denmark，Federal Republic of Germany/Netherlands），Judgments，I. C. J. Reports 1969，available at http：//www. icj-cij. org/docket/files/52/5561. pdf。

架共同构成了海上油气资源共同开发的法律基础。①

二、《联合国海洋法公约》

（一）《联合国海洋法公约》作为"海洋宪章"，对包括海上油气资源共同开发在内的国际海上合作具有普遍的规范和指导意义

　　1982 年 12 月 10 日开放签署的《联合国海洋法公约》（简称《公约》）是迄今涵盖内容范围最广的国际法律文件，它包括 1 个序言和 17 个部分，共 320 条，另有 9 个附件，涉及海洋科学研究、12 海里领海宽度、海峡通行权利、200 海里专属经济区、大陆架的界限、海洋环境保护以及国际海底的勘探和开发制度等问题。它是第三次联合国海洋法会议历经九年艰苦谈判，经过不同利益集团之间的斗争和妥协所取得的结果，基本反映了当时国际社会在海洋问题上所能达成的共识。② 虽然不可否认的是《公约》中有不少条款是不完善的，甚至是有严重缺陷的③；但是《公约》是当代国际社会关系海洋权益和海洋秩序的基本书件，它确立了人类利用海洋和管理海洋的基本法律框架，标志着新的海洋国际秩序的建立④。

　　因此，《公约》对海上油气资源共同开发活动具规范作用。换言之，海上油气资源共同开发的当事国不但要遵守《公约》的相关规定，而且必须使本国在海上油气资源共同开发区的法律管辖权限

---

　　①　参见杨泽伟主编：《海上共同开发国际法理论与实践研究》，武汉大学出版社 2018 年版，第 5 页。

　　②　参见杨泽伟：《国际法》（第 4 版），高等教育出版社 2022 年版，第 158~159 页。

　　③　参见 Jonathan I. Charney, Central East Asian Maritime Boundaries and the Law of the Sea, American Journal of International Law, Vol. 89, No. 4, 1995, p. 744。

　　④　参见 T. B. Koh, "A Constitution for the Oceans", in UN, The Law of the Sea — Official Text of the United Nations Convention on the Law of the Sea with Annexes and Index, New York 1983, p. xxiii。

与《公约》允许沿海国在这些海域行使的那些权利相一致。①

（二）《公约》第 74 条和第 83 条为海上油气资源共同开发提供了法律依据

《公约》第 74 条为"海岸相向或相邻国家专属经济区界限的划定"。它明确规定："海岸相向或相邻的国家间专属经济区的界限，应在国际法院规约第 38 条的基础上以协议划定，以便得到公平解决。有关国家如在合理期间内未能达成任何协议，应诉诸第 15 部分所规定的程序。在达成第 1 款规定的协议以前，有关各国应基于谅解和合作的精神，尽一切努力作出实际性的临时安排，并在此过渡期间内，不危害或阻碍最后协议的达成。这种安排应不妨害最后界限的划定。如果有关国家间存在现行有效的协定，关于划定专属经济区界限的问题，应按照该协定的规定加以决定。"《公约》第 83 条为"海岸相向或相邻国家间大陆架界限的划定"，它用与第 74 条类似的措辞规定了大陆架的划界问题。

虽然《公约》第 74 条和第 83 条可能不是为划界前的共同开发这种临时安排而专门订立的，但却为国家间达成共同开发协议提供了直接的法律依据。② 此外，从条约的法律性质着眼，我们可以把条约分为"造法性条约"（law-making treaties）和"契约性条约"（contractual treaties）。造法性条约是指数目较多的国家用以制定一般国际法规则以便相互遵守的条约。契约性条约是指缔约国之间就一般关系或特定事项上的相互权利和义务而签订的条约。③ 此二种条约，有时不易完全区分，有许多条约兼具二种性质，即同一条约

---

① 参见萧建国：《国际海洋边界石油的共同开发》，海洋出版社 2006 年版，第 147 页。

② 参见 Yu Hui, Joint Development of Mineral Resources — An Asian Solution, Asian Yearbook of International Law, Vol. 2, 1994, p. 102。

③ 参见杨泽伟：《国际法》（第 4 版），高等教育出版社 2022 年版，第 285 页。

部分约款属契约性质，部分约款则属立法性质，[1] 这种情形，在海上油气资源共同开发协定中时有所见。因此，我们采用布朗利(Ian Brownlie)的见解，将一切"条约"特别是《公约》作为海上共同开发的法律依据。[2]

(三)不少海上油气资源共同开发协议均载明是基于《公约》而签署的

例如，在 2012 年"塞舌尔群岛与毛里求斯共同开发案"中，塞、毛两国政府签订的《塞舌尔共和国政府与毛里求斯共和国政府关于共同管理马斯克林高原地区大陆架的条约》第 2 条第 1 款明确规定："该条约使《公约》中所包含的国际法得以实施，《公约》第83 条要求海岸相向或相邻国家间在国际法的基础上，尽一切努力以实质性的临时协议对大陆架的最后划界做出临时性的安排，该条约旨在履行这一义务。"

又如，在 2001 年"尼日利亚与圣多美和普林西比共同开发案"中，尼、圣两国签订的《尼日利亚联邦共和国与圣多美和普林西比民主共和国共同开发两国专属经济区域的石油及其他资源的条约》开篇就明确规定："尼日利亚联邦共和国与圣多美和普林西比民主共和国考虑到 1982 年 12 月 10 日于蒙特哥湾缔结的《公约》，尤其是第 74 条第 3 款，其中要求海岸相向国家在专属经济区的划界协议达成之前应基于谅解和合作精神，尽一切努力作出实际的临时安排，并在此过渡期间内，不危害或阻碍最后协议的达成。"

此外，在 2002 年"东帝汶与澳大利亚共同开发案"中，东帝汶与澳大利亚签订的《东帝汶政府与澳大利亚政府间帝汶海条约》的前言也用十分清晰的文字宣示："鉴于 1982 年 12 月 10 日在蒙特哥湾签署的《公约》，其第 83 条规定海岸相向或相邻国家间的大陆架

---

① 参见周鲠生：《国际法》(下册)，武汉大学出版社 2007 年版，第 512页。

② 参见 James Crawford, Brownlie's Principles of Public International Law, 9th edition, Oxford University Press 2019, pp. 10-11。

划界，应根据国际法通过协定，以期公平解决。"

三、共同开发协定

海上油气资源共同开发的国际实践表明，在争议海域或跨界海域进行海上油气资源共同开发活动的一项基本条件就是签订海上油气资源共同开发协定。这是双方进行海上油气资源共同开发活动的前提。① 海上油气资源共同开发协定一般是以条约形式缔结的，并对共同开发活动作出原则性或具体的规定。上述海上油气资源共同开发协定，不但为海上油气资源共同开发提供了直接的法律依据，而且也是海上油气资源共同开发的行动指南。

一般而言，海上油气资源共同开发协定主要分为以下三类：一是双边海域划界条约中的共同开发条款，二是海上油气资源共同开发的谅解备忘录，三是具体的海上油气资源共同开发协定。

(一)双边海域划界条约中的共同开发条款

例如，在 1958 年"巴林与沙特阿拉伯共同开发波斯湾大陆架案"中，巴林与沙特阿拉伯签订的《巴林—沙特阿拉伯边界协定》(Bahrain—Saudi Arabia Boundary Agreement)就含有海上油气资源共同开发的条款。该协定第 2 条明确规定："依照巴林国王殿下的意愿，以及经由沙特阿拉伯国王陛下同意，上述区域主权归属于沙特阿拉伯。该区的石油开采以沙特阿拉伯王国国王选择的方式进行，沙特阿拉伯将上述石油开采中所获的一半净收入归于巴林政府，资源的共享不影响沙特阿拉伯政府对该区域的主权和管辖权。"②

又如，在 1974 年"法国与西班牙划界与共同开发案"中，法国与西班牙签订的《法兰西共和国政府与西班牙政府划分两国在比斯

---

① 参见 William T. Onorato, Potential Joint Development of the Methane Gas Reserves of La Kivu, International and Comparative Law Quarterly, Vol. 39, 1990, p. 653。

② Agreement Concerning the Delimitation of the Continental Shelf in the Persian Gulf Between the Shaykhdom of Bahrain and the Kingdom of Saudi Arabia of 22 February 1958, Energy, Vol. 6, 1981, p. 1330.

开湾大陆架的公约》第 3 条，也是海上油气资源共同开发条款。①
该协定第 3 条也明确规定："当事国为授予许可证进行区域内自然
资源的勘探和开发，同意适用附件二规定的补充程序。"

(二)海上油气资源共同开发的谅解备忘录

谅解备忘录的达成往往是为了达成早期收获，以便为后续签订
内容更加具体的协议而达成的一个阶段性成果，其有效性有赖于当
事国之间的约定。

在 1979 年"泰国与马来西亚有关泰国湾的共同开发案"中，泰
国与马来西亚于 1979 年 2 月 21 日签订了《马来西亚和泰王国为开
发泰国湾两国大陆架划定区域内海床资源而设立联合管理局的谅解
备忘录》，对两国在泰王湾的海上油气资源共同开发问题作出原则
性的规定。两国经过双边关系的起伏和艰苦谈判，才于 1990 年 5
月 30 日在前述备忘录基础上又签订了《马来西亚政府与泰王国政
府关于建立马来西亚—泰国联合管理局涉及宪法及其他事项的
1990 年协定》(1990 Agreement between the Government of Malaysia
and the Government of the Kingdom of Thailand on the Constitution and
Other Matters Relating to the Establishment of the Malaysia-Thailand
Joint Authority)。该协定不但较为详细地规定了"马泰联合管理局"
(the Malaysia-Thailand Joint Authority)的法律地位、组成以及权力职
能等，而且较为清晰地规定了"马泰联合管理局"与其他机构的关
系、海上油气资源共同开发涉及的财务和税收等内容。② 为保证海
上油气资源共同开发的顺利进行，后来马泰两国政府还相继出台了
《马来西亚—泰国联合管理局 2533 法令》(Thailand—Malaysia Joint
Authority Act 1990，B. E. 2553)、《马来西亚和泰国联合管理局第
440 号法令》(Malaysia—Thailand Joint Authority Act 440)、《马来西

---

① 为此，法国与西班牙还把《适用于本协定第 3 条所确定的开发区的条
款》作为该划界协定的附件二。

② 参见杨泽伟主编：《海上共同开发协定汇编(汉英对照)(上)》，社会
科学文献出版社 2016 年版，第 186~208 页。

亚—泰国联合管理局石油作业准则》(Malaysia—Thailand Joint Authority Standards of Petroleum Operations)等,对涉及海上油气资源共同开发的法律制度予以了进一步完善。①

在1992年"马来西亚与越南共同开发案"中,马来西亚与越南签订了《马来西亚和越南社会主义共和国关于两国大陆架划定区域内石油勘探和开采的谅解备忘录》后,并未展开进一步谈判,而是依据备忘录第3条规定,经两国同意,分别授权马来西亚国家石油公司(Petronas)和越南国家石油公司(Petro Vietnam)代表各自利益在"划定区域"内进行石油勘探和开发活动,并就此达成商业安排。

在柬埔寨和泰国共同开发案中,两国签订了备忘录,但有关谈判尚未取得进展,共同开发的实施也仍遥遥无期。中国和菲律宾就共同开发进行了谈判,并于2018年签署了《关于油气开发合作的谅解备忘录》②,2022年6月时任菲律宾外长洛钦宣布该备忘录作废并终止与中方的南海能源共同开发合作谈判③。

(三)海上油气资源共同开发协定

海上油气资源共同开发协定有的较为简单,如1958年《巴林—沙特阿拉伯边界协定》,一共六条,第一条规定了划界的坐标,第二条确定了共同开发区范围、主权归属、收益分配,并明确共享资源不影响沙特政府对共同开发区的主权和管辖权。第三至六条则为技术性条款。④ 对于内容简单的协定,往往是因为更为详尽的条款

---

① 参见杨泽伟主编:《海上共同开发协定汇编(汉英对照)(上)》,社会科学文献出版社2016年版,第209~262页。

② 参见中国外交部网站,https://www.mfa.gov.cn/web/wjb_673085/zzjg_673183/bjhysws_674671/bhfg_674677/201811/t20181127_7671843.shtml,最后访问日期2023年2月23日。

③ 参见中国外交部网站,https://www.mfa.gov.cn/web/wjdt_674879/fyrbt_674889/202206/t20220624_10709637.shtml,最后访问日期2023年2月23日。

④ 参见杨泽伟主编:《海上共同开发协定汇编(汉英对照)(上)》,社会科学文献出版社2016年版,第3~5页。

可能一时难以达成，需要更长时间进行谈判，而参与谈判的双方有意将合作的主要原则先通过条约固定下来，但往往同时规定后续要就具体安排继续谈判和达成协议。如《几内亚比绍共和国与塞内加尔共和国管理和合作协定》也较为简单，一共只有九条。第四条规定双方成立国际管理局对共同开发区进行开发，管理局的组织和运作在上述协定签订后 12 个月内由双方达成协定作出具体安排①。后续两国又签署了《关于设立管理和合作局的组织和运作的协定的议定书》②作为补充，上述两个文件一起构成一个完整的共同开发协定。

　　有的共同开发协定则是通过谈判达成一个有着详尽安排的协议。例如，在 1974 年"日本与韩国共同开发案"中，日本与韩国签订的《日本与大韩民国关于共同开发邻接两国的大陆架南部的协定》对两国有关海上油气资源共同开发问题，作出了较为详细的规定。③ 又如，1989 年"澳大利亚与印度尼西亚共同开发案"中，澳大利亚与印度尼西亚签订的《澳大利亚与印度尼西亚共和国在印度尼西亚东帝汶省与澳大利亚北部之间的区域设立合作区的条约》对有关海上油气资源共同开发事项的规定特别详细。该条约分为八部分，具体涵盖了"合作区、在合作区内的勘探和开采、部长委员会、联合国管理局、在有关区域 A 的某些事项上的合作、适用的法律、争端的解决、最后条款"④等规定。此外，该条约还有详细

　　① 参见杨泽伟主编：《海上共同开发协定汇编（汉英对照）（上）》，社会科学文献出版社 2016 年版，第 330 页。

　　② 参见杨泽伟主编：《海上共同开发协定汇编（汉英对照）（上）》，社会科学文献出版社 2016 年版，第 334~346 页。

　　③ 参见杨泽伟主编：《海上共同开发协定汇编（汉英对照）（上）》，社会科学文献出版社 2016 年版，第 49~90 页；刘佳：《论日韩共同开发案对中日东海共同开发的启示》，武汉大学硕士学位论文 2015 年；邓妮雅：《日韩共同开发东海大陆架案及其对中国的启示》，载《中国海洋大学学报》（社会科学版）2016 年第 2 期，第 65~73 页。

　　④ The Treaty Between Australia and the Republic of Indonesia on the Zone of Co-operation in An Area Between the Indonesian Province of East Timor and Northern Australia of 11 December 1989.

的附件，如《石油开采章程》（Petroleum Mining Code）、《税收章程》（Taxation Code）、《生产分成标准合同》等。因此，学者认为该条约是"迄今在条约文本中就共同开发问题规定得最为详尽的一个条约"。东帝汶独立后与澳大利亚签署的《东帝汶政府与澳大利亚政府间帝汶海条约》，以及后续相关协议和附件，基本承袭了上述条约的主要合作框架和合作模式。达成这种完备细致的条约，考验的不仅是谈判双方的智慧、耐力，最重要的是双方是否具有为达成协议而排除一切困难、妥善解决一切矛盾的真诚意愿。

四、与航行、捕鱼活动以及环境保护有关的国际法律制度

（一）禁止"不正当干扰"原则

研究表明，因海上油气资源开发活动而对船舶航行、捕鱼活动造成干扰和影响的案例比比皆是。例如，在加利福尼亚海峡进行石油开发活动，迫使船舶被迫通过海峡岛外缘的航道，造成航运成本增加到 800 万~1000 万美元；1980—1984 年在墨西哥湾发生的船舶与平台碰撞事件达 55 起。而在挪威大陆架上的 4 个石油生产平台中，每个平台周围的安全区范围为 97 平方千米，每个平台间的距离为 6 海里，它们妨碍捕鱼的有效总面积将占 494 平方千米，是法律允许的区域面积的 100 倍。在原先畅通的鱼道上或渔区内建立设施和安全区的结果，是造成渔民捕鱼作业的障碍，从而引起特定区域、特定渔船捕鱼收入的降低。[①]

可见，海上油气资源共同开发活动有可能对航行、捕鱼等其他海洋活动造成干扰，[②] 因而需要在法律上予以调整。这种调整的一

---

①　参见何沙、秦扬主编：《国际石油合作法律基础》，石油工业出版社 2008 年版，第 63~64 页。

②　在 1974 年"日本与韩国共同开发案"中，日本对共同开发区建立后，石油开发活动是否会对渔业和自由航行产生影响以及海洋污染的预防和控制问题的考量，也是影响日本政府批准《日本与韩国关于共同开发邻接两国南部大陆架协定》的一个重要因素。

般适用规则是禁止"不正当干扰"原则。

20世纪50年代，联合国国际法委员会在起草《大陆架公约》时，曾对禁止"不正当干扰"原则进行了较为深入的讨论，他们认为所涉利益的相对重要性应该是决定性因素。联合国国际法委员会在有关条款草案中曾经明确指出："这显然是一个平衡所涉利益相对重要性的问题。在有些情形下，对航行及捕鱼的干扰即使很严重，也可能是正当的。相反，如果干扰与可合理预见的勘探与开发大陆架的条件毫无关联，即使这种干扰很小，也会是不正当的。"[①]

禁止"不正当干扰"原则，不仅体现在一些海上油气资源共同开发协定中[②]，也在《公约》中得到重申。

例如，在1974年"日本与韩国共同开发案"中，日、韩两国签订的《日本与大韩民国关于共同开发邻接两国的大陆架南部的协定》第27条明确规定："共同开发区内自然资源的勘探和开采，应当确保共同开发区及上覆水域内其他合法活动，如航行和渔业，不受过度影响。"

又如，《公约》第78条"上覆水域和上空的法律地位以及其他国家的权利和自由"也明确规定："沿海国对大陆架的权利不影响上覆水域或水域上空的法律地位。沿海国对大陆架权利的行使，绝不得对航行和本公约规定的其他国家的其他权利和自由有所侵害，或造成不当的干扰。"

可见，禁止"不正当干扰"原则是沿海国进行海上油气资源共同开发活动所应承担的一项义务[③]，也是海上油气资源共同开发应当适用的一项法律原则。

---

① 参见何沙、秦扬主编：《国际石油合作法律基础》，石油工业出版社2008年版，第65页。

② 参见Masahiro Miyoshi, The Joint Development of Offshore Oil and Gas in Relation to Maritime Boundary Delimitation, International Boundaries Research Unit, Maritime Briefing, Vol. 2, No. 5, 1999, p. 45。

③ 参见何沙、秦扬主编：《国际石油合作法律基础》，石油工业出版社2008年版，第64页。

(二)有关海洋环境保护方面的国际法律制度

海上油气资源共同开发活动还须遵守有关海洋环境保护方面的国际法律制度,如1972年《伦敦倾倒公约》①、1989年国际海事组织通过的《关于撤除在大陆架上或专属经济区内的近海设施及结构的指南和标准》等。

例如,《伦敦倾倒公约》第4条规定:"按照本公约规定,各缔约国应禁止倾倒任何形式和状态的任何废物或其他物质,除非以下另有规定:倾倒附件一所列的废物或其他物质应予禁止;倾倒附件二所列的废物或其他物质需要事先获得特别许可证;倾倒一切其他废物或物质需要事先获得一般许可证。"在此基础上,该公约第5条进一步明确要求:"在恶劣天气引起不可抗力的情况下,或对人命构成危险或对船舶、航空器、平台或其他海上人工构筑物构成实际威胁的任何情况下,当保证人命安全或船舶、航空器、平台或其他海上构筑物的安全确有必要时,如果倾倒是防止威胁的唯一办法,并确信倾倒所造成的损失将小于用其他办法而招致的损失,则不适用第4条的规定。进行这类倾倒活动应尽量减少对人类及海洋生物的损害,并应立即向该'机构'报告。当对人类健康造成不能容许的危险,并且没有其他可行的解决办法的紧急情况下,一缔约国可以作为第4条第(1)款第1项的例外而颁发特别许可证。在发给这类特别许可证之前,该缔约国应与可能涉及的任何国家及该'机构'协商,该'机构'在与其他缔约国及适当的国际组织协商后,应根据第14条规定,立即建议该缔约国应采取的最适当的程序。该缔约国应于必须采取行动的时间内,并遵守避免损害海洋环境的普遍义务,而在最大可能范围内遵循这些建议,并报告该'机构'其所采取的行动。各缔约国保证在这类情况下互相帮助"。

此外,在联合国环境规划署区域海洋计划的支持下,一些地理区域内的国家通过了区域性海洋环境保护公约,如1972年《防止船

---

① 该公约规定,处置(油气开发)平台这类"易于沉到海底、可能对捕鱼或航行造成严重障碍的大体积废物"必须事先获得"特别许可证"。

舶和航空器倾倒废弃物造成海洋污染公约》（又称《奥斯陆倾倒公约》）、1976年《保护地中海免遭污染公约》和《防止从船舶和飞机上倾倒污染地中海的巴塞罗那公约的议定书》、1978年《合作防止海洋环境污染的科威特区域公约》、1981年《保护与发展西非和中部非洲海洋及海岸环境进行合作的阿比让公约》和《保护东南太平洋海洋环境和沿海地区公约》、1982年《保护红海和亚丁湾环境区域公约》、1983年《保护和开发泛加勒比区域海洋环境公约》、1985年《保护、管理和开发东非区域海洋和沿海环境公约》、1986年《南太平洋地区自然资源和环境保护公约》和《防止倾倒污染南太平洋地区的议定书》等。这些公约也是习惯国际法的编纂，它不但在不同程度地涉及海上油气资源共同开发石油平台的处置，而且包括众多海洋环境保护的内容，因而对海上油气资源共同开发活动具有规范意义。

　　值得注意的是，一些海上油气资源共同开发协定还明确规定，双方要加强合作以防止或减少海洋污染和其他环境损害。

　　例如，在1974年"法国与西班牙划界与共同开发案"中，法国与西班牙签订的《法兰西共和国政府与西班牙政府划分两国在比斯开湾大陆架的公约》第7条规定："双方当事国应尽力保证比斯开湾大陆架的勘探和自然资源的开发，不会对生态平衡和海洋环境合法利用造成不利影响，且双方应为此目的进行协商。"

　　又如，在2002年"东帝汶与澳大利亚共同开发案"中，东帝汶与澳大利亚签订的《东帝汶政府与澳大利亚政府间帝汶海条约》第10条规定："澳大利亚和东帝汶应当合作保护共同石油开发区的海洋环境，以防止石油活动所产生的污染和其他环境损害，并将其降至最低。特别要努力保护海洋动物，包括海洋哺乳动物、海鸟、鱼类和珊瑚。澳大利亚和东帝汶应当就保护共同石油开发区海洋环境免受石油活动不利影响的最好方式进行协商。如果共同石油开发区内产生的海洋污染溢出该区，澳大利亚和东帝汶之间应当进行合作以防止、减轻和消除污染。指定当局应该发布保护共同石油开发区海洋环境的法规。其应当制定防止共同石油开发区内石油活动污染的应急计划。共同石油开发区中石油活动而产生的海洋环境污染所造成的损失或费用，有限责任公司或实体应依据以下规定承担责任：合同、执照或者许可证，以及当局根据条约颁布的其他文件；以及对赔偿请求具有管辖权的国家(澳大利亚或东帝汶)的法律。"①

五、国际习惯

国际习惯是"各国在其实践中形成的一种有法律约束力的行为规则"②。就海上油气资源共同开发而言，国际习惯主要是指在长期的能源活动中逐渐形成的国际商业惯例。它由于得到了国际社会的承认而具有法律约束力，因此对海上油气资源共同开发活动具有规范意义。

就海上油气资源共同开发而言，这种惯例主要来自以下五个方面：石油生产国、石油公司与石油消费国在石油和天然气贸易活动中所产生的惯例；国家和石油公司之间的实践所产生的惯例；石油生产国之间在争议海区进行共同石油开发而形成的惯例；由石油公司之间的经营活动逐渐发展起来的惯例；法官、仲裁员或律师在石油活动的争端解决中或在对海上油气资源共同开发协定的解释中所形成的惯例等。③

六、一般法律原则与国际司法判例

(一)一般法律原则

《国际法院规约》第38条规定，国际法院在裁判案件时，应适

---

① 有学者认为该条具有重要意义，它表明缔约双方意识到虽然共同开发区内的油气开发活动不一定造成污染，但是环境损害还是有可能会发生的。参见 David M. Ong, The New Timor Sea Arrangement 2001: Is Joint Development Of Common Offshore Oil and Gas Deposits Mandated Under International Law? International Journal Of Marine & Coastal Law, Vol. 17, No. 1, 2002, p. 101。

② 参见梁西主编：《国际法》，武汉大学出版社2000年版，第45页。

③ 参见 Nwosu E. Ikenna, "International Petroleum Law": Has It Emerged as a Distinct Legal Discipline? African Journal of International and Comparative Law, Vol. 8, No. 2, 1996, p. 432；杨泽伟：《中国能源安全法律保障研究》，中国政法大学出版社2009年版，第231~232页。

用为文明各国所承认的"一般法律原则"。关于"一般法律原则"的含义，有学者认为它至少有以下七种不同的解释：(1)一般正义原则；(2)自然法；(3)从私法类推出来的原则；(4)比较法的一般原则；(5)国际法的一般原则(这是苏联某些学者的观点)；(6)法的一般理论；(7)一般法律概念。① 其实，从国际实践来看，不论是国际法院还是国际仲裁机构，都很少单独适用"一般法律原则"来裁决有关的案件。②

　　一般法律原则既是海上油气资源共同开发的法律依据之一，也是海上油气资源共同开发活动法律适用的原则。例如，"约定必须信守"(pacta sunt servanda)、"禁止反言"(estoppel)、"禁止滥用权利"(jus abutendi)、"行使自己权利不得损害他人"(qui jure sus utitur, neminin facit injuriam)以及"不法行为不产生权利"(exinjuria jus non oritur)等一般法律原则，可以弥补有关海上油气资源共同开发活动在适用条约或国际习惯方面的不足。

　　事实上，一些一般法律原则，已经较为明显地体现在《联合国海洋法公约》的有关条款中。例如，《公约》第56条第2款规定："沿海国在专属经济区内根据本公约行使其权利和履行其义务时，应适当顾及其他国家的权利和义务，并应以符合本公约规定的方式行事。"显然，这一规定与"禁止滥用权利""行使自己权利不得损害他人"等一般法律原则的内涵是一致的。

(二)国际司法判例

　　按照《国际法院规约》第38条的规定，国际法院在裁判案件时可以适用"司法判例"，作为确定法律原则的辅助资料，但其适用受第59条的限制，即"法院之裁判除对于当事国及本案外，无拘束力"。"司法判例"主要是指国际司法机构和仲裁法庭所做的裁决。国际司法机构的裁决，对国际法规则的认证和解释，发挥了重要作用，推动了国际法的发展。

---

① 参见 I. A. Shearer, Starke's International Law, Buterworths 1994, p. 29。
② 参见杨泽伟：《国际法》(第4版)，高等教育出版社2022年版，第35页。

与海上油气资源共同开发活动有关的国际司法判例，主要有1969 年"北海大陆架案"（The North Sea Continental Shelf Cases）、1982 年"突尼斯和利比亚大陆架案"（the Tunisia and Libya Continental Shelf Case）、2009 年"罗马尼亚和乌克兰黑海划界案"（Case Concerning Maritime Delimitation in the Black Sea，Romania v. Ukraine，Judgment）、2012 年"尼加拉瓜和哥伦比亚划界案"（Territorial and Maritime Dispute，Nicaragua v. Colombia）等。

在"北海大陆架案"中，国际法院的判决提出了重叠海域共同开发的解决方法："在像北海这种具有特别构造的海上，鉴于沿海当事国海岸线的特别地理情势，由当事国选择的划定各自边界线的方法可能会在某些区域导致领土重叠。法院认为，这一情势必须作为现实来接受，并通过协议，或若达不成协议通过平等划分重叠区域，或者通过共同开发的协议来解决。在维护矿床完整的问题上，最后一个解决办法显得尤为适当。"①杰塞普（Jessup）法官在该案的个别意见中进一步强调，在有争议但尚未划界而又有部分领土重叠的大陆架区域，共同开发的方法更适合。② 可以说，"北海大陆架案"的判决"为未来海上油气资源共同开发的广泛适用提供了法律支持"③，有力地推动了世界范围内海上油气资源共同开发的发展。④

---

① The North Sea Continental Shelf Cases（Federal Republic of Germany/Denmark，Federal Republic of Germany/Netherlands），Judgments，I. C. J. Reports 1969，available at http：//www. icj-cij. org/docket/files/52/5561. pdf.

② 参见 Separate Opinion of Judge Jessup，in the North Sea Continental Shelf Cases（Federal Republic of Germany/Denmark，Federal Republic of Germany/Netherlands），Judgments，I. C. J. Reports 1969，available at http：//www. icj-cij. org/docket/files/52/5561. pdf。

③ 萧建国：《国际海洋边界石油的共同开发》，海洋出版社 2006 年版，第 9 页。

④ 一方面，从地域范围来看，1969 年"北海大陆架案"的判决后，海上油气资源共同开发的实践从波斯湾、西北欧扩大到红海、地中海、东亚、南亚、东南亚、非洲北部和拉美等地区；另一方面，就海上油气资源共同开发的数量而言，从 1969 年"北海大陆架案"的判决到 1994 年《联合国海洋法公约》的生效这 25 年时间里，一共出现了 12 个海上共同开发协议，几乎平均每两年就出现了 1 个。

此外，国际法院在"突尼斯和利比亚大陆架案"中也对海上油气资源共同开发的主张予以支持。特别是艾文森（Evensen）法官在他的个别意见中指出："若一个油田坐落于边界线的两端或上面提出的共同开发区的界线的两端，本案当事国……应该加入关于其完整性的规定，这看来是可取的。"①而国内司法判例对"依循先例"（Stare Decisis）原则的英美法系国家来说，尤为重要。

总之，"司法判例"对海上油气资源共同开发规则的认证和解释，发挥了重要作用，促进了海上油气资源共同开发的发展。

事实上，作为国际法辅助渊源的国际司法判例，不但影响海上油气资源共同开发区块的选择，而且与海上油气资源共同开发的法律适用密切相关。例如，在1989年"澳大利亚与印度尼西亚共同开发案"中，印尼在1972年与澳大利亚缔结的《海底协定》中接受了澳方关于大陆架的自然延伸主张，但在1989年两国的共同开发协定中，则坚决反对澳方主张的自然延伸主张。印尼态度发生变化的原因，主要是受国际法院两个判决的影响：1969年"北海大陆架案"确认了自然延伸原则，1972年《海底协定》的缔结正是受到该案的影响；而1989年共同开发协定则与1985年"利比亚—马耳他大陆架案"有关，因为国际法院在该案中强调沿海国200海里内的大陆架不考虑海底结构。②

此外，一些重要的政府间国际组织的决议，也对海上油气资源共同开发的法律适用具有重要的借鉴和参考价值。③ 例如，自20

---

① 参见 Dissenting Opinion of Judge Evensen, in the Tunisia and Libya Continental Shelf Case, Judgment of 24 February 1982, available at http: // www. icj-cij. org/docket/files/63/6281. pdf。

② 参见 Case Concerning the Continental Shelf（Libyan Arab Jamahiriya/Malta, 3June 1985）, available at http: //www. icj-cij. org/docket/files/68/6415. pdf。

③ 一些学者认为，重要的"国际组织的决议"（resolutions of international organizations），也应该是确立法律原则的一种非常有价值的补助资料；而且就其广泛代表性和舆论价值来说，它们在国际司法活动中的地位和作用，应高于"司法判例"和"权威公法学家学说"。参见[英]詹宁斯、瓦茨修订：《奥本海国际法》（第一卷、第一分册），王铁崖等译，中国大百科全书出版社1995年版，第27页；梁西主编：《国际法》，武汉大学出版社2000年版，第49页；王铁崖主编：《国际法》，法律出版社1995年版，第18~20页。

世纪 70 年代以来，联大通过了许多决议，提出了在拥有共享自然资源的国家之间进行合作的一般原则，如 1972 年"联大关于各国在环境领域合作的第 2295 号决议"、1973 年"联大关于在由两国或多国共享自然资源的有关环境领域合作的第 3129 号决议"等。虽然联大的决议一般只具建议性质、没有法律约束力，但是它们"反映各国政府的意愿，是世界舆论的积累和集中表达，具有很大的政治作用……它们代表一种普遍的信念，可以作为国际习惯形成的有力证据"①。特别是 1974 年联大通过的《各国经济权利和义务宪章》第 3 条明确要求："对于二国或二国以上所共有的自然资源的开发，各国应合作采用一种报道和事前协商的制度，以谋求对此种资源作最适当的利用，而不损及其他国家的合法利益。"有学者认为，这一规定"构成了海上共同开发原则的直接法律依据"②。另外，联合国环境规划署、欧盟等国际组织也相继通过有关决议，倡导对跨界自然资源进行共同开发。因此，一些重要的政府间国际组织的决议，无疑对海上油气资源共同开发的法律适用具有较为重要的规范意义。

第二节　海上油气资源共同开发适用的国内法

一、跨界海域共同开发适用的国内法

在跨界海上油气资源共同开发的国际实践中，由于沿海国在签订跨界海上油气资源共同开发协议之前，两国的海上边界线已经划定，双方海上管辖的范围也非常明确。在这种情况下，双方关注的重点往往聚焦于如何进行海上油气资源的共同开发以及开发收益如何分配等问题。因此，跨界海上油气资源共同开发的法律适用相对

---

① 参见梁西著、杨泽伟修订：《梁西国际组织法》（第 7 版），武汉大学出版社 2022 年版，第 42 页。

② Zhiguo Gao, The Legal Concept and Aspects of Joint Development in International Law, Nonliving Resources, 1998, p. 117.

来说比较简单，一般是各当事国在海上油气资源共同开发区内其边界线一侧的区域适用其国内法。[①]

例如，在 1974 年"法国与西班牙划界与共同开发案"中，法国与西班牙签订的《法兰西共和国政府与西班牙政府划分两国在比斯开湾大陆架的公约》附件二"适用于本协定第 3 条所确定的开发区的条款"（Annex II Provisions Applicable to the Zone Defined in Article 3 of This Convention）2 明确规定："依据此原则，任一合同当事国应依据本国矿产法，鼓励公司间就区域内开发的许可证的申请达成协议，以使具有另一当事国国籍的公司能在平等合作和依据出资比例经营的基础上，参与资源的开发。"[②]

又如，在 1976 年"英国与挪威共同开发弗里格天然气案"中，英国与挪威签订的《大不列颠及北爱尔兰联合王国政府与挪威王国政府关于开发弗里格气田及从该气田并向联合王国输送天然气的协定》第 9 条规定："每个政府应当依据本国的税法，对本国授权的许可证持有人在弗里格气田中获得的全部利润，按照下述原则进行征税，不论其是否产自于从他国大陆架。但是，不能对他国的许可证持有人获得的利润征税。"

此外，在 1981 年"冰岛与挪威扬马延岛共同开发案"中，冰岛与挪威签订的《关于冰岛和扬马延之间的大陆架协定》第 5 条和第 6 条，分别规定了挪威和冰岛在各自管辖的区域适用其本国的国内法。[③]

---

① 参见杨泽伟主编：《海上共同开发国际法问题研究》，社会科学文献出版社 2016 年版，第 40 页。

② 参见 Annex II Provisions Applicable to the Zone Defined in Article 3 of This Convention。

③ 《关于冰岛和扬马延之间的大陆架协定》第 5 条规定："挪威有关油气活动管理、安全措施和环境保护的法律法规、石油政策适用于本条第 1 款中所提及区域的油气活动。挪威当局也应负责执行和管理上述区域"；第 6 条规定："冰岛有关油气活动管理、安全措施和环境保护的法律法规、石油政策适用于本条第 1 款规定区域的油气活动。冰岛当局也应负责执行和管理上述区域。"

二、争议海域或主张重叠区共同开发适用的国内法

对油气勘探和开发而言，基于自然资源永久主权的概念，油气资源归国家所有，对资源国而言，不仅需要获得因开发油气资源所获得的经济利益，而且还要通过对油气勘探和开发的管理体现出国家主权。因此，在油气开发中作为最基础的资源所有权、政府收益、税收、刑法、民法等准据法，也是共同开发谈判的核心要点之一。在争议海域或主张重叠区，海上油气资源共同开发适用国内法的情形较为复杂，主要有以下几种类型。

(一)适用一国国内法

在 1969 年"卡塔尔与阿布扎比共同开发案"中，按照 1969 年 3 月 20 日卡塔尔与阿布扎比签订的《关于解决卡塔尔与阿布扎比两国间海上边界线和岛屿主权权利的协定》(Agreement on Settlement of Maritime Boundary Lines and Sovereign Rights over Islands between Qatar and Abu Dhabi)之规定，卡塔尔与阿布扎比双方"平等分享"(equally shared)"阿尔本都油田"(the al-Bunduq field)，该油田将由"阿布扎比海洋区域公司"(the Abu Dhabi Marine Areas (ADMA) Company)根据其规章规定的特许权条款进行开发，所有费用和收益由两国政府平等分摊。[1] 在该案中，卡塔尔与阿布扎比是在已经完成两国海域划界的前提下，将跨越两国海上边界线的"阿尔本都油田"进行共同开发，两国对该油田享有平等的所有权；双方同意由阿布扎比授权本国的"阿布扎比海洋区域公司"负责该油田的勘探、开发活动。[2] 因为"阿尔本都油田"完全是由阿布扎比授权的本

---

① 参见 Article 6 and Article 7 of Agreement on Settlement of Maritime Boundary Lines and Sovereignty Rights over Islands between Qatar and Abu Dhabi, 20 March 1969, ST/LEG/SER. B/16, p. 403。

② 参见于辉:《共同开发海洋矿物资源的国际法问题》，载《中国国际法年刊》1994 年，第 52 页。

国石油公司进行开发，卡塔尔只分享收益，所以海上油气资源共同开发区也只适用阿布扎比一国国内的法律。

卡塔尔同意"阿布扎比海洋区域公司"负责"阿尔本都油田"的开发活动，并且仅适用阿布扎比一国的国内法，主要有以下两个方面的原因：第一，卡塔尔与阿布扎比均为英国的殖民地，且都是阿拉伯国家，双边关系良好；第二，"阿布扎比海洋区域公司"早在1962年就成立了，而卡塔尔石油公司到1974年才刚刚组建，卡塔尔与阿布扎比签订划界协定之时尚无本国的石油公司。①

在1992年"马来西亚与越南共同开发案"中，马来西亚与越南签订的《马来西亚和越南社会主义共和国关于两国大陆架划定区域内石油勘探和开采的谅解备忘录》第3条规定："依本谅解备忘录，马来西亚和越南社会主义共和国同意，分别授权马来西亚国家石油公司（Petronas）和越南国家石油公司（Petro Vietnam）代表各自利益在'划定区域'内进行石油勘探和开采活动；马来西亚和越南社会主义共和国应当分别责成，马来西亚国家石油公司和越南国家石油公司就'划定区域'内的石油勘探和开采达成商业安排。"由于当时越南尚未建立关于海洋石油勘探开发的法律制度，最终，经越南和马来西亚两国政府批准，授权马来西亚国家石油公司对整个海上油气资源共同开发区进行管理，并适用马来西亚石油法。1993年8月25日，马来西亚国家石油公司和越南国家石油公司签订了商业协议，决定设立协调委员会（the co-ordination commission），由8名成员组成，具体负责对海上油气资源共同开发区内石油作业的管理制定有关的实施细则。②

---

①　参见 http：//www.qapco.com.qa/about-qapco；董世杰：《海上共同开发区的法律适用》，载《武大国际法评论》2015年第2期，第74页。

②　参见何海榕：《泰国湾海上共同开发法律问题研究》，武汉大学出版社2020年版，第138~139页；Nguyen Hong Thao, Vietnam and Joint Development in the Gulf of Thailand, Asian Yearbook of International Law, Vol. 8, 1999, p. 143。

越南之所以在适用法律上作出巨大让步①，究其原因，一是由于当时越南国家石油公司成立未几，既没有海上油气资源开发的资金和技术，也没有相应的管理经验，越南国内有关石油勘探开发方面的法律法规还在制定当中，对越方而言，没有可以与马方进行谈判的基础。二是越南希望通过海上油气资源共同开发学习海上油气资源勘探开发技术和管理经验，并通过共同开发的收益分享促进本国的经济发展。三是越南旨在通过共同开发的合作方式，在政治上得到东盟创始成员国马来西亚的支持，争取早日加入东盟。② 越南后于 1993 年首次颁布了《石油法》，又于 1995 年成为东盟的正式成员国，越南的海上油气勘探开发在 20 世纪初博兴，可以说均肇始于此。而由于《马越共同开发备忘录》中明确表明"争议海域共同开发""收益均分""不影响各自对相关海域的主权"，相较于越方所获得的巨大政治和经济回报，以及在海域主权主张上并未受到实际损伤，越方在法律适用问题上做出的巨大的政治让步可谓物有所值。

（二）共同适用当事国双方的国内法

众所周知，刑事管辖权是主权国家行使主权权利的重要体现。因此，在争议海域或主张重叠区，海上油气资源共同开发的当事国一般均会主张行使本国的刑事管辖权。为此，在一些争议海域海上油气资源共同开发的国际实践中，双方当事国的刑法均能在共同开发内得以适用。

例如，在 2001 年"尼日利亚与圣多美和普林西比共同开发案"中，尼日利亚与圣多美和普林西比签订的《尼日利亚联邦共和国与圣多美和普林西比民主共和国关于共同开发两国专属经济区域的石油及其他资源的条约》第 40 条之"刑法和刑事管辖权"明确规定："根据本条第 3 款，一国国民或永久居民在开发区内的作为或不作

---

① 参见杨泽伟主编：《海上共同开发国际法问题研究》，社会科学文献出版社 2016 年版，第 46 页。

② 1986 年越南开启了革新开放进程，并于 1995 年正式成为东盟成员国。

为，应当适用其本国刑法，若一国的永久居民拥有另一方当事国国籍，将适用另一方当事国刑法。拥有双方当事国国籍的国民应适用两国刑法。非双方当事国永久居民的第三国国民，在区域内的作为或不作为应适用两国的刑法。若该国民依据另一国法律，已经经法庭审判、释放或宣告无罪，或因同一作为或不作为已受处罚，则该国民不得适用另一国的刑事程序。"

（三）分别适用当事国双方的国内法

在民事管辖方面，比较常见的情形是在海上油气资源共同开发内，当事国双方的国内法均能分别适用。

例如，在1993年"牙买加与哥伦比亚共同开发案"中，牙买加与哥伦比亚签订的《牙买加与哥伦比亚共和国海域划界条约》第3条第5款规定："缔约国同意，两国可在联合区对其自己的国民以及悬挂其国旗的船只行使管辖权，或根据国际法行使管辖权执行管理。"①

又如，在2001年"尼日利亚与圣多美和普林西比共同开发案"中，尼日利亚与圣多美和普林西比签订的《尼日利亚联邦共和国与圣多美和普林西比民主共和国关于共同开发两国专属经济区域的石油及其他资源的条约》第42条之"民事和行政管辖"规定："除非本条约另有规定，任一当事国可对开发区内的开发活动有关的事项或者对实施开发活动的个人，行使民事或行政管辖权，管辖权的范围为专属经济区内对相关活动和个人行使的管辖。在根据第1款行使管辖权时，双方当事国应实施相关可适用法律。本条不损害任一当事国行使民事或行政管辖权的任何基础。"

值得注意的是，"海关、移民、检疫和税收"等事项的国内法适用略有不同。一般而言，通常的做法是，人员、船舶和物品，从海上油气资源共同开发区进入哪一缔约国管辖海域内，或者从哪一缔约国管辖海域进入海上油气资源共同开发区，就适用哪一缔约国

---

① 参见 Article 3(5) of Maritime Delimitation Treaty Between Jamaica and the Republic of Colombia, 12 November 1993。

的海关、移民、检疫法和税法。例如，在 2002 年"东帝汶与澳大利亚共同开发案"中，东帝汶与澳大利亚签订的《东帝汶政府与澳大利亚政府间的帝汶海条约》第 15 条之"关税、检疫和移民"规定："依据本条 c、e、f，g 款之规定，澳大利亚和东帝汶有权对从本国前往共同石油开发区，或者来自共同石油开发区进入本国领土的人、设备和货物，适用自己的关税、移民和检疫法。两国应作出必要的安排，便利这种进出。"①

（四）如何适用国内法未明确规定

在 1974 年"苏丹与沙特阿拉伯共同开发案"中，苏丹与沙特阿拉伯签订的《苏丹与沙特阿拉伯关于共同开发共同区红海海床和底土的自然资源的协定》第 7 条规定，授权"联合委员会"（the joint commission）广泛的职权，以制定履行其职能所必需的各种规则。② 然而，事实上该共同开发条约无法涵盖所有事项，比如对于刑事管辖和民事领域的相关事项，就没有规定具体适用哪一个国家的国内法。

"苏丹与沙特阿拉伯共同开发案"对于海上油气资源共同开发应如何适用国内法未做明确规定的原因，主要是苏丹和沙特阿拉伯两国关系良好，加上之前的海上油气资源共同开发协定也无相关的规定可以借鉴，因而只能期待"联合委员会"在日后的实践中积极"造法"，以弥补相关的法律缺漏。③

此外，在 2003 年"巴巴多斯与圭亚那共同开发案"中，巴巴多斯与圭亚那签订的《圭亚那共和国—巴巴多斯关于在其他国家专属经济区外部界线以外两国专属经济区外部界线以内的双边重叠区中

---

① 参见 Article 15 of Timor Sea Treaty Between the Government of East Timor and the Government of Australia. Australian Treaty Series 2003 No. 13。

② 参见 Article 7 (g) of Agreement between Sudan and Saudi Arabia Relating to the Joint Exploitation of the Natural Resources of the Sea-Bed and Sub-soil of the Red Sea in the Common Zone, 16 May 1974, SUDAN-SAUDI ARABIA, UNTS. Vol. 952, p. 193, available at https：//treaties. un. org/doc/Publication/UNTS/Volume%20952/volume-952-I-13605-English. pdf。

③ 参见董世杰：《海上共同开发区的法律适用》，载《武大国际法评论》2015 年第 2 期，第 77 页。

的专属经济区行使管辖权的专属经济区合作条约》第 3 条"在合作区内行使民事和行政管辖权"（Exercise of Civil and Administrative Jurisdiction in the Co-operation Zone）也明确规定："双方应共同行使合作区内以及与合作区相关的民事、行政管辖权。双方在行使管辖权时，应依据广泛接受的国际法原则和条约行事。双方在任何特定情形下行使共同管辖权，应当以书面一致为证，其中包括外交换文的方式。进一步而言，即任何特定情形下，双方未就行使共同管辖权达成书面一致，任何一方均都不得行使管辖权。"①

可见，在"巴巴多斯与圭亚那共同开发案"中、在共同行使管辖权的情形下，所适用的国内法只能是巴巴多斯与圭亚那两国相同部门法的交集部分。此外，我们透过该案也不难发现，"巴巴多斯与圭亚那共同开发案"有关共同行使民事、行政管辖权的相关规定很难具有示范效应，因为巴巴多斯与圭亚那均为英联邦成员，两国关系密切，法律制度相近，且两国划定的海上油气资源共同开发区面积较小，需要管辖的事项也不多。②

第三节　海上油气资源共同开发适用的特别法

海上油气资源共同开发的当事方，一般不愿意把对方的国内法律当作共同开发区的法律予以适用，因为这样做有可能被理解为接受对方在争议海域的司法管辖。同时，虽然从理论上来看，第三国的法律有可能成为海上油气资源共同开发区适用的法律；但是从维护国家利益的角度出发，海上油气资源共同开发的当事方也往往会排斥第三国的法律。

---

① 参见 Article 3 of Exclusive Economic Zone Cooperation Treaty Between the Republic of Guyana and the State of Barbados Concerning the Exercise of Jurisdiction in Their Exclusive Economic Zones in the Area of Bilateral Overlap Within Each of Their Outer Limits and Beyond the Outer Limits of the Exclusive Economic Zones of Outer States, 2 December, 2003。

② 参见杨泽伟主编：《海上共同开发国际法问题研究》，社会科学文献出版社 2016 年版，第 45 页。

因此，为海上油气资源共同开发区的开发活动而专门制定一套全新而独特的法律，成为海上油气资源共同开发的当事方所能接受的一种妥协方案。

这方面最典型的例子是"澳大利亚与印度尼西亚共同开发案"和"泰国与马来西亚在泰国湾的共同开发案"。通过对这两个典型案例的分析，我们发现：海上油气资源共同开发适用的特别法主要涉及财税和油气勘探的管理等方面的内容。

一、财税

(一)"澳大利亚与印度尼西亚共同开发案"

在"澳大利亚与印度尼西亚共同开发案"中，《条约附件 D》—《避免对合作区 A 区活动双重征税税务规章》。该税务章程详细规定了对 A 区征税和避免双重征税问题。它适用于两缔约国的法人和居民以及与 A 区石油勘探开发有直接或间接关系的非缔约国法人和居民。

(二)"泰国与马来西亚有关泰国湾的共同开发案"

在"泰国与马来西亚有关泰国湾的共同开发案"中，《马来西亚政府与泰王国政府关于建立马来西亚—泰国联合管理局涉及宪法及其他事项的 1990 年协定》(以下简称《1990 年协定》)"1990 年协定"第 6 章为"关税、消费税和税收"。例如，关于"关税事项"，《1990 年协定》第 16 条规定："承包商将分享的利润油销售至马来西亚和泰王国之外的地方，应支付 10% 的出口税；海关和税务当局应根据马来西亚和泰王国的既有的法规，继续行使其与共同开发区进出口货物流动管理有关的所有权力。如下另有规定除外：由联管局或其授权的任何人进口的，海关核准的用于共同开发区的物品、设备和材料应当免收关税；如果一方政府要对这些海关核准的物品、设备和材料科以关税或其他税项，与另一方政府磋商之后才可征收；泰马两国根据其本国立法各自征收其相关的关税和其他税项赋税，但应当将适用的税率减少 50%。"

关于"税收",《1990 年协定》第 17 条也明确规定:"为了法案第十部分的目的,政府税收当局根据下列条款,依据马来西亚和泰王国既有的税收立法,对共同开发区的收入征收税款,具体如下:根据联管局授予的合同,在共同开发区有权勘探和开发石油资源的任何人,应按照下列税率征税:最初 8 年生产期,应纳所得税为 0;随后 7 年生产期,应纳所得税为 10%;剩余生产期内,应纳所得税为 20%;同时,各政府征税税率降低应征税率的 50%;如果一方政府每年所征税款超过另一方政府所征税款,超出部分应由两国平均分享,同时联管局应根据法案第十部分(d)款项对支付的费用作出适当调整。"

值得注意的是,在 1974 年"苏丹与沙特阿拉伯共同开发案"中,根据苏丹与沙特阿拉伯签订的《苏丹与沙特阿拉伯关于共同开发共同区红海海床和底土的自然资源的协定》(Agreement Between Sudan and Saudi Arabia relating to the Joint Exploitation of the Natural Resources of the Sea-Bed and Sub-soil of the Red Sea in the Common Zone)第 7 条之规定,"联合委员会"(the joint commission)不但有权划定共同开发区的范围,而且有权为共同开发区的油气勘探开发活动制定相关的规则。[①]

二、油气勘探和开发的管理

(一)"澳大利亚与印度尼西亚共同开发案"

在"澳大利亚与印度尼西亚共同开发案"中,《澳大利亚与印度尼西亚共和国在印度尼西亚东帝汶省与澳大利亚北部之间区域内的合作区的条约》以《条约附件 B》《条约附件 C》和《条约附件 D》的形

---

① 参见 article 7 of the Agreement Between Sudan and Saudi Arabia Relating to the Joint Exploitation of the Natural Resources of the Sea-Bed and Sub-soil of the Red Sea in the Common Zone, 16 May 1974, SUDAN-SAUDI ARABIA, UNTS. Vol. 952, p. 193, available at https://treaties. un. org/doc/Publication/UNTS/Volume%20952/volume-952-I-13605-English. pdf;杨泽伟主编:《海上共同开发协定续编》,武汉大学出版社 2018 年版,第 13~17 页。

式,详细地规定了澳大利亚和印尼在两国的共同开发区——A 区有关石油勘探的管理、合同及税收的规章制度。①

其中,《条约附件 B》—《合作区 A 区石油开采章程》。该章程是规范在 A 区的石油勘探开发活动的基本法律。它规定,联合管理局应将 A 区划分为若干区块作为石油开发合同区,对合同区的勘探开发进行招标,与石油公司签订产品分成合同,赋予合同方在 A 区进行石油作业的专属开发权,联合管理局享有对合同区块的所有权。此外,该章程还就如何在 A 区进行石油勘探开发招标和生产以及与石油勘探开发作业有关的一般事项等,均做了明确的管理规定。

(二)"泰国与马来西亚有关泰国湾的共同开发案"

在"泰国与马来西亚有关泰国湾的共同开发案"中,1979 年马来西亚与泰国签订了《马来西亚和泰王国为开发泰国湾两国大陆架划定区域内海床资源而建立联合管理局的谅解备忘录》(Memorandum of Understanding Between Malaysia and the Kingdom of Thailand on the Establishment of the Joint Authority for the Exploitation of the Resources of the Sea Bed in a Defined Area of the Continental Shelf of the Two Countries in the Gulf of Thailand);1990 年马泰两国政府又签订了《马来西亚政府与泰王国政府关于建立马来西亚—泰国联合管理局涉及宪法及其他事项的 1990 年协定》(1990 Agreement Between the Government of Malaysia and the Government of the Kingdom of Thailand on the Constitution and Other Matters Relating to the Establishment of the Malaysia-Thailand Joint Authority)(以下简称《1990 年协定》)。

《1990 年协定》专门规定了"联合管理局的权力和职能",其中包括:"联合管理局应当管控共同开发区内所有勘探和开发非生物

① 参见 Anthony Bergin, The Australian-Indonesian Timor Gap Maritime Boundary Agreement, International Journal of Estuarine and Coastal Law, Vol. 5, 1990, pp. 388-389。

自然资源的活动，也应负责制定政策……决定共同开发区的作业计划和管理工作计划；在政府批准的前提下，准许其实施和缔结与共同开发区勘探和开发非生物自然资源相关的交易或合同；关于前一项所指的石油勘探和开发合同，应包括：批准和延长勘探和开发期限，批准承包商的工作计划和预算，以及批准承包商的生产计划，包括生产成本、条件和生产时间安排……批准和授予与共同开发区进行石油作业所需商品和服务相关的标书和合同等。"[①]

由上可见，关于油气勘探的管理是海上油气资源共同开发适用的特别法的重要内容之一。

第四节　海上油气资源共同开发适用的石油合同

海上油气资源共同开发的目的主要是为了获取海上共同开发区内的油气资源。为此，需要用石油合同的形式对海上油气资源共同开发区内开发机构与承包商（石油公司）之间的权利义务关系加以规范。因此，石油合同主要是指共同开发机构（既可以是当事国政府，也可以是联合管理局）与作为承包商的石油公司之间签订的有关油气勘探、开发和生产等方面活动的协定。

一、石油合同

石油合同是用以处理石油资源所有者与石油资源使用人之间关系的合约。国际石油合同是指资源国政府（或国家石油公司）同外国石油公司为合作开采本国油气资源，依法订立的包括油气勘探、开发、生产和销售在内的一种国际合作合同。[②]

学者们对国际石油合同作出了不同的分类。例如，伯纳德·塔弗恩（Bernard Taverne）认为，国际石油合同主要包括产品分成合

[①]　参见《马来西亚政府和泰王国政府关于设立马来西亚—泰国联合管理局涉及宪法及其他事项的1990年协定》第7条。

[②]　参见王年平：《国际石油合同模式比较研究》，法律出版社2009年版，第10页。

同、风险服务合同和非风险服务合同。① 查尔斯·约翰逊（Charles
J. Johnson）则把国际石油合同分为合资合同、产品分成合同、服务
合同以及上述各种类型的复合合同。② 中国学者高之国指出，国际
石油合同主要有以下几种类型：现代租让合同、产品分成合同、服
务合同、合资合同以及复合合同。③

笔者从油气资源所有权的角度，更倾向于将国际石油合同分类
为许可制和合同制两种主要的模式。在许可制下，油气资源的所有
权以资源国租让或许可的形式转移给了石油公司；而在合同制下，
资源国保留了对油气资源的所有权。④ 一个资源国通常会选择一种
固定的石油合同模式，具体为哪种类型取决于国家根据其历史习惯
和实践，在其主权范围内所作出的自主选择。由于石油生产收益的
分配与油气资源的所有权密切相关，在不同的石油合同模式下，反
映出不同国家在不同阶段对于自然资源永久主权原则的不同认知和
国家相关油气法律和政策的调整，也反映出石油资源所有人与石油
资源使用人之间不断发展变化的经济、政治和法律关系。

（一）许可制

1. 早期租让制合同

租让制合同（concession contract）又称为许可证制合同、特许权
合同或矿税制合同，它是世界石油勘探开发合作实践中最早使用的
一种合同模式。早在 1901 年，英国人威廉姆·诺克斯·达西
（William Knox D'Arcy）与波斯（今伊朗）政府签订了著名的《达西特
许协议》（D'Arcy Concession Agreement）。该协议规定，达西只要把

---

① 参见 Bernard Taverne, An Introduction to the Regulation of the Petroleum
Industry, Graham & Trotman/Martinus Nijhoff Publishers 1994, p. 20。

② 参见 Charles J. Johnson, Establishing An Effective Production Sharing
Type Regime for Petroleum, Energy, Vol. 7, No. 2, 1981, pp. 129-141。

③ 参见 Gao Zhiguo, International Petroleum Contracts: Current Trends and
New Directions, Graham & Trotman/M. Nijhoff 1994, p. 20。

④ 参见王国华编：《海洋法规与国际石油合作》，石油工业出版社 2016
年版，第 121~125 页。

主要的收益和公司年利润的 16% 支付给波斯政府，就可以获得波斯境内 60 年的石油勘探开发活动的专属权。[①]

在租让制下，合作的主体为资源国政府和石油公司。资源国政府设定租让矿区，石油公司通过谈判或竞标获得矿区，在矿区内享有油气资源勘探和开发的专营权，对作业活动拥有实际的完全管理权，并对租让区内所产油气拥有所有权，石油公司只需向资源国交付矿区使用费。早期的租让制合同多是西方石油公司与殖民地、附属国签订的，主要在中东地区国家使用。在该合同制下，不仅租让区面积大，有时甚至包括资源国全部领土，而且租让时间长，一般为 60—70 年，在科威特甚至长达 92 年；资源国只能收取租金和矿区使用费等少量费用，一般只相当于油气产量的 1/8 左右。[②] 最重要的问题是在这种合同制下，资源国从法律上将其对油气资源的主权权利让渡给了外国石油公司，并特许在其控制下进行专属性开发。这些特征，实质上带有掠夺性和不平等性。[③]

2. 现代租让制合同(或矿税制合同)

在早期租让制合同下，资源国与石油公司之间不仅在收益和权利上的分配不对等，而且背离了资源国对其自然资源永久主权的原则。进入 20 世纪 70 年代后，随着资源国政府对主权的觉醒和追求，以及政治经济地位的加强，现代租让制合同逐渐取代了早期的租让制。

现代租让制模式是"政府通过招标，把待勘探开发的油气区块租让给石油公司，石油公司在一定期限内拥有区块专营权并支付矿

---

① 参见 Nwosu E. Ikenna, "International Petroleum Law": Has It Emerged as a Distinct Legal Discipline? African Journal of International and Comparative Law, Vol. 8, No. 2, 1996, p. 434。

② 参见王年平:《国际石油合同模式比较研究》，法律出版社 2009 年版，第 50 页。

③ 参见王国华编:《海洋法规与国际石油合作》，石油工业出版社 2016 年版，第 121~123 页。

区使用费和税收的一种制度"①。相比于早期租让制合同,现代租让制下区块面积缩小,租让时间缩短,如限定租让期时间,分勘探期和生产期,要求到期后逐步退出,处于商业性生产期的则可议定延期;资源国的收益除了矿区使用费外,还增加了收取石油公司所得税和各种定金等费用,并因此被称为"税收和矿区使用费合同",或矿税制合同。在这一制度下,资源国强化了对油气资源的所有权和收益权,也确定了其基于主权可对矿区全部作业实施监管,从而加强了对石油公司运营过程的管理。资源国对石油公司的控制加强,但石油公司仍拥有较大的经营自主权,资源的所有权在从地下采出并到达井口的一刻也仍然转交给了石油公司。

以上合同模式,在有的国家被称为"许可证"(如英国),有的被称为准许(如法国),有的被称为租赁合同(如美国、加拿大),这些都和租让被视为可互相替代的同义词,也被称为"许可制协议",或特许经营权方式。② 美国是最具代表性的实行矿税制的国家,此外还有加拿大、英国、挪威、法国、巴基斯坦、秘鲁、阿联酋、巴布亚新几内亚等国家。③

(二)合同制

1. 产品分成合同(或产量分成合同)

产品分成合同(product sharing contract)起源于 20 世纪 60 年代的印度尼西亚④,是伴随着自然资源永久主权概念的发展、新兴民族国家独立后对于主权和民族自决权的追求而产生的一种新的国际

---

① 参见王年平:《国际石油合同模式比较研究》,法律出版社 2009 年版,第 50 页。

② 参见王国华编:《海洋法规与国际石油合作》,石油工业出版社 2016 年版,第 122~123 页。

③ 参见王年平:《国际石油合同模式比较研究》,法律出版社 2009 年版,第 50~53,66 页。

④ 1966 年 8 月,IIAPCO 公司(独立印美石油公司)与 PERMINA(印度尼西亚国家石油公司,现改名为 PERTAMINA)签订了世界上第一份产品分成合同。

石油合作方式。

产品分成合同是指在资源国拥有油气资源所有权和专营权的前提下，外国石油公司承担勘探、开发和生产成本，并就产量分成与资源国政府或国家石油公司签订的石油区块勘探开发合同。① 在此制度下，油气资源所有权为资源国所有；资源国授权本国国家石油公司拥有石油勘探、开发、运输和销售等的专营权和管理监督权；外国石油公司作为承包商与资源国国家石油公司签订石油合同，在合同区内从事油气勘探和开发活动；承包商提供全部资金和技术，承担勘探风险和开发生产成本；油气田投产后，全部产量分为预先设定用以补偿承包商支出的"成本油"和由资源国国家石油公司与承包商按合同比例进行分成的"利润油"两部分；承包商按合同约定另行向资源国缴纳各项税费，在合同区内建设的油气作业设施归资源国(国家石油公司)所有。②

产品分成合同中，油气资源本质上属于资源国所有，承包商所拥有的，只是由资源国以实物形式向其支付用于补偿其为勘探开发支出的费用，以及其经营所应获取的利润份额，其对油气资源的所有权是在合同规定的油气产品交油点由资源国向其转移。③ 与租让制相比，该种合同树立了资源国对油气资源及其勘探开发活动拥有主权和管辖权的形象，为很多发展中国家接受和采用。目前包括印尼、马来西亚④、越南、尼日利亚、埃及、利比亚和我国等数十个国家采用这种合同模式。

2. 服务合同

---

① 参见[美]Daniel Johnston，《国际油气财税制度与产量分成合同》，地震出版社 1999 年版，第 32~41 页。

② 参见王国华编：《海洋法规与国际石油合作》，石油工业出版社 2016 年版，第 123~124 页。

③ 参见王年平：《国际石油合同模式比较研究》，法律出版社 2009 年版，第 65 页。

④ 1974 年，马来西亚政府出台了《石油开采法》，将所有的石油开采权赋予国家石油公司，马来西亚任何海上油气资源共同开发项目均应采取产品分成合同模式，并规定了经营方式和管理办法。

服务合同(service contracts)一般分为风险服务合同(risk service contract)和非风险服务合同(non-risk service contract)。风险服务合同是指外国石油公司作为承包商，提供资金、技术和设备等各种服务，以开采油气资源，并承担所有风险。如果没有发现有商业价值的油气资源，承包商的所有的投资服务都将损失殆尽、没有任何回报；如果获得商业发现，承包商还需承担开发和生产费用，但作为回报，资源国政府根据合同相关规定，在一定期限内以现金或原油的方式偿还承包商的投资，并支付风险服务费或酬金。非风险服务合同又称纯服务合同，是指外国石油公司作为承包商，只提供资金、技术服务并收取服务费。而勘探、开发的风险由资源国承担。

服务合同与产品分成合同最大的区别，在于在前者制度下，承包商获得的报酬是现金(一般为美元)，或根据合同规定将现金按国际市场价格折算为生产出的部分原油(回购油)，资源国始终保持着对油气资源和全部产量的所有权。承包商所获得的回购油，从法律性质上讲相当于资源国向承包商销售油气产品，资源国对油气的所有权并不因承包商选择回购而受到影响。而在产品分成合同中，产量按比例分成后，承包商获得了分成的那部分油气的所有权。

服务合同最早出现在拉丁美洲，是发展中国家出于争取对油气开发实现国家控制最大化的目的而发展起来的。与其他合同模式相比，这种模式最大程度凸显和体现了国家对自然资源的永久主权原则，现被阿根廷、巴西、智利和委内瑞拉等拉美国家广泛采用，亚洲的菲律宾、伊拉克等国也采取服务合同模式。①

(三)其他类型

随着石油产业的发展，资源国与石油公司相互合作、博弈，形成了形式灵活多样的新的合同类型。比如联合经营模式(joint venture)。这是指资源国政府(通常通过国家石油公司)与外国石油

---

① 参见王国华编：《海洋法规与国际石油合作》，石油工业出版社 2016 年版，第 124~125 页。

公司按照一定的比例合资组建一个新公司，作为一个独立法人，来具体负责油气勘探、开发、生产和销售等各个环节的活动。在这种模式中，资源国一般以资源、设备和人员入股，外国石油公司则以资本和技术入股，双方(或各方)共同承担风险，并按比例分享利润。当然也可以是不组成新公司，只是共同建立一个负责作业的联合体，共同投资，共享利润，并通过联合体计算各方在经营活动中的投资费用和利润收益分配，并各自单独向资源国交税①。由于涉及利润分成，联合经营合同往往与其他合同模式相结合。如在产品分成合同模式下的联合经营合同中，合同公司向资源国缴纳各种税费，按产品分成获得成本油和利润油；成本油用于回收支出，利润油由合同公司双方(或各方)按比例进行分割。② 以此类推，如使用服务合同模式，则利润分配原则按服务合同的模式操作。因此，这些新的合同万变不离其宗，最根本的还是要结合油气资源的所有权对这些合同模式进行归类。

二、国际石油合同的法律适用

国际石油合同的法律关系一般是由合同的主体、客体和法律事实三个因素构成。国际石油开发合同的法律适用涉及国际条约、国际习惯和内国法。

(一)国际条约

作为一种国际合作形式，国际石油开发合同应遵循国际法的基本原则。③ 况且，按照《维也纳条约法公约》第53条之规定，条约在缔结时，与一般国际法强制规定抵触者无效。虽然国际石油开发合同不是国际条约，但是同样不能违反国际强行法和国际法基本原

---

① 参见[美]理查得·贝利著，辛俊和等译，《国际石油合作管理》，石油大学出版社2003年版，第3页。

② 参见王年平：《国际石油合同模式比较研究》，法律出版社2009年版，第61~64页。

③ 参见葛艾继等编著：《国际油气合作理论与实务》，石油工业出版社2004年版，第34页。

则。此外，《各国经济区权利和义务宪章》第 10 条也明确规定：
"所有国家在法律上一律平等，并且作为国际社会的平等成员，有
权充分地和切实有效地参加解决世界性的经济、财政金融以及货币
等重要问题的国际决策过程……并且公平地分享由此而来的各种
效益。"

事实上，外国石油公司与东道国政府就国际石油开发合同解释
问题出现争端时，通常也采用国际条约来解决双方的分歧和矛盾。
例如，《吉尔吉斯斯坦共和国地下资源使用法》第 47 条规定，如果
在国际条约中有其他规定，应适用国际条约的规定。《哈萨克斯坦
石油法》第 30 条第 8 款也指出，采用哈萨克斯坦石油法和矿产资源
使用法时，不能与哈萨克斯坦以缔约国身份加入的国际条约的有关
规定相冲突①。

(二)国际习惯

此处国际习惯为是指国际油气合作中的商业惯例。它的适用有
三个前提条件：一是缺乏国际条约的明确规定，二是东道国法律也
没有规定，三是被国际社会普遍接受的有关油气国际合作的国际惯
例。例如，哈萨克潜力石油公司与政府签订的勘探合同中第 13 条
商业发现内规定的发现储量、提交程序、批准程序以及批准后的开
发期限，都是普遍接受的石油经验国际惯例。②

(三)内国法

法律作为上层建筑，往往是为统治阶级服务的。因此，在国际
石油开发合同中，东道国不管是出于维护国家利益的需要、还是为
了体现主权权利，一般倾向于适用本国法律。例如，1982 年《英国
石油生产条例》规定，石油开发合同受英国法支配并依英国法解

---

① 参见王年平：《国际石油合同模式比较研究》，法律出版社 2009 年
版，第 79 页。

② 参见王年平：《国际石油合同模式比较研究》，法律出版社 2009 年
版，第 80 页。

释。《尼日利亚共和国石油法》也规定，实施本法所引起的纠纷由尼日利亚共和国司法部门解释，石油合同可包含调节及仲裁条款，以便解决由实施这些规定而引发的纠纷等。在我国，2020年《民法典》第467条明确规定，在中华人民共和国境内履行的中外合资经营企业合同、中外合作经营企业合同、中外合作勘探开发自然资源合同，适用中华人民共和国法律①。基本上，合同者同资源国政府签订的石油合同一般为资源国的制式（标准）合同，合同中的权利义务通过资源国来确定，如发生纠纷，也首先通过资源国的法律来解决。

此外，为了更好地保护合同双方的权益、监督合同双方积极履行合同义务，一些国际石油开发合同也选择适用第三国的法律。

三、格式合同问题

资源国作为资源的拥有者，为体现国家意志和主权，保护本国利益，通常会要求参与本国油气资源勘探开发的石油公司签订由其提供的格式合同，甚至会制定专门的法律来确定合同条款。格式合同在各国立法体制和判例中称谓不一。例如，德国称为"一般契约条款"或"普通契约条款"，法国称为"附和合同"，英美称为"标准合同"，在我国《消费者权益保护法》中称为"格式合同"，但其含义并无太大差别。所谓格式合同，就是指合同由一方当事人预先拟定，另一方只能表示全部同意或全部不同意的合同。即另一方要么从整体上接受合同所列条件，要么不订立该合同。②

国际石油合同绝大多数都是格式合同，原因就在于油气资源的所有权属资源国所有。作为主权国家，资源国为加强对油气资源全过程的控制，通过特许经营，即只有通过政府授权的方式，石油公司才得进行油气资源的勘探开发，从而体现国家意志。而为体现这

---

① 相关规定，可上溯至1999年《中华人民共和国合同法》第126条之规定，以及1985年《中华人民共和国涉外经济合同法》第5条之规定。

② 参见王年平：《国际石油合同模式比较研究》，法律出版社2009年版，第73页。

种国家意志，就决定了石油合同的格式化成为必然。

就石油合同而言，其相对于一般格式合同具有特殊性：一是石油合同由主权国家预先拟定，直接体现了国家意志。二是有的资源国格式合同主要条款由国内相关法律直接规定。比如利比亚在《石油工业发展与对外合作法》中规定了石油合同的主要条款，包括不同产品的计算办法、价格回收成本、全部勘探和评价费用、财务条款、选择中标者、运营成本按基础产量分配分摊及外国公司剩余成本回收油的分成公式等。三是这种格式合同有利于资源国政府，石油公司在整个订立合同过程中处于附从地位，只能对格式条款接受或拒绝，即便有谈判的权利，实际上可洽谈的余地很小。

石油合同作为格式合同违背了合同签约自由原则和公平原则。因为作为合同一方的石油公司没有参与条款的制订过程，无法决定合同的内容和形式，也不能改变合同条款。尽管石油公司概括地接受政府提供的格式合同本身是意识自治的体现，但这种自愿背后，存在着石油公司作为合同者被迫服从资源国意志的现实。而且，资源国政府利用优势地位，通过合同不合理分配合同风险，站在石油公司的角度而言当然有失公平。且资源国既然有能力制定合同的内容，当然也有能力改变合同内容，这也对石油公司不利。但无论如何，由于油气资源属于资源国所有，资源国当然有权力对油气资源的勘探开发进行控制。对石油公司而言，要想进入资源国参与油气资源的开发，就必然与资源国进行合作，因此，按照资源国提供的格式合同签署协议，是其唯一的选择。①

国际石油合同内容一般包含"经济、管理和法律等三类基本条款"②。国际石油合同经济条款一般会涉及海上油气资源共同开发区块及其面积、勘探生产期限、区块归还、勘探义务、签约定金、矿区使用费、成本回收限制、利润油分割、税收、政府参股等内

---

① 参见王年平：《国际石油合同模式比较研究》，法律出版社 2009 年版，第 73~77 页。

② 参见王年平：《国际石油合同模式比较研究》，法律出版社 2009 年版，第 25 页。

容；管理条款主要规定执行合同的代表机构——联合管理局和作业者机构的职权；法律条款往往会涵盖合同生效和终止、适用法律、不可抗力、合同文字、工作语言以及争端解决等。

四、国际石油合同与共同开发协定的异同

国际石油合同是资源国与石油公司之间签署的合同。按照《维也纳条约法公约》的规定，国际石油开发合同无疑不是国际条约。国际法院在"英伊石油公司案"（The Anglo-Iranian Oil Co. Case）的判决中也明确指出，伊朗政府和英伊石油公司签订的合同，仅仅是一国政府和外国公司签订的特许协定，而不是条约。[①]

而海上油气资源共同开发协定从性质而言，属于国际条约。海上油气资源共同开发协定以国际法为准，其缔结、生效、遵守、实施、修订、解释、终止和无效等程序一般均遵守《维也纳条约法公约》的相关规定。例如，在1974年"日本与韩国共同开发案"中，日、韩两国签订的《日本与大韩民国关于共同开发邻接两国的大陆架南部的协定》第31条明确规定："本协定应当批准，批准文书应尽早于东京进行交换，本协定从互换批准文书后开始生效；本协定有效期限为50年，在依据本条第3款规定终止以前继续有效；任意一方可采用给予对方3年书面通知的方式，在最初50年期限到期之后或其后任一时间终止本协定……本协定在首尔以用英语写成，一式两份，并于1974年1月20日签订。"

另一方面，就海上油气资源共同开发协定的内容而言，无论是英国比较法委员会设计的示范文本所包含的主要条款，包括"共同开发区"（joint development zone）、"共同开发的原则"（principles of joint development）、"不损害条款"（without prejudice clause）、"联合委员会"（the joint commission）、"开发合同的财政条款"（financial terms of development contracts）、"关税及豁免义务"（customs and duty exemptions）、"人员的雇佣和培训"（employment and training of

---

① 参见"The Anglo-Iranian Oil Co. Case", in International Court of Justice: Reports of Judgements, Advisory Opinions and Orders, Leydon 1952, p. 112。

personnel)、"卫生和安全"(health and safety)、"海洋环境保护"
(protection of the marine environment)、"第三方权利"(third party
rights)、"争端解决"(dispute settlement)以及"生效和有效期"(entry
into force and duration)等,[1] 还是英国邓迪大学能源法律政策研究
中心的彼特·卡梅伦教授(Peter Cameron)和理查德·诺温斯基教授
(Richard Nowinski)所认为的海上油气资源共同开发协定应主要包
括的条款,如"协议缔约方"(the parties to the agreement)、"基本原
则"(general principles)、"第三方的权利"(third party rights)、"其
他国家在上覆水域的权利"(the rights of other states in superjacent
waters)、"先存权"(pre-existing rights)、"共同开发协议的类型"
(forms of joint development agreement);财税条款,如"税收机制"
(the taxation mechanisms)、"法律适用、管辖权和执行条款"
(applicable law, jurisdiction and enforcement)、"共同开发区的确定"
(determining the joint development areas)、"石油和天然气基础设施
的安全与保障"(safety and security of the oil and gas infrastructure)、
"海洋环境的保护"(protection of the marine environment)、"协定有
效期"(duration of the agreement)、"不损害条款"(without prejudice
clause)以及"争端解决"(dispute settlement)等,[2] 如果以一个资源
国与石油公司签署的石油合同与其作类比的话,那么,这个海上油
气资源共同开发协议的示范文本或主要条款,基本上与一个资源国
的格式石油合同相关内容可以大致对应起来。

　　由此,可以得出一个结论,共同开发协议所要谈判的内容从某
种程度上可以看做当事国之间就共同开发海上油气资源所要订立的
格式合同的主要内容和条款,所达成的共同开发协议就是当事国一

---

　　[1]　参见 Hazel Fox etc. ed., Joint Development of Offshore Oil and Gas: A
Model Agreement for States for Joint Development with Explanatory Commentary,
British Institute of International and Comparative Law 1989, pp. 387-416。

　　[2]　参见 Peter Cameron and Richard Nowinski, Joint Development Agreement:
Legal Structure and Key Issues, in Robert Beckman etc. ed., Beyond Territorial
Disputes in the South China Sea: Legal Frameworks for the Joint Development of
Hydrocarbon Resources, Edward Elgar Publishing Limited 2013, pp. 152-176。

起或通过专设的管理机构，用以与石油公司签订的格式石油合同文本或主要条款，甚至可能是专门的法律。

本 章 小 结

　　海上油气资源共同开发适用的法律主要包括国际法、国内法、特别法和国际石油开发合同。作为国家间的一项国际合作行动，海上油气资源共同开发无疑要接受国际法的调整和规范。鉴于海上油气资源共同开发活动的特殊性，海上油气资源共同开发适用的国际法主要包括：国际法基本原则、《联合国海洋法公约》、共同开发协定、与航行和捕鱼活动以及环境保护有关的国际法律制度、国际习惯、一般法律原则以及国际司法判例等。

　　海上油气资源共同开发的当事方，一般不愿意把对方的国内法律当作共同开发区的法律予以适用，因为这样做有可能被理解为接受对方在争议海域的司法管辖。同时，从理论上来看，虽然第三国的法律有可能成为海上油气资源共同开发区适用的法律；但是从维护国家利益的角度出发，海上油气资源共同开发的当事方也往往会排斥第三国的法律。因此，为海上油气资源共同开发区的开发活动而专门制定一套全新而独特的法律，成为海上油气资源共同开发的当事方所能接受的一种妥协方案。这方面最典型的例子是"澳大利亚与印度尼西亚共同开发案"和"泰国与马来西亚有关泰国湾的共同开发案"。通过对这两个典型案例的分析，我们发现：海上油气资源共同开发适用的特别法主要涉及石油合同模式、油气勘探的管理以及税收等方面的内容。

　　关于海上油气资源共同开发适用的国内法问题，主要有两种情形：一是跨界海上油气资源共同开发适用的国内法。在跨界海上油气资源共同开发的国际实践中，由于沿海国在签订跨界海上油气资源共同开发协议之前，两国的海上边界线已经划定，双方海上管辖的范围非常明确。在这种情况下，双方关注的重点往往聚焦于如何进行海上油气资源的共同开发以及开发收益如何分配等问题。因此，跨界海上油气资源共同开发的法律适用相对来说比较简单，一般是各当事国在海上油气资源共同开发区内其边界线一侧的区域适用其国内法。二是争议海域或主张重叠区海上油气资源共同开发适用的国内法。在争议海域或主张重叠区，海上油气资源共同开发适用国内法的情形较为复杂，主要有共同适用当事国双方的国内法、分别适用当事国双方的国内法、特定事项仅适用一国国内法以及如何适用国内法未明确规定等不同类型。

海上油气资源共同开发的目的主要是为了获取海上共同开发区内的油气资源。为此，需要用石油合同的形式对海上油气资源共同开发区内开发机构与承包商之间的权利义务关系加以规范。石油合同主要是指共同开发机构(既可以是当事国政府，也可以是联合管理局)与作为承包商的石油公司之间签订的有关油气勘探、开发和生产等方面活动的协定。石油合同主要包括许可制和合同制等类型，具体取决于资源国的自主选择。石油合同与海上油气资源共同开发协定有很大的不同，石油合同属于跨国经济合同，而海上油气资源共同开发协定属于国际法上的条约。石油合同与海上油气资源共同开发协定又有一定类比性，即可将海上油气资源共同开发协定视为一个由当事国经谈判达成的、为石油公司参与相关海域油气开发而订立的格式石油合同。

第五章　海上油气资源共同开发法律适用的主要特点及其影响因素

第一节　海上油气资源共同开发法律适用的主要特点

纵览海上油气资源共同开发的历史进程，总结海上油气资源共同开发的国际实践，我们发现海上油气资源共同开发的法律适用主要呈现以下三大特点。

一、国际社会并没有确立共同开发法律适用的统一标准

作为一项功能性非常强、产业特点非常鲜明的国际合作行动，海上油气资源共同开发的法律适用问题异常复杂。通过系统总结、梳理迄今已有的 30 多起海上油气资源共同开发的国际实践，我们发现海上油气资源共同开发的法律适用，主要取决于相关的沿海国对海上油气资源共同开发活动的价值追求与目标定位，因而没有完全一样的适用标准。① 换言之，如果沿海国在海上油气资源共同开发的国际合作中，价值追求多元、目标定位明确，如希望尽早实现海上油气资源的共同开发以推动本国的经济发展等，那么相关的沿海国在海上油气资源共同开发法律适用问题上更容易取得相互谅

---

① 参见 Vasco Becker-Weinberg, Joint Development of Hydrocarbon Deposits in the Law of the Sea, Springer—Verlag Berlin Heidelberg 2014, p. 164。

解、达成妥协。

（一）适用特别法——"泰国与马来西亚有关泰国湾的共同开发案"

在 1979 年"泰国与马来西亚有关泰国湾的共同开发案"中，根据 1979 年马来西亚与泰国签订的《马来西亚和泰王国为开发泰国湾两国大陆架划定区域内海床资源而建立联合管理局的谅解备忘录》之规定，马泰两国同意建立一个"马泰联合管理局"（Malaysia-Thailand Joint Authority），代表双方全权负责重叠区域生物资源的勘探开发。[①] 在该案中，泰国与马来西亚在海上油气资源共同开发活动中采用"共同管理制度"、赋予"马泰联合管理局"在共同开发行政管理方面拥有广泛的决定权[②]和在纯商业性事务方面的享有决策权[③]，并以适用特别法为主。其主要原因为，泰国与马来西亚的经济发展水平相当、海洋资源开发能力不相上下，两国关于海上油气资源开发的法律制度都比较健全，因而为了体现两国的平等地位，两国倾向于专门制定一套适用于海上油气资源共同开发的特别法。

值得一提的是，泰国与马来西亚还根据特别法优于一般法的原则，在特别法与本国国内法发生冲突时，赋予了海上油气资源共同

① 参见 Article 3 of Memorandum of Understanding Between Malaysia and the Kingdom of Thailand on the Establishment of the Joint Authority for the Exploitation of the Resources of the Sea-Bed in a Defined Area of the Continental Shelf of the Two Countries in the Gulf of Thailand, 21 February, 1979。

② 参见 Article 7(1) and Article 7(2)(c, d, f, i, j, k) 1990 Agreement Between the Government of Malaysia and the Government of the Kingdom of Thailand on the Constitution and Other Matters Relating to the Establishment of the Malaysia-Thailand Joint Authority, 30 May 1990。

③ 参见 Article 7(1) and Article 7(2) 1990 Agreement Between the Government of Malaysia and the Government of the Kingdom of Thailand on the Constitution and Other Matters Relating to the Establishment of the Malaysia-Thailand Joint Authority, 30 May 1990。

开发特别法的优先地位。① 例如，泰国制定的《泰国—马来西亚联合管理局第 2533 号法令》第 3 条规定："其他现行法律、法规和规章的规定与本法令不一致或冲突时，应以本法令的规定为准。"马来西亚制定的《马来西亚和泰国联合管理局第 440 号法令》第 25 条也同样要求："若本法令条款与其他法律条款存在冲突或不一致时，应优先适用本法令的规定。"

（二）适用一国法——"马来西亚与越南共同开发案"

在 1992 年"马来西亚与越南共同开发案"中，按照马来西亚与越南签订的《塞舌尔共和国政府与毛里求斯共和国政府马来西亚和越南社会主义共和国关于两国大陆架划定区域内石油勘探和开采的谅解备忘录》的规定，由马来西亚国家石油公司和越南国家石油和天然气公司作为两国的代理机构签订协议，来管理划定区域内自然资源的勘探和开采活动。② 然而，由于越南当时尚未建立起本国的海洋石油开采的法律制度、基本上处于一种"无法可依"的状态，况且相关法律制度的建立和完善需要时间、非一朝一夕就能够解决的。因此，在该案中，马来西亚与越南有关海上油气资源共同开发的法律适用，由谈判时所设想的适用两国法，变成了单独适用成熟的马来西亚一国国内相关的海上石油开发法律制度。这对越南来讲实属无奈之举。③

（三）不同的活动适用不同的法律——"几内亚比绍与塞内加尔共同开发案"

在 1993 年"几内亚比绍与塞内加尔共同开发案"中，根据几

---

① 参见何海榕：《泰国湾海上共同开发法律问题研究》，武汉大学出版社 2020 年版，第 90 页。

② 参见 Article 3 of Memorandum of Understanding Between Malaysia and the Socialist Republic of Vietnam for the Exploration and Exploitation of Petroleum in A Defined Area of the Continental Shelf Involving the Two Countries, 5 June 1992。

③ 参见何海榕：《泰国湾海上共同开发法律问题研究》，武汉大学出版社 2020 年版，第 91 页。

内亚比绍与塞内加尔签订的《几内亚比绍共和国与塞内加尔共和国管理和合作协定》之规定，几、塞两国在海上共同开发区内采用的是针对不同的活动适用不同的法律：有关矿产和石油资源的勘探和开发活动以及勘探和石油领域的调查和科学研究，适用塞内加尔的法律；渔业资源的开发活动以及渔业领域的调查和科学研究则适用几内亚比绍的法律。① 之所以采用这种比较罕见的"不同的活动适用不同的法律"的法律适用方式，原因在于几、塞两国对海上共同开发区内的渔业资源和油气资源的依赖程度不同，其中几内亚比绍侧重于渔业资源，塞内加尔则看重的是油气资源。

综上可见，虽然海上油气资源共同开发活动的性质和目的基本上是一样的，但是"大多数海上油气资源共同开发协定采用不同的法律框架"②。

二、共同开发适用的法律是以国际法为基础

海上油气资源共同开发活动也是政府间的一项国际合作行动，因而必须接受一般国际法，包括条约法规则的调整和规制。

(一)海上油气资源共同开发区块的选择需要符合国际法

无论是争议海域海上油气资源共同开发、还是跨界海域海上油气资源共同开发，它们的区块的选择都要符合国际法，包括《公约》的有关规定。

一般而言，海上油气资源共同开发双方当事国之间存在明确承认的权利重叠海域(海区)，是选择海上油气资源共同开发"区块"

① 参见 Article 24 of Protocol to the Agreement Between the Republic of Guinea-Bissau and the Republic of Senegal Concerning the Organization and Operation of the Management and Cooperation Agency Established by the Agreement of 14 October 1993。

② Robert Beckman etc. ed., Beyond Territorial Disputes in the South China Sea: Legal Framework for the Joint Development of Hydrocarbon Resources, Edward Elgar Publishing Limited 2013, p. 237.

的一个重要前提。然而，判定海上油气资源共同开发双方当事国主张的权利重叠海域合法性的依据为现代国际法的原则和规则。换言之，当事国一方的海洋权利主张只有基于现代国际法的原则和规则，才有可能获得另一当事方的承认，才能成为双方进行海上油气资源共同开发谈判的基础。① 总之，海上油气资源共同开发双方当事国有关海洋权利主张的合法性，对确定海上油气资源共同开发"区块"具有十分重要的作用。②

例如，在1979年"泰国与马来西亚有关泰国湾的共同开发案"中，泰国与马来西亚签订的《马来西亚和泰王国为开发泰国湾两国大陆架划定区域内海床资源而建立联合管理局的谅解备忘录》的前言就明确规定："承认作为两国在泰国湾大陆架边界线重叠主张的结果，两国在相邻的大陆架上存在一块重叠区。"并将这一重叠区作为两国海上油气资源共同开发的"区块"。

又如，在1995年"英国与阿根廷共同开发案"中，英国与阿根廷签订的《关于在西南大西洋近海活动进行合作的联合声明》规定："阿根廷共和国政府与大不列颠及北爱尔兰联合王国政府同意，基于两国在1989年10月达成的'马德里共同声明'中所包含之下述主权方案，适用于本共同宣言及其结果。此会议及任何后续类似会议之行为与内容不应当解释为：（a）改变联合王国对于福克兰群岛、南乔治亚和南桑威奇群岛及周边海域所享有的主权或者领土以及海域管辖权的立场。（b）改变阿根廷共和国对于福克兰群岛、南乔治亚和南桑威奇群岛及周边海域所享有的主权或者领土以及海域管辖权的立场。（c）承认或者支持联合王国或者阿根廷共和国对于福克兰群岛、南乔治亚和南桑威奇群岛及周边海域所享有的主权或

---

① 参见杨泽伟：《论海上共同开发"区块"的选择问题》，载《时代法学》2014年第3期，第7页。

② 参见 Robert Beckman etc. ed., Beyond Territorial Disputes in the South China Sea: Legal Framework for the Joint Development of Hydrocarbon Resources, Edward Elgar Publishing Limited 2013, p. 141。

者领土以及海域管辖权的立场。"①

可见，在"英国与阿根廷共同开发案"中，英、阿两国都承认对福克兰(马尔维纳斯)群岛及其附近海域存在主权和管辖权的争议，并同意在不影响英、阿两国各自主权立场的条件下，划出部分海域作为海上油气资源共同开发的"区块"。②

总之，在争议海区海上油气资源共同开发"区块"选择的前提条件是，海上油气资源共同开发双方当事国承认争议海区或海域主张重叠区的存在③，并且双方的主张均是以国际法基础的合法的主张。

(二)海上油气资源共同开发协定的缔结、适用和修改等也要接受《维也纳条约法公约》相关规则的调整

作为条约的一种类型，海上油气资源共同开发协定的缔结不能违背《维也纳条约法公约》的一般规定，如不能与一般国际法强制规则相抵触等④；同样，海上油气资源共同开发协定的适用、

---

① 参见"Joint Declaration of 27 September 1995 Cooperation Over Offshore Activities in the South West Atlantic", available at http：//www.fiassociation.com/shopimages/pdfs/7.％201995％20Joint％20Declaration％20on％20Cooperation％20Over％20Offshore％20Activities％20in％20the％20South％20West％20Atlantic..pdf; T. W. Wälde & Andrew McHardy, Argentina-United Kingdom：Joint Declaration on Cooperation over Offshore Activities in the Southwest Atlantic, International Legal Materials, Vol. 35, No. 2, 1996, p. 302。

② 参见 Patrick Armstrong and Viv Forbes, Calming the Ripples：The Cooperative Management of Ocean Resources- The Falkland Islands Example and Some Southeast Asian Comparisons, in Gerald Blake etc. ed., Boundaries and Energy：Problems and Prospects, Kluwer Law International 1998, p. 350。

③ 参见 Robert Beckman etc. ed., Beyond Territorial Disputes in the South China Sea：Legal Framework for the Joint Development of Hydrocarbon Resources, Edward Elgar Publishing Limited 2013, p. 140。

④ 参见《维也纳条约法公约》第 53 条。

解释、修改和终止等也要接受《维也纳条约法公约》相关规则的调整①。

众所周知，国际法上比较常见的条约名称主要有以下几种：条约(treaty)、公约(convention)、协定(agreement)、议定书(protocol)、宪章(charter)、盟约(covenant)、规约(statute)、换文(exchange of notes)、宣言(declaration)、联合声明(joint statement)、联合公报(joint communique)、谅解备忘录(memorandum of understanding)、文件(act)、总文件(general act)或最后文件(final act)、专约(convention)、临时协定(modus vivendi)、补充协定(arrangement)以及会议记录和暂行办法等。② 尽管上述条约的名称不同，但是其法律性质并没有本质区别。

一般而言，海上油气资源共同开发协定主要采用"条约""协定""议定书""谅解备忘录""换文""宣言"或"联合声明"等名称。海上油气资源共同开发协定与条约基本类似，其结构通常也是由约首、主要条款、最后条款和约尾四部分构成。③

海上油气资源共同开发协定一般均含有该协定的执行、解释、修改和终止等条款内容。

例如，在1974年"日本与韩国共同开发案"中，日本与韩国签订的《日本与大韩民国关于共同开发邻接两国的大陆架南部的协定》第30条规定了该协定的"执行问题"，"双方应当采取一切必要的国内措施以执行本协定"；第31条则规定了该协定的"批准""有效期""解释"和"终止"等内容，"双方应当批准本协定。批准文书应尽早于东京进行交换。本协定从互换批准文书之日开始生效。本协定有效期限为50年，且在依据本条第3款规定终止以前继续有效。任意一方可给予对方3年的书面通知方式，在最初50年期限

① 参见 Vasco Becker-Weinberg, Joint Development of Hydrocarbon Deposits in the Law of the Sea, Springer—Verlag Berlin Heidelberg 2014, p. 35。

② 参见杨泽伟：《国际法》(第4版)，高等教育出版社2022年版，第284~285页。

③ 参见何海榕：《泰国湾海上共同开发法律问题研究》，武汉大学出版社2020年版，第109~110页。

到期之后或其后任一时间终止本协定。虽然有本条第 2 款的规定，但是当任何一方认识到共同开发区内自然资源不再具有商业可开采性时，双方应就是否修改或终止本协定进行协商。如果就本协定的修改或终止无法达成一致，协定应于本条第 2 款规定的期限内继续有效"。①

又如，在 2012 年"塞舌尔群岛与毛里求斯共同开发案"中，塞舌尔群岛与毛里求斯签订的《塞舌尔共和国政府与毛里求斯共和国政府关于共同管理马斯克林高原地区大陆架的条约》第 22 条规定了该条约的"修订问题"，"本条约可于任何时间通过缔约国间的协议进行修订"；第 23 条则规定了"条约的有效期"，"本条约在缔约国对大陆架的永久划界达成协议之前或自条约生效之日起 30 年内持续有效，以时间早者为准。本条约可通过缔约国间的协定更新。本条约失效后根据本条约开启的自然资源项目应依据条约规定的条件继续进行"；第 24 条为"条约的生效"条款，"任一缔约方都应通过互换外交照会的方式，将法律规定的条约生效所需程序的完成告知对方。条约自后收到通知的日期生效。条约生效后，即发生效力，自签字之日起所有条文都应适用"。②

三、各国在共同开发的实践中一般倾向于适用本国法律

作为一种临时性安排，海上油气资源共同开发不影响沿海国对相关海域最后划界协议的达成。这一观点，不但得到了《公约》第 74 条和第 83 条的肯定，也得到了 1969 年国际法院"北海大陆架

---

① 参见 Article 30 and Article 31 of Agreement Between Japan and the Republic of Korea Concerning Joint Development of the Southern Part of the Continental Shelf Adjacent to the Two Countries, 30 January 1974。

② 参见 Article 22、23 and Article 24 of Treaty Concerning the Joint Management of the Continental Shelf in the Mascarene Plateau Region；杨泽伟主编：《海上共同开发协定汇编（汉英对照）（下）》，社会科学文献出版社 2016 年版，第 650~691 页。

案”的判决等司法实践的支持①；况且还载入不少海上油气资源共同开发协议中。

例如，在2003年“巴巴多斯与圭亚那共同开发案”中，巴巴多斯与圭亚那签订的《圭亚那共和国—巴巴多斯关于在其他国家专属经济区外部界线以外两国专属经济区外部界线以内的双边重叠区中的专属经济区行使管辖权的专属经济区合作条约》的前言明确指出：“承认公约第74条第3款的相关性和重要性，该条规定国家间在划界前，应基于谅解和合作的精神，在过渡期内尽一切努力作出实际性的临时安排，并不损害或妨碍最终协定的达成；认识到这种临时性安排不得损害最终划界。”该条约第1条第2、3款还专门强调：“本条约以及其所建立的合作区，不影响双方根据广泛接受的国际法原则和公约，对双方各自海域进行最终划界。双方同意本条约的任何内容以及任何一方根据本条约内容所实施的行为，不得视为任何一方减损或放弃合作区或各自全部专属经济区内的权利。”②

然而，海上油气资源共同开发与国家主权权力密切相关。③因此，在海上油气资源共同开发的法律适用问题上，相关的沿海国均都想扩大本国的司法管辖权、适用本国的国内法。跨界海上油气资源共同开发的法律适用是如此，争议海域海上油气资源共同开发的法律适用亦然。

例如，在1981年“冰岛与挪威扬马延岛共同开发案”中，冰岛与挪威签订的《关于冰岛和扬马延岛之间的大陆架协定》第5条规定：“挪威有关油气活动管理、安全措施和环境保护的法律法规、

---

① 参见" the North Sea Continental Shelf Cases（Federal Republic of Germany/Denmark，Federal Republic of Germany/the Netherlands）"，available at https：//www.icj-cij.org/public/files/case-related/51/051-19690220-JUD-01-03-EN.pdf。

② 参见"2003年巴巴多斯与圭亚那共同开发案"，载杨泽伟主编：《海上共同开发协定汇编（汉英对照）（下）》，社会科学文献出版社2016年版，第594~606页。

③ 参见杨泽伟：《论海上共同开发区的法律适用问题》，载《广西大学学报》（哲学社会科学版）2015年第4期，第77页。

石油政策适用于第 1 款中所提及区域的油气活动。挪威当局也应负责执行和管理上述区域。"该协定第 6 条也同样指出："冰岛有关油气活动管理、安全措施和环境保护的法律法规、石油政策适用于第一款规定区域的油气活动。冰岛当局也应负责执行和管理上述区域"①。可以说，"冰岛与挪威扬马延岛共同开发案"是在两国海上边界线已经划定的情况下，即跨界跨界海上油气资源共同开发分别适用本国国内法的典型案例。

又如，在 1974 年"日本与韩国共同开发案"中，日本与韩国签订的《日本与大韩民国关于共同开发邻接两国的大陆架南部的协定》第 19 条规定了"与油气资源勘探或开采相关事项的法律适用问题"："除非本协定另有规定，一方的法律和法规适用于该方特许权持有人被指定且作为经营者行事的分区内，与自然资源勘探或开采有关事项"；该协定第 21 条则是有关的"在法院提起的损害赔偿法律适用问题"的条款："如果任何一方的国民或居民，遭受共同开发区内因自然资源勘探或开采所引起的损害时，该国国民或者其他人可以在以下法院提起损害赔偿：（a）损害发生地的法院，（b）该国国民或其他人居住地法院，或（c）发生损害事故的区块内，作为经营者的特许权持有人授予国法院。本条第 1 款情形下，接受损害赔偿诉讼一方的法院，应当适用该方的法律和法规。"②可见，在该案中，日本和韩国也竞相极力争取在海上油气资源共同开发区域适用本国的法律。不过，它采用的方式是适用海上油气资源共同开发区内作业者所属国的国内法，这也是"日本与韩国共同开发案"在法律适用方面最为显著的特点。③

---

①　参见 Article 5 and Article 6 of Agreement on the Continental Shelf Between Iceland and Jan Mayen, 22 October 1981。

②　参见 Article 19 and Article 21 of Agreement Between Japan and the Republic of Korea Concerning Joint Development of the Southern Part of the Continental Shelf Adjacent to the Two Countries, 30 January 1974。

③　参见邓妮雅：《日韩共同开发东海大陆架案及其对中国的启示》，载《中国海洋大学学报》（社会科学版）2016 年第 2 期，第 65~73 页。

第二节　海上油气资源共同开发法律
适用的例外情况

如前所述，本书第二章和第三章分别阐释了海上油气资源共同开发法律适用的主要类型、海上油气资源共同开发适用的主要法律等。这是通过分析迄今国际社会已有的 30 多个海上油气资源共同开发案例而得出的规律性认识。换言之，这是海上油气资源共同开发法律适用的共性。其实，社会实践十分丰富，可谓千姿百态。海上油气资源共同开发的实践，也是如此。概言之，海上油气资源共同开发的法律适用，主要存在以下四种例外情况。

一、共同开发区完全处在一国专属管辖海域且适用一国国内法

一般而言，海上油气资源共同开发区通常位于两国海上边界线的两侧或者两个沿海国海域主张的重叠区，很少处在一国单独主张的管辖海域内。然而，在 1958 年"巴林与沙特阿拉伯共同开发波斯湾大陆架案"中，海上油气资源共同开发区却完全位于沙特阿拉伯所属的管辖海域。

(一)《巴林—沙特阿拉伯边界协定》的特别规定

1958 年 2 月 22 日，巴林与沙特阿拉伯签订了《巴林—沙特阿拉伯边界协定》(Bahrain—Saudi Arabia Boundary Agreement)，完成了两国之间的海域划界。然而，按照《巴林—沙特阿拉伯边界协定》第 2 条之规定，位于沙特阿拉伯管辖下的法席卜·萨法(Fasht bu Saafa)一块六边形区域的石油资源，将按照沙特阿拉伯确定的方式开发，沙特阿拉伯将上述石油开采中所获的一半净收入归于巴林政府，资源的共享不影响沙特阿拉伯政府对该区域的主权和管辖权。[①]

---

① 参见 Article 2 of Bahrain-Saudi Arabia Boundary Agreement 22 February 1958。

可见，"巴林与沙特阿拉伯共同开发波斯湾大陆架案"并不属于严格意义上的跨界海上油气资源共同开发。一方面，因为巴林与沙特阿拉伯是在已经完成两国海域划界的情况下，该海上油气资源共同开发区却完全处在沙特阿拉伯所属海域，且只适用沙特阿拉伯一国的国内法；另一方面，从国际法的角度来分析，如果某一海域划归某沿海国，那么该沿海国就取得了对该海区完全的主权权利和管辖权。而在该案中，虽然法席卜·萨法属沙特阿拉伯管辖，但是该区域石油资源的收入却与巴林共享。

（二）巴林与沙特阿拉伯达成妥协的原因

在"巴林与沙特阿拉伯共同开发波斯湾大陆架案"中，巴林与沙特阿拉伯之所以能够达成妥协，主要有以下几个方面的原因。

1. 双方的互谅互让。其实，早在 20 世纪 30 年代末，巴林与沙特阿拉伯之间就因岛礁的归属问题而出现了分歧。1958 年两国之所以能够签订边界条约，主要是因为巴林放弃了对卢伯纳卡毕拉岛（Lubaynah Al-Kabirah）和法席卜·萨法（Fasht bu Saafa）区域的主权主张，沙特阿拉伯因而取得了对它们的主权。作为对巴林的回报，沙特阿拉伯同意将自己管辖的法席卜·萨法区域作为共同开发区，并满足了巴林对该区域的石油资源的要求。[1] 可见，在"巴林与沙特阿拉伯共同开发波斯湾大陆架案"中，巴林与沙特阿拉伯为了解决双方的争端，均作出了不同程度让步。换言之，这是一种利益协调和相互妥协的结果，而非单纯的"以主权换和平、主权换金钱"[2]。

2. 两国的友好关系。巴林与沙特阿拉伯不但曾经都属于英国的势力范围、均为逊尼派穆斯林和实行君主制统治，而且两国关系

---

[1]　参见 Alshaikh, Abdullatif A, Saudi Arabia and Its Gulf Co-operation Council Neighbours: A Study in International Boundary Management 113, Durham Theses, Durham University, 2001, available at http://www.etheses.dur.ac.uk/1605。

[2]　蔡鹏鸿：《争议海域共同开发的管理模式：比较研究》，上海社会科学院出版社 1998 年版，第 184 页。

长期友好、密切。例如，在 1949 年两国国王在岛礁争端再次凸显之时，还相互致函，将对方的国家称为自己的国家，将对方的国民称为自己的兄弟，还希望两国的这种兄弟关系永世长存。① 此外，《巴林—沙特阿拉伯边界协定》前言还明确宣示："考虑到两国之间的感情与相互间友谊，沙特阿拉伯国王陛下愿尽一切可能协助巴林政府。"这是两国友好关系的又一佐证。②

3. 巴林的现实需要。在"巴林与沙特阿拉伯共同开发波斯湾大陆架案"中，巴林明显地作出了较大的让步，这与巴林在 20 世纪 50 年代面临较大的实际困难有较大关系。③ 一方面，当时巴林国内政局动荡，巴林王室政府急需通过与沙特阿拉伯签署划界协定来获取石油收益以化解危机、巩固其政权。另一方面，巴林还面临伊朗的威胁。伊朗曾经多次公开声称巴林是该国的一个省。因此，反对伊朗对巴林的主权主张，被伊朗方面认为是巴林签署《巴林—沙特阿拉伯边界协定》的重要原因。④

二、共同开发的法律适用与当事国资源分配的比例直接挂钩

在 1993 年"几内亚比绍与塞内加尔共同开发案"中，1993 年 10 月几内亚比绍与塞内加尔签订的《几内亚比绍共和国与塞内加尔共和国管理和合作协定》（Agreement on Management and Cooperation

---

① 参见 Richard Schofield, Arabian Boundary Disputes, Vol. 12, Bahrain-Saudi Arabia, 1904-1958, Cambridge Archive Editions 1992, pp. 305-323。

② 值得注意的是，20 世纪 90 年代沙特阿拉伯曾大幅度地增加巴林从该法席卜·萨法油田所得的份额，1996 年，沙特阿拉伯将该油田的全部产量都给了巴林，用以满足巴林的锡特拉炼油工业的需要。参见 J. E. Peterson, "Sovereignty and Boundaries in the Gulf States", in Mehran Kamrava ed., International Politics of the Persian Gulf, Syracuse University Press 2011, p. 40。

③ 参见关培凤：《巴林与沙特阿拉伯大陆架划界暨资源共享谈判及其意义》，载《世界历史》2016 年第 2 期，第 59 页；杨泽伟主编：《海上共同开发国际法问题研究》，社会科学文献出版社 2016 年版，第 132 页。

④ 参见 Pirouz Mojtahed-Zadeh, Security and Territoriality in the Persian Gulf: A Maritime Political Geography, Curzon Press 1998, p. 78。

Between the Republic of Guinea-Bissau and the Republic of Senegal)第 2 条对两国在海上共同开发区内资源分配的比例作出了如下规定：“共同开发区域内的资源应当作出如下分配，渔业资源：塞内加尔占 50%，几内亚比绍占 50%；大陆架资源：塞内加尔占 85%，几内亚比绍占 15%。如果发现了新资源，以上百分比必须进行根据发现资源的数量进行修订。”

1995 年 6 月 12 日，几内亚比绍与塞内加尔签订的《几内亚比绍共和国和塞内加尔共和国关于通过 1993 年 10 月 14 日协定设立的管理和合作管理局的组织和运作的协定的议定书》(Protocol to the Agreement Between the Republic of Guinea-Bissau and the Republic of Senegal Concerning the Organization and Operation of the Management and Cooperation Agency Established By the Agreement of 14 October 1993)第 24 条“法律适用”(applicable law)规定：“对于矿产和石油资源探查、勘探和开发活动，矿层与油层进行的监督和科学研究，应当适用塞内加尔的法律以及依 10.4(b)款修正或修改的法律，在本议定书签署之日起适用。对于渔业资源的探查、勘探和开发活动，以及渔业监管和渔业科学研究，应当适用几内亚比绍的法律，在本议定书签署之日起适用。”①

可见，在“几内亚比绍与塞内加尔共同开发案”中，海上共同开发区内不同的活动所依据的法律不同：矿产与石油资源的勘探开发活动以及勘探开发过程中的监管和科研活动，依据塞内加尔 1998 年颁布的《石油法》(Petroleum Code)；而渔业资源的勘探和开发活动以及渔业监管和渔业科研活动，则适用几内亚比绍的法律。之所以作出这种特别的安排，是因为几、塞两国同意的海上共同开发区内的资源分配比例。② 由于塞内加尔拥有海上共同开发区内大

---

① Article 24 of Protocol to the Agreement Between the Republic of Guinea-Bissau and the Republic of Senegal Concerning the Organization and Operation of the Management and Cooperation Agency Established By the Agreement of 14 October 1993.

② 参见 Article 2 of Agreement on Management and Cooperation Between the Republic of Guinea-Bissau and the Republic of Senegal。

陆架资源的绝大部分，因而适用其国内的《石油法》理所当然；而在渔业资源方面，虽然几、塞两国各占一半，但仅适用几内亚比绍的国内法，有可能是出于平衡的考量。

总之，"几内亚比绍与塞内加尔共同开发案"中将海上共同开发区内的法律适用问题与当事国资源分配比例直接联系起来的做法，在迄今海上油气资源共同开发的实践中是比较少见的。况且，它不包括主权属性比较强的刑事、民事以及税收等方面的法律，而仅仅局限于资源开发管理方面的法律制度。①

三、共同开发单独适用一国的国内法

在1969年"卡塔尔与阿布扎比共同开发案"中，按照1969年3月20日卡塔尔与阿布扎比签订的《关于解决卡塔尔与阿布扎比两国间海上边界线和岛屿主权权利的协定》(Agreement on Settlement of Maritime Boundary Lines and Sovereign Rights over Islands Between Qatar and Abu Dhabi)之规定，卡塔尔与阿布扎比双方"平等分享"(equally shared)"阿尔本都油田"(the al-Bunduq field)，该油田将由"阿布扎比海洋区域公司"(the Abu Dhabi Marine Areas (ADMA) Company)根据其规章规定的特许权条款进行开发，所有费用和收益由两国政府平等分摊。②

可见，在"卡塔尔与阿布扎比共同开发案"中，卡塔尔与阿布扎比是在已经完成两国海域划界的前提下，将跨越两国海上边界线的"阿尔本都油田"进行共同开发，两国对该油田享有平等的所有权；双方同意由阿布扎比授权本国的"阿布扎比海洋区域公司"负

---

① 参见董世杰：《海上共同开发区的法律适用》，载《武大国际法评论》2015年第2期，第73页；杨泽伟主编：《海上共同开发国际法问题研究》，社会科学文献出版社2016年版，第41页。

② 参见 article 6 and article 7 of Agreement on Settlement of Maritime Boundary Lines and Sovereignty Rights over Islands Between Qatar and Abu Dhabi, 20 March 1969, ST/LEG/SER. B/16, p. 403。

责该油田的勘探、开发活动。① 因为"阿尔本都油田"完全是由阿布扎比授权的本国石油公司进行开发，卡塔尔只分享收益，所以海上油气资源共同开发区也只适用阿布扎比一国国内的法律。

卡塔尔同意"阿布扎比海洋区域公司"负责"阿尔本都油田"的开发活动，并且仅适用阿布扎比一国的国内法，主要有以下两个方面的原因：第一，卡塔尔与阿布扎比均为英国的殖民地，且都是阿拉伯国家，双边关系良好；第二，"阿布扎比海洋区域公司"早在1962年就成立了，而卡塔尔石油公司到1974年才刚刚组建，卡塔尔与阿布扎比签订划界协定之时尚无本国的石油公司。②

四、共同开发区深入一国领海

众所周知，沿海国的"主权及于领海的上空及其海床和底土"③，领海隶属于国家主权的管辖范围、是一国领土的重要组成部分。因此，从理论上讲，沿海国一般是不会把该国的领海划到海上油气资源共同开发的"区块"之内的。然而，在目前已有的海上油气资源共同开发的国际实践中，也有沿海国把本国的领海划入海上共同开发区内。

例如，在1965年"沙特阿拉伯与科威特共同开发案"中，1965年沙特阿拉伯与科威特签订的《沙特阿拉伯王国—科威特国划分中立区的协定》(Agreement Between the Kingdom of Saudi Arabia and the State of Kuwait on the Partition of the Neutral Zone)第1条规定："中立区两部分的边界线应当是一条将中立区划分为均等两部分的界线，该界线的起点始于中部东海岸低潮线上，终点位于中立区西部边界线上。"④可见，在"沙特阿拉伯与科威特共同开发案"中，领

---

① 参见于辉：《共同开发海洋矿物资源的国际法问题》，载《中国国际法年刊》1994年，第52页。

② 参见http：//www.qapco.com.qa/about-qapco；董世杰：《海上共同开发区的法律适用》，载《武大国际法评论》2015年第2期，第74页。

③ 《联合国海洋法公约》第2条第2款。

④ 参见"1965年沙特阿拉伯与科威特共同开发案"，载杨泽伟主编：《海上共同开发协定汇编(汉英对照)(上)》，社会科学文献出版社2016年版，第28~38页。

海部分是包含在海上油气资源共同开发"区块"之内的。

又如，在 1989 年"澳大利亚与印度尼西亚共同开发案"中，1989 年澳大利亚与印度尼西亚签订的《澳大利亚与印度尼西亚共和国在印度尼西亚东帝汶省与澳大利亚北部之间的区域设立合作区的条约》（Treaty Between Australia and the Republic of Indonesia on the Zone of Cooperation in an Area Between the Indonesian Province of East Timor and Northern Australia），也把分别位于澳大利亚领海范围内的 B 区和位于印度尼西亚领海范围内的 C 区均纳入共同开发"区块"之内。① 因此，"在特殊情况下不应当完全排斥领海部分地区并将其包含在共同开发区的可能性"②。

总之，在海上油气资源共同开发区深入一国领海范围的情况下，海上油气资源共同开发适用的国内法必然是该沿海国的国内法，况且也只能是该沿海国的国内法。

第三节　海上油气资源共同开发法律
适用的影响因素

通过对海上油气资源共同开发国际实践的考察，可以发现海上油气资源共同开发的法律适用主要受以下因素的影响。

一、政治意愿

"相关的沿海国家之间有共同开发的政治愿望，是海上油气资源共同开发谈判获得成功的关键。"③海上油气资源共同开发作为一项政治色彩浓厚的国际合作行为，无论是海上油气资源共同开发

---

① 参见杨泽伟：《论海上共同开发"区块"的选择问题》，载《时代法学》2014 年第 3 期，第 5 页。

② 蔡鸿鹏：《争议海域共同开发的管理模式：比较研究》，上海社会科学院出版社 1998 年版，第 24 页。

③ 参见 Robert Beckman etc. ed., Beyond Territorial Disputes in the South China Sea: Legal Framework for the Joint Development of Hydrocarbon Resources, Edward Elgar Publishing Limited 2013, p. 141。

"区块"的选择、还是海上油气资源共同开发协议的签署及其实施等各个环节，都受到双方政治意愿强弱的影响。[①]

例如，在 1979 年"泰国与马来西亚有关泰国湾的共同开发案"中，马、泰两国于 1979 年签订了《马来西亚和泰王国为开发泰国湾两国大陆架划定区域内海床资源而设立联合管理局的谅解备忘录》后，虽然双方对于建立"马泰联合管理局"（Malaysia-Thailand Joint Authority）问题存在较大分歧，但是在 11 年后，即 1990 年马来西亚与泰国终于达成了《马来西亚政府与泰王国政府关于建立马来西亚—泰国联合管理局涉及宪法及其他事项的 1990 年协定》（1990 Agreement Between the Government of Malaysia and the Government of the Kingdom of Thailand on the Constitution and Other Matters Relating to the Establishment of the Malaysia-Thailand Joint Authority），并同意授权由"马泰联合管理局"制定专门适用于海上油气资源共同开发区的特别法。[②] 这与泰国与马来西亚都是东盟的创始成员国、两国关系密切，且双方一直存在进行海上油气资源共同开发的政治意愿等因素，是密切相关的。[③]

又如，在 1981 年"冰岛与挪威扬马延岛共同开发案"中，按照冰岛与挪威签订的《关于冰岛和扬马延岛之间的大陆架协定》，在海上油气资源共同开发"区块"的划定等方面，挪威作出了较大的让步。其原因是在当时美苏冷战正酣的背景下，挪威希望通过在海上油气资源共同开发方面的让步以换取美国和其他北约国家的认可

①　参见杨泽伟主编：《海上共同开发国际法问题研究》，社会科学文献出版社 2016 年版，第 26 页。

②　参见 1990 Agreement Between the Government of Malaysia and the Government of the Kingdom of Thailand on the Constitution and Other Matters Relating to the Establishment of the Malaysia-Thailand Joint Authority, 30 May 1990。

③　参见 David M. Ong, The 1979 and 1990 Malaysia-Thailand Joint Development Agreement: A Model for International Legal Co-operation in Common Offshore Petroleum Deposits? International Journal of Marine & Coastal Law, Vol. 14, No. 2, 1999, p. 221。

和保护；同时，还希望能够拉住冰岛，使之继续留在北约，并作为抗衡苏联和华约集团的前沿阵地。[1]

值得注意的是，政治意愿不但对海上油气资源共同开发的"区块"的划定、法律适用等产生重要影响，而且也直接关系到海上油气资源共同开发活动的成败。例如，2001 年 6 月泰国与柬埔寨签订了《泰王国政府与柬埔寨王国政府间关于在两国大陆架重叠海域主张区域的谅解备忘录》(Memorandum of Understanding Between the Royal Thai Government and the Royal Government of Cambodia Regarding the Area of Their Overlapping Maritime Claims to the Continental Shelf) 后，泰、柬柏威夏寺争端导致两国关系再度紧张[2]、加上泰国国内政局的变化，2009 年 11 月泰国曾单方面宣布废除了该谅解备忘录。[3] 当然，此后泰、柬两国关系缓和后，双方

---

[1]　参见蔡鸿鹏：《争议海域共同开发的管理模式：比较研究》，上海社会科学院出版社 1998 年版，第 103 页。

[2]　自从 2008 年联合国教科文组织将柏威夏寺 (the Temple of Preah Vihear) 列为世界文化遗产后，泰国与柬埔寨对该寺周边地区的争端迅速升级，并多次爆发武装冲突。2011 年 4 月 28 日，柬埔寨在国际法院提起诉讼，要求国际法院对其 1962 年的判决进行解释，原因是泰国坚持柬埔寨的主权仅限于柏威夏寺，而不能延伸到柏威夏寺周边区域。2013 年 11 月，国际法院对该案做出了最终判决，认为双方具有和平解决相关争端的义务等。参见 Request for Interpretation of the Judgment of 15 June 1962 in the Case Concerning the Temple of Preah Vihear (Cambodia v. Thailand) (Cambodia v. Thailand), available at：https：//www. icj-cij. org/public/files/case-related/151/151-20131111-JUD-01-00-EN. pdf。

[3]　参见 Thai Cabinet Agrees to Revoke MoU (2001 Memorandum of Understanding Between Cambodia and Thailand on the Area of Overlapping Maritime Claims to the Continental Shelf) on Overlapping Waters With Cambodia, Thailand Observers, 11 November 2009, available at, http：//www. thailandobservers. com/thai-cabinet-agrees-to-revoke-mou-on-overlapping-waters-with-cambodia；
Termination of the Memorandum of Understanding Between the Royal Thai Government and the Royal Government of Cambodia Regarding the Area of Their Overlapping Maritime Claims to the Continental Shelf, available at http：//www. ryt9. com/es/mfa/88839。

又继续开始谈判，但迄未取得突破性进展。

综上可见，在海上油气资源共同开发的国际实践中，政治意愿既可以成为促进海上油气资源共同开发顺利实施的助推器，也有可能成为海上油气资源共同开发谈判中讨价还价的筹码，甚至成为一方当事国作出妥协的重要绊脚石。

二、经济考量

对油气开发技术的需要和油气资源的需求等经济因素，也是海上油气资源共同开发当事国能够达成共同开发协议、并在法律适用问题上作出让步与妥协的重要原因。

例如，在1992年"马来西亚与越南共同开发案"中，越南政府因为既需要从海上油气资源共同开发的国际合作中，学习油气勘探开发技术和相关的管理经验，也希望通过加快海上油气资源共同开发活动获得相关收益、以促进本国的经济发展，所以同意在海上油气资源共同开发区单独适用马来西亚的石油法。①

又如，在1993年"几内亚比绍与塞内加尔共同开发案"中，几内亚比绍共和国与塞内加尔共和国在海上共同开发区内与油气资源及渔业资源的紧密程度不同，几内亚比绍特别看重渔业资源，塞内加尔则对油气资源比较重视，因而在该海上共同开发区内就分别适用几内亚比绍的渔业法和塞内加尔的石油法。②

此外，在1976年"英国与挪威共同开发弗里格天然气案"中，英国与挪威签订了《大不列颠及北爱尔兰联合王国政府与挪威王国政府关于开发弗里格气田并向联合王国输送天然气的协定》，旨在通过共同开发"弗里格气田"，以尽快获取北海的石油和天然气，

---

① 参见 Nguyen Hong Thao, Vietnam and Joint Development in the Gulf of Thailand, Asian Yearbook of International Law, Vol. 8, 2003, p. 147。

② 参见 Article 24 of Protocol to the Agreement Between the Republic of Guinea-Bissau and the Republic of Senegal Concerning the Organization and Operation of the Management and Cooperation Agency Established By the Agreement of 14 October 1993。

从而使两国应对和化解 1973 年爆发的第一次全球性能源危机。[1]
无独有偶，在 1979 年"泰国与马来西亚有关泰国湾的共同开发案"
中，经济实用主义或经济因素也同样发挥了较大作用。

　　总之，诚如有学者所指出的："国家急需油气资源等经济因
素，会促使政府寻找办法先从开发上受益，而不至于使资源的开发
利用由于有时甚至会影响国家关系的划界谈判而拖延。"[2]

三、文化因素

　　文化因素也是推动海上油气资源共同开发协议的达成、并在法
律适用问题上作出灵活安排的不可忽视的要件之一。[3]

　　例如，在 1958 年"巴林与沙特阿拉伯共同开发波斯湾大陆架
案"中，根据《巴林—沙特阿拉伯边界协定》之规定，海上油气资源
共同开发区只适用沙特阿拉伯一国的国内法，但是沙特阿拉伯要将
上述石油开采中所获的一半净收入交给巴林政府。[4] 之所以作出这
种安排，一个重要原因是巴林与沙特阿拉伯都是阿拉伯国家、且均
属逊尼派穆斯林。这种文化因素的影响，也体现在巴林与沙特阿拉
伯两国在大陆架划界谈判的过程中。沙特阿拉伯就曾经明确表示，
"沙特感兴趣的并不是这两个岛屿(指小伯纳岛和卢伯纳卡毕拉岛)

---

① 参见 Agreement Between the Government of the United Kingdom of Great Britain and Northern Ireland and the Government of the Kingdom of Norway Relating to the Exploitation of the Frigg Field Reservoir and the Transmission of Gas Therefrom to the United Kingdom, 10 May 1976。

② 参见 Yu Hui, Joint Development of Mineral Resources — An Asian Solution, Asian Yearbook of International Law, Vol. 2, 1994, p. 90。

③ 参见 Chidinma Bernadine Okafor, Joint Development: An Alternative Legal Approach to Oil and Gas Exploitation in the Nigeria-Cameroon Maritime Boundary Dispute? International Journal of Marine & Coastal Law, Vol. 2, No. 4, 2006, p. 515。

④ 参见 Article 2 of Bahrain-Saudi Arabia Boundary Agreement 22 February 1958。

的价值，而是避免与朋友在根本不重要的问题上发生争端"①。后来，巴林与沙特阿拉伯在两国岛礁争端再度出现时，两国国王还互致信函声称，将对方的国家称为自己的国家，将对方的国民称为自己的兄弟，还期盼这种兄弟关系能一直存在。②

又如，在1979年"泰国与马来西亚有关泰国湾的共同开发案"中，泰国与马来西亚同意、并授权"马泰联合管理局"制定专门适用于海上油气资源共同开发区的特别法，也是受"东盟精神"的感召和影响。③

此外，在1981年"冰岛与挪威扬马延岛共同开发案"中，冰岛与挪威在海上油气资源共同开发协议的谈判中能作出较大的让步、且该共同开发的国际合作进展顺利，与冰岛和挪威具有相同的北欧价值观、且都受基督教文化的熏陶是密不可分的。

因此，在海上油气资源共同开发的国际实践中，文化因素不但有助于解决海上油气资源共同开发的当事国在法律适用问题上的分歧，而且有利于海上油气资源共同开发的顺利推进。④

四、管理模式

从海上油气资源共同开发的国际实践来看，跨界海上油气资源共同开发的法律适用相对较为简单，一般是以两国的海上边界线为准，在海上边界线的两侧分别适用两个当事国的国内法。而在争议

---

① 参见 Richard Schofield, Arabian Boundary Disputes, Vol. 12, Bahrain-Saudi Arabia, 1904-1958, Cambridge Archive Editions 1992, p. 149。

② 参见 Richard Schofield, Arabian Boundary Disputes, Vol. 12, Bahrain-Saudi Arabia, 1904-1958, Cambridge Archive Editions 1992, pp. 305-323；关培凤：《巴林与沙特阿拉伯大陆架划界暨资源共享谈判及其意义》，载《世界历史》2016年第2期，第59页。

③ 泰国和马来西亚均为东盟创始成员国，《东南亚国家联盟成立宣言》《东盟宪章》和《东南亚友好合作条约》都有"本着平等和合作的精神，通过共同努力来加速该区域的经济增长和社会进步等"方面的相关规定。

④ 参见 A. Strati, Potential Areas for Joint Development, in Hazel Fox et al (eds.), Joint Development of offshore Oil and Gas: A Model Agreement for States with Explanatory Commentary, London 1989, p. 122。

海区或沿海国海域主张重叠区，海上油气资源共同开发的法律适用通常较为复杂。在这种情况下，海上油气资源共同开发的法律适用是与其管理模式存在紧密联系的。

海上油气资源共同开发的管理模式主要是指国家间通过何种方式，对海上油气资源共同开发区内作业和管理所涉法律要素作出安排。海上油气资源共同开发管理模式决定着共同开发区内管理机构的权利范围、国家职能、开发区的管理方式、法律适用、石油公司的参与方式等具体问题，它贯穿于海上油气资源共同开发整个过程中。[1] 在迄今已有的海上油气资源共同开发的国家实践中，海上油气资源共同开发的管理模式一般分为三种类型：代理制模式、联合经营模式和管理机构主导模式。[2]

在代理制模式和联合经营模式之下，海上油气资源共同开发在法律适用问题上，除了适用一般的国际法外，通常只能适用海上油气资源共同开发协定和当事国的国内法。而在管理机构主导模式之下，因为海上油气资源共同开发管理机构有权制定特别的规则，所以共同开发则适用一般国际法、海上油气资源共同开发协定、共同开发管理机构专门制定的特别法[3]以及当事国的国内法。

可见，海上油气资源共同开发的管理模式，直接决定是否设立共同开发的管理机构以及共同开发管理机构的权限，而它又直接影

---

[1]　参见邓妮雅：《海上共同开发管理模式法律问题研究》，武汉大学出版社 2019 年版，第 31 页。

[2]　参见 Robert Beckman etc al ed, Beyond Territorial Dispute in the South China Sea: Legal Framework for the Joint Development of Hydrocarbon Resources, Edward Elgar Publishing Limited 2013, p. 145。

[3]　例如，在 2001 年"尼日利亚与圣多美和普林西比共同开发案"中，尼日利亚与圣多美和普林西比签订的共同开发条约规定了制定区域计划、制定适用于共同开发区的管理和税收制度。参见 Article 17、19、21 of Treaty Between the Federal Republic of Nigeria and the Democratic Republic of Sao Tome and Principe on the Joint Development of Petroleum and Other Resources, in Respect of Areas of the Exclusive Economic Zone of the Two States, 21 February 2001, available at http://www.un.org/Depts/los/LEGISLATIONANDTREATIES/PDFFILES/TREATIES/STP-NGA2001.PDF。

响共同开发管理机构能否制定适用于海上油气资源共同开发区的特别法。

五、共同开发区的划分

在争议海区或沿海国海域主张重叠区，海上油气资源共同开发的法律适用，也是与共同开发区的划分密切相关的。

一般来讲，在海上油气资源共同开发区进行开发的情况下，适用的法律除了一般国际法、海上油气资源共同开发协定以及可能的共同开发管理机构制定的特别法，还包括海上油气资源共同开发当事国双方的国内法等。[①] 如果将海上油气资源共同开发区划分为两块，那么在这种情况下这两块区域除了适用一般国际法、共同开发协定以及可能的共同开发管理机构制定的特别法，其中一块区域适用一个当事国的国内法，另一块区域则适用另一当事国的国内法。如果将海上油气资源共同开发区划分为三块，除了整体上适用一般国际法、共同开发协定以及可能的共同开发管理机构制定的特别法，其中有一块区域适用海上油气资源共同开发当事国双方的法律，另外两块区域则分别适用某一当事国的国内法。2002 年"东帝汶与澳大利亚共同开发案"就属于这种类型。

本 章 小 结

纵览海上油气资源共同开发的历史进程，总结海上油气资源共同开发的国际实践，我们发现海上油气资源共同开发的法律适用主要呈现以下三大特点：一是国际社会并没有确立海上油气资源共同开发法律适用的统一标准，二是海上油气资源共同开发适用的法律是以国际法为基础，三是各国在海上油气资源共同开发的实践中一般倾向于适用本国法律。

社会实践十分丰富，可谓千姿百态。海上油气资源共同开发的

---

① 参见董世杰：《海上共同开发区的法律适用》，载《武大国际法评论》2015 年第 2 期，第 74 页。

实践，也是如此。通过分析迄今国际社会已有的 30 多个海上油气资源共同开发案例，可以看出海上油气资源共同开发的法律适用，主要存在以下四种例外情况：一是海上油气资源共同开发区完全处在一国专属管辖海域且适用一国国内法，二是海上油气资源共同开发的法律适用与当事国资源分配的比例直接挂钩，三是海上油气资源共同开发单独适用一国的国内法，四是海上油气资源共同开发区深入一国领海。

　　海上油气资源共同开发法律适用的影响因素主要包括政治意愿、经济考量、文化因素、管理模式和共同开发区的划分等。其中，相关的沿海国家之间有共同开发的政治愿望，是海上油气资源共同开发谈判获得成功的关键。因为海上油气资源共同开发作为一项政治色彩浓厚的国际合作行为，无论是海上油气资源共同开发"区块"的选择、还是海上油气资源共同开发协议的签署及其实施等各个环节，都受到双方政治意愿强弱的影响。对油气开发技术的需要和对油气资源的需求等经济因素，也是海上油气资源共同开发当事国能够达成共同开发协议、并在法律适用问题上作出让步与妥协的重要原因。文化因素是推动海上油气资源共同开发协议的达成、并在法律适用问题上作出灵活安排的不可忽视的要件之一。从海上油气资源共同开发的国际实践来看，跨界海上油气资源共同开发的法律适用相对较为简单，一般是以两国的海上边界线为准，在海上边界线的两侧分别适用两个当事国的国内法。而在争议海区或沿海国海域主张重叠区，海上油气资源共同开发的法律适用通常较为复杂。在这种情况下，海上油气资源共同开发的法律适用是与其管理模式存在紧密联系的。在争议海区或沿海国海域主张重叠区，海上油气资源共同开发的法律适用，也是与共同开发区的划分密切相关的。

第六章　中国与周边国家海上油气资源共同开发的实践及其法律适用

第一节　中国与周边国家海上油气资源共同开发的政策主张

一、中国领土边界问题概况

中国有 8 个海上相邻或相向的国家：朝鲜、韩国、日本、菲律宾、马来西亚、文莱、印度尼西亚和越南。中华人民共和国成立后，本着友好协商精神，以和平的方式积极推进边界谈判，稳妥处理与中国相关的边界问题。到目前为止，中国已与 12 个邻国签订了边界条约，全部或基本解决了与这些国家的陆地边界问题，分别是：缅甸（1960 年）、尼泊尔（1961 年）、朝鲜（1962 年）、蒙古（1962 年）、阿富汗（1963 年）、巴基斯坦（1963 年）、老挝（1991 年）、俄罗斯（东段 1991 年，西段 1994 年）①、哈萨克斯坦（1994 年）、吉尔吉斯斯坦（1996 年）、塔吉克斯坦（1999 年）②和越南（1999 年）。

---

① 2004 年 10 月，中俄两国外长在北京签署了《中华人民共和国和俄罗斯联邦关于中俄国界东段的补充协定》，成功地解决了中俄国界的所有问题。

② 2002 年 5 月，中塔两国签署了《中华人民共和国和塔吉克斯坦共和国关于中塔国界的补充协定》，标志着中塔历史遗留的边界问题获得全面解决。

2021 年 10 月 23 日，第十三届全国人民代表大会常务委员会第三十一次会议通过了《中华人民共和国陆地国界法》，它是我国第一部规范陆地国界事务的国家基本法。在海洋方面，1992 年 2 月中国颁布了《中华人民共和国领海及毗连区法》，1996 年 5 月发布了《中国政府关于领海基线的声明》，1996 年 5 月批准了《联合国海洋法公约》，1998 年 6 月通过了《中华人民共和国专属经济区和大陆架法》，从而确立了我国的领海、毗连区、专属经济区和大陆架制度。值得注意的是，在批准《联合国海洋法公约》时，中国政府作出了四点声明，其中第二点声明是"中华人民共和国将与海岸相向或相邻的国家，通过协商，在国际法的基础上，按照公平原则划定各自海洋管辖权界限"[1]。在 1998 年 6 月颁布的《中华人民共和国专属经济区和大陆架法》中，中国政府重申了根据《联合国海洋法公约》应享有的 200 海里专属经济区和大陆架的主权权利和管辖权，同时强调海域划界应在国际法的基础上，按照公平原则以协议划定。上述声明，体现了当今中国政府在海域划界问题上的原则立场。

然而，中国与邻国的陆界问题尚未完全解决，海域划界和岛屿归属争端也面临复杂严峻的形势，因而全面彻底解决中国边界和海洋争端问题仍任重道远。[2]

二、中国有关共同开发政策主张的发展沿革

众所周知，中国一直奉行"和平解决国际争端原则"，坚持用和平的方法来解决国际争端。[3] 在探索对海洋争端的解决途径方面，中国始终积极倡导和坚持"主权属我、搁置争议、共同开发"

---

① 《全国人民代表大会常务委员会关于批准〈联合国海洋法公约〉的决定》（1996 年 5 月 15 日），载国家海洋局政策法规办公室编：《中华人民共和国海洋法规选编》（第三版），海洋出版社 2001 年版，第 3 页。

② 参见杨泽伟：《国际法》（第 4 版），高等教育出版社 2022 年版，第 151~152 页。

③ 参见杨泽伟：《新中国国际法学 70 年：历程、贡献与发展方向》，载《中国法学》2019 年第 5 期，第 184~186 页。

的政策主张。

　　早在 1972 年，中日两国进行邦交正常化谈判时，就搁置钓鱼岛主权问题达成谅解，双方同意"以后再说"。1978 年 10 月 25 日，中日和平友好条约签署时，双方又重申了这一谅解。当时邓小平同志在日本记者会上答记者问时就指出，中日双方对钓鱼岛有不同看法，但双方约定不涉及这一问题，两国政府把这个问题避开是比较明智的，这样的问题可放一下。这是邓小平同志"主权属我、搁置争议、共同开发"思想的萌芽。[①] 1979 年 9 月 6 日，中国国务院副总理在东京举行的记者招待会上谈到关于钓鱼岛的联合开发问题时也指出："考虑到联合开发石油，主权问题可以暂时挂起来。"[②] 1984 年，邓小平在会见美国乔治城大学战略与国际问题研究中心代表团时，明确表述了"主权属我、搁置争议、共同开发"的思想。他说："我还设想，有些国际上的领土争端，可以先不谈主权，先进行共同开发。这样的问题，要从尊重现实出发，找条新的路子来解决。"[③]同年，邓小平在中央顾问委员会第三次全体会议上，又进一步阐述了这一思想。[④] 他指出："好多国际争端，解决不好会成为爆发点。我说是不是有些可以采取'一国两制'的办法，有些还可以用'共同开发'的办法……南沙群岛，历来世界地图是划到中国的，属中国，现在除台湾占了一个岛以外，菲律宾占了几个岛，越南占了几个岛，马来西亚占了几个岛。将来怎么办？一个办法是我们用武力统统把这些岛收回来；一个办法是把主权问题搁置起来，共同开发，这就可以消除多年积累下来的问题……我们中国人是主张和平的，希望用和平方式解决争端。什么样的和平方式？

---

　　① 参见萧建国：《国际海洋边界石油的共同开发》，海洋出版社 2006 年版，第 204 页。

　　② 参见《人民日报》1979 年 9 月 7 日第 1 版。

　　③ 参见中共中央文献编辑委员会编：《邓小平文选》（第 3 卷），人民出版社 1993 年版，第 49 页。

　　④ 参见张良福：《中国与邻国海洋划界争端问题》，海洋出版社 2006 年版，第 282 页。

'一国两制','共同开发'。"①至此，中国政府关于"主权属我、搁置争议、共同开发"的政策主张正式形成。

此后，中国国家领导人、外交部长等在不同的外交场合正式向周边国家领导人提出"主权属我、搁置争议、共同开发"的主张。例如，1988年4月邓小平在会见访华的菲律宾总统阿基诺时明确表示，从两国关系出发南沙问题可先搁置一下，采取共同开发的办法。1990年，中国国家主席江泽民在出访印度尼西亚时，首次向国际社会完整地表述了"主权属我、搁置争议、共同开发"的主张。② 1992年7月，中国外交部长在东盟外长第25届会议上，详细阐述了中国在南沙问题上的原则立场："我们提出'搁置争议、共同开发'的主张，愿意在条件成熟的时候同有关国家谈判寻求解决的途径，条件不成熟可以暂时搁置，不影响两国关系。"1992年12月，中国政府总理在越南河内举行的记者招待会上指出："我们提出'搁置争议、共同开发'的主张；双方同意通过和平方式，解决领土争端。"1993年4月，中国国家主席在菲律宾总统拉莫斯访华、谈及南沙群岛问题时，重申了"搁置争议、共同开发"的主张。1995年7月，中国外交部长在文莱与东盟外长举行对话时，再次申明中国对南沙问题的立场和态度，并指出中国历来对南沙群岛及其附近海域拥有无可争辩的主权……而中国提出的"搁置争议、共同开发"的主张，是目前处理南沙争议最现实可行的途径。③

1998年《中华人民共和国专属经济区和大陆架法》第2条专门规定："中华人民共和国与海岸相邻或者相向国家关于专属经济区和大陆架的主张重叠的，在国际法的基础上按照公平原则以协议划定界限。"

2002年11月，中国和东盟10国签署的《南海各方行为宣言》

　　①　参见中共中央文献编辑委员会编：《邓小平文选》(第3卷)，人民出版社1993年版，第87~88页。

　　②　参见萧建国：《国际海洋边界石油的共同开发》，海洋出版社2006年版，第205页。

　　③　参见萧建国：《国际海洋边界石油的共同开发》，海洋出版社2006年版，第206页。

明确指出："在全面和永久解决争议之前，有关各方可探讨或开展合作，可包括以下领域：海上航行和交通安全、海洋环保、搜寻与救助、海洋科学研究等，在具体实施之前，有关各方应就双边及多边合作的模式、范围和地点取得一致意见。"可见，这一宣言表明了南海周边各国进行包括共同开发在内的海洋事务方面合作的愿望。

值得注意的是，习近平主席曾经明确指出，要维护国家海洋权益，着力推动海洋维权向统筹兼顾型转变；要坚持"主权属我、搁置争议、共同开发"的方针，推进互利友好合作，寻求和扩大共同利益的汇合点。[①] 有学者认为，习近平主席在中共中央政治局第八次集体学习时重申了"主权属我、搁置争议、共同开发"，表明中国仍将坚持采取"共同开发"这一临时措施来缓解海上紧张局势。[②] 不过，中国坚持在"维稳"和"维权"两个大局之间保持平衡，既要维护海洋权益，又不能因此加剧紧张局势，有损区域稳定。[③]

值得一提的是，在非官方的"二轨"层面，中国与南海周边各方先后在印度尼西亚"处理南海潜在冲突研讨会"的框架下进行了多次有关海上油气资源共同开发问题的专家级会议。该研讨会在1990年刚发起时，就对南海周边各国的海上油气资源共同开发的可行性进行了研究。例如，在1991年在万隆召开的第二次会议有关声明中就称："在领土声称的冲突地区，有关国家可以考虑实行

---

① 参见习近平：《进一步关心海洋认识海洋经略海洋 推动海洋强国战略建设不断取得新成就》（2013 年 7 月 31 日），载"新华网"http：//news. xinhuanet. com/politics/2013-07/31/c_116762285. htm。

② 在一些欧美国家看来，中国政府从 2010 年开始展现出日益积极的姿态来维护自己的海洋权益。参见 Joseph Y. S. Cheng and Stephanie Paladini, China's Ocean Development Strategy and Its Handling of the Territorial Conflicts in the South China Sea, Philippine Political Science Journal, Vol. 35, No. 2, 2014, p. 185。

③ 参见 M. Taylor Fravel, Xi Jinping's Overlooked Revelation on China's Maritime Disputes, the Diplomat, August 15, 2013, available at http：// thediplomat. com/2013/08/xi-jinpings-overlooked-revelation-on-chinas-maritime-disputes/? allpages＝yes。

共同利益合作的可能性，包括信息交换和共同开发。"①1993 年 8
月，举行的第四次会议确定以后陆续召开会议，进一步就共同开发
计划进行协商。② 此外，一些专家对在南海进行油气资源共同开发
也持肯定态度。例如，美国夏威夷东西文化研究中心教授瓦伦西亚
（Mark J. Valencia）就曾经指出也许共同开发的最好候选区之一是
南沙的某些部分，如果越南和中国的台湾省能被排除在南沙问题以
外的话，中国、菲律宾和马来西亚可以在那里进行共同开发，或许
在离越南提出领土要求的岛屿最远的地方。③

三、日韩东海共同开发的尝试与中国的抗议

从 20 世纪 70 年代开始，关于海上油气资源共同开发的构想引起
了东海沿海国家的注意。1974年1月30日，日本与韩国签订了《日本与
大韩民国关于共同开发邻接两国的大陆架南部的协定》（Agreement
Between Japan and the Republic of Korea Concerning Joint Development
of the Southern Part of the Continental Shelf Adjacent to the Two
Countries）。根据该协定规定，双方建立一个共同开发区，并又划分
为 9 个小区块，每个小区块由双方承租人根据作业协定进行勘探和
开发，双方承租人平等分享从共同开发区开采的自然资源并分摊勘
探和开发费用；设立一个"日韩联合委员会"（the Japan—Republic of
Korea Joint Commission），负责对执行该协定各事项进行协商。④

---

① 参见萧建国：《国际海洋边界石油的共同开发》，海洋出版社 2006 年
版，第 182 页。

② 参见余民才：《海洋石油勘探与开发的法律问题》，中国人民大学出
版社 2001 年版，第 160 页。

③ 参见 C. Lo, China's Policy towards Territorial Disputes, Routledge 1989,
p. 175。

④ 参见"1974 年日本与韩国共同开发案"，载杨泽伟主编：《海上共同
开发协定汇编（汉英对照）（上）》，社会科学文献出版社 2016 年版，第 49~90
页；刘佳：《论日韩共同开发案对中日东海共同开发的启示》，武汉大学硕士
学位论文 2015 年；邓妮雅：《日韩共同开发东海大陆架案及其对中国的启
示》，载《中国海洋大学学报》（社会科学版）2016 年第 2 期，第 65~73 页。

　　1974年2月4日，中华人民共和国外交部对日韩共同开发协定发表声明指出："中国政府认为，根据大陆架是大陆自然延伸的原则，东海大陆架理应由中国和有关国家协商如何划分。现在，日本政府和南朝鲜当局背着中国在东海大陆架划定所谓日、韩'共同开发区'，这是侵犯中国主权的行为。对此，中国政府决不同意。如果日本政府和南朝鲜当局在这一区域擅自进行开发活动，必须对由此引起的一切后果承担全部责任。"①2月6日，韩国和日本分别对中国的声明作出了回应。韩国外务省再次表示愿与中国谈判大陆架划界问题。日本外相太平正芳在众议院会上承认，"日韩共同开发大陆架协定事实上未与中国协商"，声称"只要对方提出要求，就可进行协商，日本不打算拒绝"②。

　　1977年6月13日，中国外交部就日本国会批准《日本与大韩民国关于共同开发邻接两国的大陆架南部的协定》一事发表声明，指出："根据大陆架为大陆领土自然延伸的原则，中华人民共和国对东海大陆架拥有不容侵犯的主权。最近，日本政府不顾中国政府的坚决反对，利用延长国会会期的办法强使在东海大陆架片面划定的'共同开发区'的所谓《日本与大韩民国关于共同开发邻接两国的大陆架南部的协定》在日本国会获得'自然批准'。对日本政府这一公然侵犯中国主权的行为，中国政府表示严重的抗议。"6月26日，中国政府再次发表声明，提出强烈抗议："东海大陆架是中国大陆领土的自然延伸，中华人民共和国对东海大陆架拥有不容侵犯的主权，东海大陆架涉及其他国家的部分，理应由中国和有关国家协商确定如何划分。日本政府同南朝鲜背着中国片面签订所谓的《日本与大韩民国关于共同开发邻接两国的大陆架南部的协定》，完全是非法的和无效的。任何国家和私人未经中国政府同意不得在东海大陆架擅自进行开发活动，否则，必须对由此引起的一切后果承担全

---

　　①　参见于辉：《共同开发海洋矿物资源的国际法问题》，载《中国国际法年刊》1994年，第62页。

　　②　参见[日]高桥庄五郎：《钓鱼岛等岛屿纪事》，转引自萧建国：《国际海洋边界石油的共同开发》，海洋出版社2006年版，第173页。

部责任。"①

1980 年 5 月 2 日，日韩双方在共同开发区的钻探活动付诸实施，日本石油开发公司在第 5 小区开钻 JDZ-1 井。② 当天，中国政府对此发表严正声明："据悉，日本方面决定于 5 月初在所谓《日本与大韩民国关于共同开发邻接两国的大陆架南部的协定》所片面划定的'共同开发区'西侧开始进行钻探试采……日本政府不顾中国政府多次表示严正立场和反对意见，一味片面采取行动，现在又开始钻探试采，进行实际开发活动。这是无视中国主权，不以中日友好关系为重的行为，不能不引起中国政府和人民的关切和愤慨。中国政府再一次郑重声明：日本政府不同中国协商，背着中国而同南朝鲜当局签订的所谓《日本与韩国关于共同开发邻接两国南部大陆架协定》完全是非法的、无效的。中国政府对于侵犯我国主权和重大利益的行为决不能置若罔闻。任何国家和私人如果在该'协定'所片面划定的所谓'共同开发区'内擅自或参与开发活动，必须对此产生的一切后果承担责任。中国政府保留对该区域的一切应有权利。"③

此外，鉴于 1974 年日本与韩国不顾中国反对在东海大陆架划定海上油气资源共同开发区、进行共同开发的事实，中国开始慎重考虑在有争议海区进行海上油气资源共同开发的可能性。1979 年 6 月，中方通过外交渠道正式向日本提出共同开发钓鱼岛附近资源的设想。这是首次公开表明，中方愿以"搁置争议、共同开发"的方

---

① 参见萧建国：《国际海洋边界石油的共同开发》，海洋出版社 2006 年版，第 174 页。

② 值得一提的是，1987 年 5 月日本新石油公司（Nippon Oil Exploration CO.）向日本政府申请了勘探权，但是直到该公司权利的最后有效期间（1989 年 9 月），韩方都没有有效授权的石油公司。此后，没有进一步的勘探开发活动。参见杨泽伟主编：《海上共同开发国际法问题研究》，社会科学文献出版社 2016 年版，第 149 页。

③ 《我国东海大陆架主权不容侵犯》，载《人民日报》1980 年 5 月 8 日第 1 版，转引自萧建国：《国际海洋边界石油的共同开发》，海洋出版社 2006 年版，第 174~175 页。

式，解决同周边邻国间领土和海洋权益争端。

总之，中国在与邻国解决海域划界之前，基于谅解和合作的精神，尽一切努力，寻求达成海上油气资源共同开发和区域合作等临时安排，是完全符合国际法的积极做法。

第二节　中国与周边国家海上油气资源共同开发的探索与尝试

如上所述，中国政府一直积极倡导"主权属我、搁置争议、共同开发"的政策主张，与周边国家开展有关海上油气资源共同开发的尝试。

一、中国与朝鲜

朝鲜油气资源比较缺乏，其所需石油全部依赖进口。在1965—1985年，朝鲜与中国在北黄海盆地东部(即朝鲜所称的西朝鲜湾盆地)联合进行地球物理调查。20世纪70年代后期，朝鲜在东经124度以西划出了A、B、C三个区块对外招标，并先后与挪威、俄罗斯、澳大利亚、瑞典、英国、荷兰等外国石油公司合作进行勘探。据报道，到1988年朝鲜在澳大利亚石油公司的帮助下，首次在招标区C打出了日产425桶原油的试验井。迄今，朝鲜已完成钻井10口，均集中在东经124度线附近。2003年，朝鲜向新加坡"主权风投公司"(Sovereign Venture Pte Ltd)颁发了许可证，而该公司声称在自己的区块内已找到1000万桶石油储量。[①] 2005年4月，朝鲜与马来西亚国家石油公司签订了特许协议，准备勘探开发与中国存在争议的海域的石油资源；后来由于中国的反对，朝鲜

---

① 参见萧建国：《国际海洋边界石油的共同开发》，海洋出版社2006年版，第165~166页。

方面最终取消了该项特许协议。①

2005 年 12 月 24 日，中国与朝鲜签署了《中华人民共和国政府和朝鲜民主主义人民共和国政府关于海上共同开发石油的协定》，作为海域划界前的临时性安排。② 值得注意的是，朝鲜与马来西亚、中国有关合作方面的先后顺序，难免会令人推测，朝鲜终止马来西亚国家石油公司签订特许协议，可能就是为随后中朝之间有关海上油气资源共同开发扫清障碍。然而，由于缺乏后续的相关报道，目前尚不清楚中朝之间有关海上油气资源共同开发的具体进展。

二、中国与韩国

韩国是一个缺油少气的国家，石油和天然气对外依存度比较高。从 1969 年 4 月到 1970 年 9 月，韩国先后与美、英等 4 家外国石油公司签订了租让合同，开展了地球物理和石油钻探活动。中国、日本等国均通过外交声明或其他方式，对此提出了交涉。1970 年 4 月，韩国政府颁布了《海底矿物资源开发法》，随后在其周边海域划出了 7 个矿区。其中，第 1-4 矿区在黄海，其西缘大致沿与中国的中间线，第 5、7 矿区的南缘和东缘则按自然延伸原则，大体到东海的 200 米等深线；第 6 矿区位于日本海。1973 年 2 月，应韩国政府的邀请，美国海湾石油公司进入韩国第 2 矿区开始进行油气钻探活动。1973 年 3 月，中国外交部发表声明指出："目前，南朝鲜当局公然单方面引进外国石油公司在上述地区进行钻探活动，对于这种做法可能造成的后果，中国政府保留一切权利。"③1974 年，韩国与日本签订了《日本与大韩民国关于共同开发邻接两国的

---

① 参见 Selig S. Harrison, Sea-bed Petroleum in Northeast Asia: Conflict or Cooperation? in Selig S. Harrison ed., Sea-bed Petroleum in Northeast Asia: Conflict or Cooperation? Woodrow Wilson International Center for Scholars 2005, p. 13。

② 参见《中朝签约共同开发黄海油田显示两国友好》(2005 年 12 月 26 日)，载"中国石化新闻网"http://www.sinopecnews.com.cn/shnews/2005-12/26/content_334498.shtml。

③ 参见萧建国：《国际海洋边界石油的共同开发》，海洋出版社 2006 年版，第 172 页。

大陆架南部的协定》；从 1979 年开始，韩国在东海进行了大量勘探工作，韩日两国共在东海大陆架区北部钻井 10 口。

1992 年，中国海洋石油总公司在东海对外招标，在北部的长江坳陷，我招标区块紧贴韩主张的中间线，与韩矿区线和日韩共同开发区相邻。韩国向中方提出交涉，提出我部分区块跨越了中间线，认为中国的北部区块与韩国主张的中间线重叠，重叠面积约 25.66 平方千米。① 2000 年 8 月 3 日，中韩两国签署了《中华人民共和国和大韩民国政府渔业协定》。2015 年，中韩两国正式启动了海域划界谈判。然而，迄今中韩两国还没有签订海上油气资源共同开发协定。

三、中国与日本

(一)中日两国共同开发的尝试

日本也是一个缺乏能源资源的国家，油气对外依存度高、需要进口大量的石油和天然气。在中日两国正式建交之前，日本曾经设想与中国台湾当局共同开发东海的油气资源。1970 年 11 月，日本、韩国和中国台湾当局在汉城签订了由三方私人企业组成海洋开发公司的初步协议，决定将海上边界问题留待以后解决，而先进行东海油气资源的共同开发。1970 年 12 月，中国政府对日本、韩国、中国台湾当局三方协议提出了抗议："台湾省及其所属岛屿包括钓鱼岛、黄尾屿、赤尾屿、南小岛和北小岛等岛屿在内，是中国的神圣领土，浙西岛屿周围海域和其他邻近中国浅海的海底资源都完全属于中国所有，决不容许他人染指""中华人民共和国有权就这一区域的海床和底土资源进行勘探和开发，台湾当局与任何外

---

① 参见萧建国：《国际海洋边界石油的共同开发》，海洋出版社 2006 年版，第 165 页。

国、外国公司签订的协议和合同均是无效的和非法的。"[1]1971 年 3月，中国政府在中日备忘录贸易年会的声明中，重申了上述立场。正是在中国政府的坚决反对下，台湾当局撤出了共同开发计划，三方共同开发的设想也不了了之。

从 20 世纪 70 年代开始，中日双方一直就关于东海油气资源共同开发问题保持沟通，两国都赞成在东海进行油气资源的共同开发。例如，1979 年 9 月中国副总理在访问日本期间，曾建议中日双方搁置对钓鱼岛的领土争端，代之以两国共同开发钓鱼岛附近的油气资源。[2] 日本政府对此作出了积极的回应。1979 年 7 月，据《日本经济新闻》报道，日本外务省准备在钓鱼岛领海以外设置日本与中国联合开发的区域。当时，日本外务省订立了有关在钓鱼岛周围海域进行油气资源共同开发应遵循的原则为：海上油气资源共同开发区设置在钓鱼诸岛 12 海里领海以外；海上油气资源同开发区不应涉及与中国台湾地区有关的海域。[3] 然而，从 1979 年 8 月开始，日本政府关于在钓鱼岛海域附近设置中日海上油气资源共同开发区的态度发生了较大变化。例如，日本驻华大使吉田健就指出，不要提钓鱼岛的油气资源共同开发，油气资源共同开发应该在该岛以西的"有希望的储油区"进行，或者在日方划出的中间线两侧、各划出同等面积的区域进行。[4]

1980 年 10 月，在中日东海大陆架专家事务级会谈中，中方重申大陆架自然延伸原则，并提出搁置领土主权共同开发钓鱼岛附近海域的设想，在位于钓鱼岛 12 海里以外划定一个 6000 平方公里海

---

[1]　参见《决不容许美日反动派掠夺我国海底资源》，载《人民日报》1970年 12 月 29 日第 1 版，转引自萧建国：《国际海洋边界石油的共同开发》，海洋出版社 2006 年版，第 172 页。

[2]　参见 C. Lo, China's Policy Towards Territorial Disputes, Routledge 1989, p. 172.

[3]　参见高之国、贾宇、张海文主编：《国际海洋法的新发展》，海洋出版社 2005 年版，第 112 页。

[4]　参见孙传香：《中日东海大陆架划界国际法问题研究》，武汉大学出版社 2019 年版，第 211 页。

上油气资源共同开发区，但日本政府对此未予回应。1982 年 12
月，中方在北京举行的中日专家级会谈中提议，在两国领土主张重
叠区域建立共同开发区。① 1982 年 10 月，中国副总理还提出可以
邀请美国和日本参加到这种海上油气资源共同开发的项目中来。②

　　此外，在 20 世纪 80 年代中后期，日本几家石油企业，如乌鲁
玛（URUMA）能源株式会社就曾与中国海洋石油总公司（以下简称
中海油）联系，就东海油气资源共同开发问题进行接触和谈判。
1990 年 9 月，日方向中海油提出了"日中共同开发民间方案"。
1991 年 10 月，中海油也提出了有关东海油气资源共同开发的民间
协议草案。从中日双方提出的有关草案来看，双方不但对油气资源
共同开发协定的内容有广泛的共识，而且在形式方面也同意以民间
合作为先导。③ 1992 年，中海油在东海对外石油招标，日本极为关
注其中的瓯江坳陷招标区块，并认为中海油的招标区块有一部分已
超出了钓鱼岛与中国大陆之间划的"中间线"。通过对中海油区块
的评价，日本帝国石油公司等几家企业对其认为最贴近"中间线"
或进入"中间线"的三个小区块投了标，并与中海油签订了勘探开
发合同。④

　　通过中日双方关于东海油气资源共同开发问题的互动可以看
出，日本在东海进行油气资源共同开发方面的基本主张为：油气资
源共同开发区应设在钓鱼岛 12 海里以外；在东海其他海区，油气
资源共同开发区须跨越日方主张的"中间线"两侧。而中方的主张
是：油气资源共同开发区应只限于东海中日争议区，即日方主张的

---

① 参见 M. J. Valencia, Northeast Asia: Petroleum Potential, Jurisdictional
Claims, and International Relations, Ocean Development and International Law,
Vol. 20, 1989, p. 53。

② 参见 D. M. H. Johnston etc. ed., Ocean Boundary Making: Regional
Issues and Development, Croom Helm 1988, p. 101。

③ 参见萧建国：《国际海洋边界石油的共同开发》，海洋出版社 2006 年
版，第 178 页。

④ 参见萧建国：《国际海洋边界石油的共同开发》，海洋出版社 2006 年
版，第 164 页。

"中间线"和中方主张的大陆架自然延伸之间的区域,而"中间线"以西不存在争议,不能进行共同开发;双方搁置对钓鱼岛的争议,在其周围海域进行油气资源的共同开发。① 可见,中日双方在东海油气资源共同开发问题上存在较大分歧,它涉及双方在东海海域划界的主张和对钓鱼岛的立场。

(二)中日《东海问题原则共识》

从 1998 年开始,中方在日本宣称的所谓"中间线"西侧开发春晓油气田。② 中方在东海的油气开发活动引起了日方的不满。中日两国从 2004 年至 2007 年就东海海域划界问题进行了 11 次磋商谈判。2008 年 6 月 18 日,中日双方达成了《东海问题原则共识》,其主要内容包括:第一,双方一致同意在实现划界前的过渡期间,在不损害双方法律立场的情况下进行合作。第二,在东海选定一个共同开发区块,经过联合勘探,本着互惠原则,在上述区块中选择双方一致同意的地点进行共同开发,并努力为实施开发履行各自的国内手续,尽快达成必要的双边协议;为尽早实现在东海其他海域的共同开发继续磋商。第三,中国企业欢迎日本法人按照中国对外合作开采海洋石油资源的有关法律,参加对春晓现有油气田的开发。③

在中日双方达成《东海问题原则共识》后,从日方对该项原则共识的官方表态可以看出,日方仍然保持将东海"中间线"以西海域争议化的企图。虽然《东海问题原则共识》明确规定:"中国企业欢迎日本法人按照中国对外合作开采海洋石油资源的有关法律,参加对春晓现有油气田的开发",但是日方却表示,对于春晓油气田

---

① 参见萧建国:《国际海洋边界石油的共同开发》,海洋出版社 2006 年版,第 177 页。

② 参见 James C. Hsiung, Sea Power, the Law of the Sea, and the Sino-Japanese East China Sea "Resource War", American Foreign Policy Interest, Vol. 27, No. 6, 2005, p. 517。

③ 参见《中日就东海问题达成原则共识》(新华社北京 2008 年 6 月 18 日电),载《人民日报》2008 年 6 月 19 日第 4 版。

是否使用"共同开发"这个术语，只是对一个词如何进行定义的问题。① 换言之，如果需要的话，完全可以将"共同开发"定义的范围扩大、以包括"合作开采"。对此，中国外交部作出了明确的回应："关于共同开发，我们讲搁置主权争议，就是中方的主张和日方的主张都不受影响……春晓油气田的合作开发和其他海域的共同开发是两回事……春晓油气田的开发必须要依照中国法律来进行……春晓油气田的主权权利属于中国。"②

可见，中日之间有关海上油气资源共同开发属于"争议海域共同开发"，春晓油气田的开发不属于油气资源共同开发的范畴。③ 另外，《东海问题原则共识》并非完全有利于中国。因为虽然《东海问题原则共识》没有提及日方单方面主张的所谓东海"中间线"（以下简称日方所谓"中间线"），但是它确立的海上油气资源共同开发的区块，实际横跨了日方所谓"中间线"，并囊括了日方所谓"中间线"以西的部分无争议海域。④ 诚如有学者一针见血地指出，中日《东海问题原则共识》所确立的海上油气资源共同开发区块有一个明显的特征，即延伸至日方所谓"中间线"中国一侧的无争议海域。⑤

---

① 参见 Joint Press Conference by Minister for Foreign Affairs Masahiko Koumura and Minister of Economy, Trade and Industry Akira Amari（Regarding Cooperation Between Japan and China in the East China Sea），available at http：// www. mofa. go. jp/announce/fm_press/2008/6/0618. html。

② 参见《外交部副部长就中日东海问题原则共识发表谈话》，载中华人民共和国中央人民政府网 http：//www. gov. cn/xwfb/2008-06/19/content_1021854. htm。

③ 参见董世杰：《争议海域既有石油合同的法律问题研究》，武汉大学出版社 2019 年版，第 201 页。

④ 参见 Gao Jianjun, A Note on the 2008 Cooperation Consensus Between China and Japan in the East China Sea, Ocean Development and International Law, Vol. 40, No. 3, 2009, p. 293。

⑤ 参见 Suk Kyoon Kim, China and Japan Maritime Disputes in the East China Sea: A Note on Recent Developments, Ocean Development and International Law, Vol. 43, No. 3, 2012, p. 301。

　　值得注意的是，2014 年 11 月 7 日，中、日两国就处理和改善双边关系达成了四点原则共识，其中特别提到"双方认识到围绕钓鱼岛等东海海域近年来出现的紧张局势存在不同主张"①。这被国内部分媒体解读为中方在钓鱼岛问题上的一大突破。② 然而，笔者认为对此不能过于乐观。因为在上述四点原则共识达成后不久的11 月 21 日，日本内阁就在其一份答辩书中宣称，关于东海海域近年发生的紧张局势，已经确认了日中双方的见解有所不同，但关于钓鱼岛的"立场不会改变"③。

四、中国与越南

（一）越南与外国石油公司在南海进行油气资源勘探开发合作的概况

　　20 世纪 70 年代以来，越南政府就邀请外国石油公司在南海进行油气资源勘探开发活动。例如，1973 年，南越的国家石油公司邀请了 27 家外国石油公司对近海石油开采特许权进行投标，其招标矿区有相当一部分侵入了中国传统断续线内的海域。1980 年 7月，越南与苏联签订了在越南南方大陆架合作勘探开发石油和天然气资源的协定。对此，中国外交部发表声明指出，南沙群岛"区域内的资源理应属于中国，任何国家未经许可进入上述区域从事勘探、开发和其他活动都是非法的，任何国家与国家之间为在上述区

---

　　①　参见《杨洁篪会见日本国家安全保障局长谷内正太郎——中日就处理和改善中日关系达成四点原则共识》，载《世界知识》2014 年第 23 期，第 7页。

　　②　参见《改善中日关系的可贵一步——专家解读中日四点原则共识》（2014 年 11 月 7 日），载新华网 http：//news. xinhuanet. com/2014-11/07/c_127189732. htm。

　　③　参见《日本内阁公然否认中日共识，称钓鱼岛不存争议》（2014 年 11月 22 日），载环球网 http：//world. huanqiu. com/exclusive/2014-11/5211790.html。

域内进行勘探、开采等非法活动而签订的协定或合同，都是无效的"①。

1994 年 5 月，越南把紧邻其西部的蓝龙油田出租给美国莫尔比公司，并派出勘探船进入万安滩海域进行地球物理勘探作业。1996 年 4 月，越南又将蓝龙油田最东部的两个区块勘探权授予美国康菲公司，它与中国批准的美国克里斯通能源公司的勘探区面积产生了大面积重叠。

2017 年和 2018 年，越南授权西班牙雷普索尔公司（Repsol）在万安北-21 号区块进行钻探作业。② 2018 年和 2019 年，越南授权俄罗斯石油公司（Rosneft）在万安滩西北海域进行钻探作业。2019 年 5 月至 7 月，鉴于俄罗斯石油公司租赁的"白龙 5 号"（Hakuryu-5）钻井平台在中国南海沙群岛海域内进行单方面的勘探活动，中国派出海警 35111 号船进行执法行动。③ 另外，据 BBC 报道，2020 年 6 月 12 日，西班牙雷普索尔公司（Repsol）宣布退出 07/03 和 135-136/03 区块勘钻作业，已经在越南头顿（Vung Tau）港准备出海作业两个月的一个海上钻井平台也被告知取消作业计划。越南国家石油公司（Petro Vietnam）同意向西班牙雷普索尔公司（Repsol）和阿联酋的阿布扎比穆巴达拉集团支付"终结合约"和"赔偿"款项，达到至少 10 亿美元的赔偿金。西班牙雷普索尔公司（Repsol）在一份新

---

① 参见萧建国：《国际海洋边界石油的共同开发》，海洋出版社 2006 年版，第 168 页。

② 参见 Bill Hayton, South China Sea: Vietnam Halts Drilling after "China threats", BBC News, 24 July 2017, available at https://www.bbc.co.uk/news/world-asia-40701121; Vietnam "Scraps South China Sea Oil Drilling Project under Pressure from Beijing", South China Morning Post, 23 March 2018, available at https://www.scmp.com/news/china/diplomacy-defence/article/2138619/vietnam-scraps-south-china-sea-oil-drilling-project。

③ 参见 China Risks Flare-Up over Malaysian, Vietnamese Gas Resources, Center for Strategic and International Studies, 16 July 2019, available at https://amti.csis.org/china-risks-flare-up-over-malaysian-vietnamese-gas-resources/。

闻稿中表示,"无意证实或否认"上述款项和数字。[1]

此外,1992 年 6 月 5 日,越南与马来西亚开展了共同开发,且其实践较为成功。

(二)中越两国在南海进行油气资源共同开发的尝试及其进展

中越两国关于海上边界问题的谈判,始于 20 世纪 70 年代。1974 年和 1977 年,中越两国围绕北部湾划界问题举行了两次副外长级会谈。越南认为,北部湾划界问题已经在 1887 年中法《续议界务专约》解决;而中方认为,北部湾从未划分过,如果按越方主张的划界限,北部湾 2/3 的海域将划归越南,这是不合理、不公平的。

1979 年 9 月,中方与一些欧美石油公司签订了在海南岛西部进行地球物理勘探的协议。为此,越南指责中方在两国海上争议区签订勘探协议。1981 年,中方建议把北纬 18 度—20 度、东经 107 度—108 度区域作为"中立区",双方均不进入这块长方形的区域进行油气资源勘探开发活动;中方将限制本国石油公司(包括对外招标)不跨越东经 108 度线以西海域。越南虽然未明确表示愿意接受中方的这一建议,但是在实际上还是中止了它与西方石油公司就该海域进行油气资源勘探开发的谈判。[2]

1992 年,中国海洋石油总公司授权美国克里斯通能源公司在万安滩海域进行油气资源的勘探开发活动。越南针锋相对,于 1994 年和 1996 年也将这一区域的两个区块授予美国康诺公司进行油气资源的勘探开发活动。1993 年,在中越首轮政府级边界谈判中,中方多次表示在南沙海域与越方"搁置争议、共同开发",提出可将万安滩盆地作为两国海上油气资源共同开发的第一个区域,并相互参加对方在万安滩与外国公司签订的

---

① 参见《越南最近停止在南海的部分油气作业、解除合约》,BBC2020 年 7 月 15 日报道,载 https://www.bbc.com/zhongwen/simp/world-53421349。

② 参见萧建国:《国际海洋边界石油的共同开发》,海洋出版社 2006 年版,第 184 页。

石油合同区。① 然而，越南认为中国与美国石油公司签订的万安滩合同侵犯了其大陆架权利，不愿意接受中方的倡议。1995 年 11 月，在中越海上问题专家小组第一轮会议上，中方提出愿意根据公认的国际法，包括现代海洋法和《联合国海洋法公约》所确立的法律原则和制度，通过双边谈判和协商，妥善解决南沙争议问题；一时解决不了，可暂时搁置争议，寻求共同开发或开发各种形式的合作。②

2000 年 12 月，中、越两国正式签署了《中华人民共和国和越南社会主义共和国关于在北部湾领海、专属经济区和大陆架的划界协定》。该协定第 7 条规定：“如果任何石油、天然气单一地质构造或其他矿藏跨越本协定第 2 条所规定的分界线，缔约双方应通过友好协商就该构造或矿藏的最有效开发以及公平分享开发收益达成协议。”有学者认为，这一规定实际上已明确赋予了中越双方在北部湾进行海上油气资源共同开发的实质性法律义务。③ 2005 年 10 月，中国海洋石油总公司和越南国家石油公司签署了《关于北部湾油气合作的框架协议》。

2006 年，中越两国开始商谈北部湾湾口外海域油气资源共同开发问题。2011 年 10 月，中、越两国达成的《关于指导解决中华人民共和国和越南社会主义共和国海上问题基本原则协议》规定：“双方每年举行两次政府边界谈判代表团团长定期会晤，轮流主办，必要时可举行特别会晤。”在一些学者看来，该协议是中越两国间事实上的双边行为准则。④ 2012 年 5 月，中越双方举行了北部湾湾口外海域工作组第一轮磋商，并就湾口外海域划界与油气资源

---

① 参见萧建国：《国际海洋边界石油的共同开发》，海洋出版社 2006 年版，第 181 页。

② 参见萧建国：《国际海洋边界石油的共同开发》，海洋出版社 2006 年版，第 181 页。

③ 参见萧建国：《国际海洋边界石油的共同开发》，海洋出版社 2006 年版，第 184 页。

④ 参见 Rames Amer and Li Jianwei, Recent Developments in the South China Sea, in Wu Shicun and Hong Nong ed., Recent Developments in the South China Sea Dispute: the Prospect of Joint Development Regime, Routledge 2014, p. 42。

共同开发问题交换了意见。① 2013 年 10 月，中越两国发表了《新时期深化中越全面战略合作的联合声明》，双方同意积极研究和商谈共同开发问题，在政府边界谈判代表团框架下成立中越海上共同开发磋商工作组；本着先易后难、循序渐进的原则，稳步推进湾口外海域划界谈判并积极推进该海域的共同开发。2015 年 11 月，《中越联合声明》再次强调："双方将稳步推进北部湾湾口外海域划界谈判并积极推进该海域的共同开发，同意加大湾口外海域工作组谈判力度，继续推进海上共同开发磋商工作组工作，加强低敏感领域合作。"2015 年 12 月至 2016 年 4 月，中越双方开展了北部湾湾口外海域共同考察工作。

值得一提的是，2022 年 11 月，中、越两国共同发表的《关于进一步加强和深化中越全面战略合作伙伴关系的联合声明》明确指出："双方一致同意，继续恪守两党两国领导人达成的重要共识和《关于指导解决中越海上问题基本原则协议》……积极磋商不影响各自立场和主张的过渡性、临时性解决办法……积极推进海上共同开发磋商和北部湾湾口外海域划界磋商，推动上述两项工作早日取得实质进展；双方愿继续积极开展海上低敏感领域合作。"② 截至 2022 年 12 月底，北部湾湾口外海域工作组已举行了 10 多轮磋商，海上共同开发磋商工作组也举行了 10 多轮磋商。

五、中国与菲律宾

（一）菲律宾与外国石油公司在南海进行油气资源勘探开发合作的概况

20 世纪 70 年代以来，菲律宾与多家外国石油公司签订了有关

---

① 参见《中越举行北部湾湾口外海域工作组第一轮磋商》（2012 年 5 月 23 日），载新华网 http://news. xinhuanet. com/world/2012-05/23/c_112019 280. htm。

② 《关于进一步加强和深化中越全面战略合作伙伴关系的联合声明》（2022 年 11 月 1 日），载外交部网站 https：//www. fmprc. gov. cn/zyxw/ 202211/t20221102_10795594. shtml。

油气资源勘探开发的协定或合同。例如，1974 年菲律宾首次将南海的礼乐滩约 2.6 万平方千米的面积租给了瑞典石油公司进行勘探，共钻 37 口井，约有 7 口井位于中国传统断续线内。1976 年 4 月，由美国国际石油公司和瑞典公司组成的财团，在菲律宾政府租给的礼乐滩区域成功地钻获石油。此外，菲律宾政府还把尹庆群礁和郑和群礁地区出租让给菲国家石油公司，把巴拉望以西的广大海域租让给雪弗龙-德士古公司、菲利普公司、壳牌等外国公司。这些公司都在中国南沙群岛海域内大肆进行石油勘探活动。[①]

(二)中菲两国在南海进行油气资源共同开发的尝试及其进展

20 世纪 80 年代以来，中菲两国开始在南海相关海域进行油气资源共同开发的磋商。例如，1986 年和 1988 年，邓小平同志在会见来访的菲律宾国家领导人时就提出，南沙问题可先放一放，采取共同开发的方法。

1993 年，菲律宾总统拉莫斯访华，中国国家主席江泽民重申了对南沙的原则立场和"搁置争议、共同开发"的主张。[②] 1995 年 6 月，菲外长西亚松在马尼拉表示，菲、中两国已就南沙群岛开展多边商业活动的可行计划达成一致，菲驻华大使已提交了可能在南沙群岛实施开发的项目清单。同年 8 月，在中菲有关南沙问题的谈判中，中方提出了一些有关油气资源共同开发的具体建议。

2003 年 3 月，菲律宾外交部正式致函中国外交部，就共同开发南海事宜提出建议。同年 11 月 10 日，中国海洋石油总公司和菲律宾国家石油公司在马尼拉签署了有关共同开发南海油气资源的意向书，共同开发区的面积达 16 万余平方千米。[③] 2004 年，中、菲双方签署了双边的联合勘探协议。由于越南方面的抗议和介入，中

[①]　参见萧建国：《国际海洋边界石油的共同开发》，海洋出版社 2006 年版，第 169 页。

[②]　参见萧建国：《国际海洋边界石油的共同开发》，海洋出版社 2006 年版，第 179 页。

[③]　参见萧建国：《国际海洋边界石油的共同开发》，海洋出版社 2006 年版，第 180 页。

菲双边合作演化为中、菲、越三方合作。2005 年 4 月，中、菲、越三国的石油公司签署了《在南海协议区三方联合海洋地震工作协议》(A Tripartite Agreement on the Joint Seismic Undertaking in the Agreed Area in the South China Sea)，该协议区的面积约为 143000 平方公里，[①] 被认为朝着"共同开发"迈出的历史性、实质性一步，也是三方共同落实《南海各方行为宣言》的重要举措。[②]

2012 年，担任菲律宾菲莱克斯石油公司(Philex Petroleum)董事长兼首席执行官彭泽仁(Manuel Pangilinan)明确提出，计划利用外国石油公司的技术和资金，联合开发礼乐滩的油气资源。[③] 2013 年 10 月，有消息指出，中国海洋石油总公司与论坛能源公司(Forum Energy，该公司为菲莱克斯的子公司，当时在英国上市，后退市成为私人公司)就在礼乐滩共同勘探油气资源问题进行谈判。[④]

2016 年，杜特尔特在当选菲律宾总统后多次表示愿与中国在南海进行油气资源的共同开发。当年 10 月，菲律宾总统杜特尔特访问中国，标志着"中菲关系全面恢复和发展，南海问题重新回到双边对话协商解决的正轨"[⑤]。随后，中、菲两国发表了《中华人民共和国与菲律宾共和国联合声明》。该联合声明重申"双方可就涉及南海的各自当前及其他关切进行定期磋商，双方同意探讨在其他

① 参见 China, Philippines and Vietnam Sign Agreement To Explore Oil in the South China Sea, 15 March 2005, available at http://www.zaobao.com/gj/yx501_150305.html; Carlos Santamaria, Sino-Philippine Joint Development in the South China Sea: Is Political Will Enough? Asian Politics & Policy, Vol. 10, No. 2, 2018, pp. 329-332。

② 参见 Liu Zhenmin, The Basic Position of China on the Settlement of Maritime Disputes, China Ocean Law Review, Vol. 2, 2005, p. 22。

③ 参见《邦义礼南要带进中国公司，前去礼乐滩共同勘探石油》，载[菲律宾]《世界日报》2012 年 6 月 25 日第 2 版。

④ 参见《能源部长贝蒂诺呼吁邦义礼南尽快与中国石油公司达成协议》，载[菲律宾]《世界日报》2014 年 1 月 10 日第 2 版。

⑤ 参见《中国外交部发言人华春莹主持例行记者会的表态》(2016 年 10 月 21 日)，载外交部网站 http://www.fmprc.gov.cn/web/fyrbt_673021/jzhsl_673025/t1407728.shtml。

领域开展合作"①。

　　2018 年 11 月 20 日，在习近平主席到访菲律宾期间，中菲两国签署了《关于油气开发合作的谅解备忘录》(以下简称《备忘录》)。② 2019 年 7 月 23 日，第 22 次中菲外交磋商在马尼拉举行，双方一致同意加强海上对话，推进油气共同开发等方面的海上合作。③ 8 月 29 日，习近平主席与杜特尔特总统举行会见，宣布成立油气合作政府间联合指导委员会和企业间工作组，希望加快海上油气共同开发进程，推动取得实质进展。④ 2019 年 10 月 28 日，中国—菲律宾油气开发合作政府间联合指导委员会第一次会议在北京召开，双方确认委员会正式成立，就谅解备忘录的合作安排交换意见，同意就油气开发合作进行沟通和协调并争取取得进展。⑤ 有消息称，中菲双方还就 SC57 区块和 SC72 区块的合作进行过接触。⑥

---

　　①　参见《中华人民共和国与菲律宾共和国联合声明》(2016 年 10 月 21 日) 第 42 条，载外交部网站 http：//www. fmprc. gov. cn/web/ziliao_674904/1179_674909/t1407676. shtml。

　　②　参见《中华人民共和国政府和菲律宾共和国政府关于油气开发合作的谅解备忘录》(2018 年 11 月 20 日)，载 https：//www. fmprc. gov. cn/web/ziliao_674904/tytj_674911/tyfg_674913/t1616639. shtml

　　③　参见《中菲举行第 22 次外交磋商》，载外交部网站 https：//www. fmprc. gov. cn/web/gjhdq_676201/gj_676203/yz_676205/1206_676452/xgxw_676458/t1682652. shtml。

　　④　参见《习近平会见菲律宾总统杜特尔特》，载外交部网站 https：//www. fmprc. gov. cn/web/gjhdq_676201/gj_676203/yz_676205/1206_676452/xgxw_676458/t1693011. shtml。

　　⑤　参见《中国-菲律宾油气开发合作政府间联合指导委员会第一次会议在北京召开》，载外交部网站 https：//www. fmprc. gov. cn/web/wjbxw_673019/t1711665. shtml。

　　⑥　参见 Jay Batongbacal, Philippine-China Joint Development Talks Still at an Impasse, Despite Green Light, April 13, 2018, Asia Maritime Transparency Initiative, available at https：//amti. csis. org/philippine-china-joint-development-impasse/；杨泽伟：《仲裁案后南海共同开发：机遇、挑战及中国的选择》，载《海南大学学报人文社会科学版》2017 年第 6 期，第 5 页；康霖、罗传钰：《中菲南海油气资源共同开发：挑战与努力方向》，载《国际问题研究》2018 年第 5 期，第 118~120 页；祁怀高：《当前中菲南海共同开发的制约瓶颈与应对思考》，载《太平洋学报》2019 年第 3 期，第 2~3 页。

但此后双方合作步伐有趋缓迹象。2017 年 5 月中菲南海问题双边磋商机制建立并举行第一次会议，2018 年和 2019 年均保持了每年两次会议的频率，但第六次会议却与第五次会议间隔达一年半之久后于 2021 年 5 月以视频方式举行，而在第五次会议同时成立的中菲油气开发合作政府间联合指导委员迄未召开第二次会议，公开资料中亦未看到中菲企业间开展谈判的相关消息。尽管可能有新冠疫情影响双方面对面会谈的因素，但双方如有意保持密切接触，完全可通过视频方式实现。相关迹象似可表明，双方在实质性谈判中可能遇到某些障碍，导致谈判进程放缓。到杜特尔特执政末期，菲方对中菲共同开发的态度转趋消极，2022年 6 月时任菲律宾外长洛钦宣布终止与中方的南海能源共同开发合作谈判①。

2022 年 11 月 17 日，习近平主席在泰国曼谷会见菲律宾总统马科斯。习近平指出，中方始终从战略高度看待中菲关系，中方愿同菲方传承友谊，接续合作，共同致力于国家发展振兴，谱写中菲友好新篇章。值得注意的是，2023 年 1 月菲律宾总统马科斯访华，两国发表《联合声明》，表示将牢记上述《备忘录》精神，在已有成果基础上，尽早重启海上油气开发磋商。② 外交部发言人毛宁在回答记者提问时对此的解释是，两国元首宣布重启油气共同开发谈判③。然而，2023 年 1 月，菲最高法院判决中菲越三方地震协议违反菲宪法，给未来中菲共同开发的谈判蒙上了一层阴影。

---

① 可参见中国外交部网站，https：//www.mfa.gov.cn/web/wjdt_674879/fyrbt_674889/202206/t20220624_10709637.shtml，最后访问日期 2023年 2 月 23 日。

② 参见中国外交部网站，https：//www.mfa.gov.cn/zyxw/202301/t20230105_11001029.shtml，最后访问日期 2023 年 2 月 23 日。

③ 参见中国外交部网站，https：//www.mfa.gov.cn/web/wjdt_674879/fyrbt_674889/202301/t20230105_11001347.shtml，最后访问日期 2023 年 2 月 23日。请特别注意相关表述上的区别。

六、中国与马来西亚

马来西亚在南海一直奉行的策略是"少谈主权、多采石油"①。因此，早在 20 世纪 60 年代，马来西亚就开始了对南海的油气资源开发活动。据不完全统计，截至 2019 年，马来西亚现有 142 个海上合同区块中，部分或完全进入断续线的有 99 个，面积近 36 万平方公里；已进行 12.7 万平方公里的三维地震采集作业，探井和开发井 1157 口，累计产量 11.4 亿吨，是南海周边国家中在断续线内开采油气产量最多的国家。

马来西亚还与泰国、越南和文莱有进行海上油气资源共同开发谈判和实践的成功案例。中国与马来西亚一直保持良好的外交关系、目前两国呈现高水平全面战略伙伴关系。2014 年 11 月，中国国家主席习近平会见前来参加亚太经合组织第 22 次领导人非正式会议的马来西亚总理纳吉布时指出：中马"双方要推进海上合作和共同开发，促进地区和平、稳定、繁荣"。② 2020 年 10 月 13 日，中马两国决定成立由双方外长牵头的"中马合作高级别委员会"，并制定政府间合作框架文件，统筹推进两国各领域合作，推动中马全面战略伙伴关系迈上新台阶。③ 但从公开文献中，迄未发现中国与马来西亚有在南海进行油气资源共同开发的谈判。

七、中国与文莱

自 20 世纪 70 年代起，文莱加强与外国石油公司合作，对沙巴

---

① 参见 Theresa Fallon, Jockeying for Position in the South China Sea: Cooperative Strategy or Managed Conflict? in Yann-Huei Song, Keyuan Zou ed., Major Law and Policy Issues in the South China Sea: European and American Perspective, Ashgate 2014, p. 201。

② 新华社消息：《习近平会见参加 APEC 会议 5 经济体领导人》，载《人民日报》(海外版) 2014 年 11 月 11 日，http：//news. 163. com/14/1111/04/AAOCDM6500014AED. html。

③ 参见《王毅谈中马八点共识》(2020 年 10 月 13 日)，载中新网 https：//www. chinanews. com. cn/gn/2020/10-13/9311886. shtml。

盆地和曾母盆地的石油资源进行勘探和开采。文莱与马来西亚有共同开发的实践。

中国与文莱战略合作伙伴关系稳定发展。2011 年 11 月，中文两国签署了《中文关于能源领域合作谅解备忘录》，中国海洋石油总公司与文莱国家石油公司签署了《中国海洋石油总公司与文莱国家石油公司油气领域商业性合作谅解备忘录》，并在 2013 年签署了合作协议以及关于成立油田服务领域合资公司的协议。2013 年 10 月，中文两国发表了《中华人民共和国和文莱达鲁萨兰国联合声明》，"两国元首同意支持两国有关企业本着相互尊重、平等互利的原则共同勘探和开采海上油气资源。有关合作不影响两国各自关于海洋权益的立场"①。2014 年 11 月，中国国家主席习近平会见前来参加亚太经合组织第 22 次领导人非正式会议的文莱苏丹哈桑纳尔时也指出："中方愿意同文方加强海上合作，推动南海共同开发尽早取得实质进展。"②2020 年 1 月，"中文政府间联合指导委员会"召开首次会议，双方同意致力于在海上合作领域成立工作组，重申致力于维护南海的和平、稳定和安全等。③ 2021 年 1 月，中文政府间联合指导委员会第二次会议宣布，"双方在委员会框架下建立能源合作工作组，同意推动在海上合作、农渔业合作、旅游人文合作领域建立工作组，并尽快研究上述工作组'职责范围'……双

---

① 参见《中华人民共和国和文莱达鲁萨兰国联合声明》，https：//baike. baidu. com/item/%E4%B8%AD%E5%8D%8E%E4%BA%BA%E6%B0%91%E5%85%B1%E5%92%8C%E5%9B%BD%E5%92%8C%E6%96%87%E8%8E%B1%E8%BE%BE%E9%B2%81%E8%90%A8%E5%85%B0%E5%9B%BD%E8%81%94%E5%90%88%E5%A3%B0%E6%98%8E/997969？fr = aladdin，最后访问日期：2023 年 3 月 2 日。

② 新华社消息：《习近平会见参加 APEC 会议 5 经济体领导人》，载《人民日报》(海外版) 2014 年 11 月 11 日，http：//news. 163. com/14/1111/04/AAOCDM6500014AED. html。

③ 参见《中华人民共和国和文莱达鲁萨兰国政府间联合指导委员会第首次会议联合新闻稿》(2020 年 1 月 22 日)，载外交部网站 https：//www. mfa. gov. cn/web/。

方重申通过和平对话和协商解决领土和管辖权争议"①。

八、中国与印度尼西亚

目前印尼在南沙争议海域主要利益是纳土纳气田的开发。印尼政府正积极与外国公司合作，引入外资 400 多亿美元开采和利用这一地区的资源。迄今，印尼已与澳大利亚、印度、马来西亚、巴布亚新几内亚、菲律宾、新加坡、泰国和越南在部分海域上达成了一致，签订了海洋划界协议②，但在其他更加广阔的海域中，印尼与周边邻国还遗留着巨大的争议，其在南海争端海域的大部分专属经济区均未划定，影响着周边海域的安全与合作。

此外，1989 年印尼曾与澳大利亚签署了《澳大利亚与印度尼西亚共和国在印度尼西亚东帝汶省与澳大利亚北部之间的区域设立合作区的条约》，有对共同开发谈判和合作模式的丰富经验。③

印尼一直以来都在扮演南海争端"调停人"的角色，曾连续主办多届"处理南海潜在冲突研讨会"，希望通过和平方式妥善解决南海问题。2000 年 5 月 8 日，中国与印尼发表联合声明，双方同意在许多重要领域进行合作，其中包括矿产和渔业。2011 年，印尼担任东盟轮值主席国时，对于南海问题，呼吁各方相互保持冷静克制，希望通过双边谈判而非多边谈判的方式解决问题。④ 中国和

---

①　参见《中华人民共和国和文莱达鲁萨兰国政府间联合指导委员会第二次会议联合新闻稿》（2021 年 1 月 16 日），载外交部网站 https：//www. mfa. gov. cn/web/ziliao_674904/zt_674979/dnzt_674981/qtzt/kjgzbdfyyq_699171/202101/t20210116_9279024. shtml。

②　详情参见联合国海洋事务与海洋法司（UN Division for Ocean Affairs and the Law of the Sea），available at https：//www. un. org/Depts/los/LEGISLATIONANDTREATIES/STATEFILES/IDN. htm.

③　参见"1989 年澳大利亚与印度尼西亚共同开发案"，载杨泽伟主编：《海上共同开发协定汇编（汉英对照）（上）》，社会科学文献出版社 2016 年版，第 272~312 页；李亚伟：《帝汶海共同开发案研究》，武汉大学硕士学位论文 2016 年。

④　参见郭杰、张惠：《"五国"加紧掠夺南海油气资源》，载《中国石化》2012 年第 8 期，第 69 页。

印尼之间仅存在海域争议，不涉及岛屿争端，但从公开文献迄未看到双方进行过涉及共同开发的谈判。

第三节 海上油气资源共同开发法律适用实践对中国的启示

如前所述，通过对海上油气资源共同开发法律适用的特点及其影响因素的分析，我们可以得出其对今后中国与周边国家有关海上油气资源共同开发的法律适用，具有以下启示和借鉴意义。

一、从跨界共同开发和双边共同开发做起

（一）坚持从跨界海上油气资源共同开发再到争议海区海上油气资源共同开发

一般而言，跨界海上油气资源共同开发要比争议海区或海域主张重叠区的海上油气资源共同开发容易些。因为跨界海上油气资源共同开发是在两国海上边界线已经划定的情况下实施的，有关海域的管辖权问题非常清晰，海上油气资源共同开发的当事国关注点也主要集中在开发收益的分配方面。因此，未来中国与周边海上邻国进行油气资源共同开发，应从跨界海上油气资源共同开发入手，如中越北部湾湾口内的油气资源共同开发；然后再逐步推进到争议海区或海域主张重叠区的油气资源共同开发，如中越北部湾湾口外的海上油气资源共同开发以及中国与印尼在南海的油气资源共同开发、中国与马来西亚在南海的油气资源共同开发以及中国与文莱在南海的油气资源共同开发等。

至于2002年"东帝汶与澳大利亚共同开发案"，既包括东帝汶与澳大利亚两国领海的海上油气资源共同开发，也涵盖东帝汶与澳大利亚两国海域主张重叠区的海上油气资源共同开发，由于过于复杂和繁琐，中国不宜借鉴和效仿之。

（二）尽量选择双边海上油气资源共同开发

迄今已有的海上油气资源共同开发的成功实践表明，通过海上

油气资源共同开发的方式解决双边争端要比多边争端更加容易一些。况且,在目前已有的海上油气资源共同开发的实践中,虽然没有仅限于两国海上油气资源共同开发的原则性规定,但是成功的海上油气资源共同开发案例都是双边的。因为争议海区涉及的当事国少,相对比较容易划定海上油气资源共同开发"区块"以进行共同开发。相反,三方或三方以上的海上油气资源共同开发的尝试,鲜有取得成功的案例。例如,1999年虽然马来西亚、泰国与越南三国原则上同意在泰国湾划定进行海上油气资源共同开发的"区块"①,但是至今尚未取得任何实质性的进展。又如,中国、菲律宾和越南的三国石油公司早在2005年就签署了《在南中国海协议区三方联合海洋地震工作协议》(A Tripartite Agreement for Joint Marine Scientific Research in Certain Areas in the South China Sea),但后续遇到的执行问题十分复杂,也拖延了协议执行的速度,错过了当时中菲关系处于较好时期的时机,当菲国内形势发生变化后,协议未能执行下去,至2023年初还被菲最高法院以该协议违反菲宪法为由宣布无效。因此,未来中国与周边海上邻国进行海上油气资源共同开发,也宜尽量采取双边方式,尽量避开三边或多边的合作形式。

二、确立有利于维护中国国家利益的共同开发法律适用模式

(一)进一步明确在海上油气资源共同开发法律适用方面可以妥协的事项

如上所述,目前国际社会还没有确立在海上油气资源共同开发法律适用方面的统一标准和共同模式。因此,在未来中国与周边海上邻国进行海上油气资源共同开发的法律适用方面,我们应当奉行以维护中国国家利益为优先原则,在海洋环境保护等低敏感度、且国家主权权力色彩较弱的事项方面的法律适用,可以考虑适当作出一定的妥协和让步;而在涉及税收、海关、检疫和移民特别是在刑

---

① 参见 Nguyen Hong Thao, Vietnam and Joint Development in the Gulf of Thailand, Asian Yearbook of International Law, Vol. 8, 2003, p. 138。

事管辖和民事行为等属于高敏感度、且主权权利色彩较浓的事项方面的法律适用，有关的妥协和让步需要仔细斟酌和特别慎重，当然也不能走极端——不切实际地绝对排除另一方当事国相同部门法的适用，尽管"当事国在这方面的让步往往被赋予政治含义"[1]。

(二)注意海上油气资源共同开发模式的转换

虽然海上油气资源共同开发最初是从跨界海上油气资源共同开发向争议海区或海域主张重叠区油气资源共同开发推进的，但是随着争议海域完成海上划界，争议海区或海域主张重叠区海上油气资源共同开发将不复存在。然而，即便两个主权国家完成海域划界，也不能排除不会出现"单一地质构造"(deposit clause)的跨界分布。因此，在完成争议海域或海域主张重叠区海上划界后，只要存在跨界分布的"单一地质构造"，跨界海上油气资源共同开发就仍然具有现实意义。[2] 有鉴于此，尽管我们坚持遵循"从跨界海上油气资源共同开发再到争议海区海上油气资源共同开发"这样的先易后难原则，但是海上油气资源共同开发仍将呈现出从跨界海上油气资源共同开发、到争议海区海上油气资源共同开发、再回归到跨界海上油气资源共同开发这样一种发展趋势。

三、重视在争议海区或海域主张重叠区先存权的积极意义

所谓先存权(pre-existing right)是指在海上油气资源共同开发区块划定之前，沿海国单方面将该区域或部分区块的勘探开发许可权授予了第三方的石油公司，该石油公司由此获得了对该区域或部分

① 参见 Yusuf Mohammad Yusuf, Is Joint Development A Panacea For Maritime Boundary Disputes and for The Exploitation of Offshore Transboundary Petroleum Deposits? International Energy Law Review, Vol. 4, 2009, p. 133。
② 参见董世杰：《海上共同开发区的法律适用》，载《武大国际法评论》2015年第2期，第85页。

区块的某种经营开发权利。① 根据《联合国海洋法公约》第 77 条之规定:"沿海国为勘探大陆架和开发其自然资源的目的,对大陆架行使主权权利。"因此,主权国家原则上只能在属于本国的内海、领海、毗连区和大陆架范围内颁发油气资源勘探开发的许可证,超越此范围的许可证就是无效的。然而,在国际实践中,主权国家往往会出于法律因素、经济原因、技术背景和国内政局等原因而颁发争议海域的油气资源勘探开发许可证,从而导致先存权问题的产生。②

在迄今已有的海上油气资源共同开发的国际实践中,海上油气资源共同开发的当事国一般都会对共同开发区内的先存权予以承认。

例如,在 1965 年"沙特阿拉伯与科威特共同开发案"中,沙特阿拉伯与科威特签订的《沙特阿拉伯王国—科威特国划分中立区的协定》第 11 条明确规定:"现有的石油特许协议继续有效,缔约国双方在其各自的分隔区内,应当尊重现有石油特许协议的条款及其修订文本。缔约国双方也要通过必要的立法和法律措施,确保特许公司持续行使权利和履行义务。"可见,在该案中沙特阿拉伯与科威特均承认海上油气资源共同开发区内的先存权。③

又如,在 1979 年"泰国与马来西亚有关泰国湾的共同开发案"中,泰国在与马来西亚进行谈判、解决海域争议之前,就按照本国相关的油气资源法,向两家美国石油公司颁发了油气勘探开发许可证。这两家公司因此分别获得了有关海上区块的专属性经营权,而这些区块处在泰国与马来西亚主张的大陆架重叠区域。不过,马来

---

① 参见萧建国:《国际海洋边界石油的共同开发》,海洋出版社 2006 年版,第 113 页;Hazel Fox etc. ed., Joint Development of Offshore Oil and Gas: A Model Agreement for States for Joint Development with Explanatory Commentary, British Institute of International and Comparative Law 1989, p. 214。

② 参见杨泽伟:《海上共同开发的先存权问题研究》,载《法学评论》2017 年第 1 期,第 121~122 页。

③ 参见 Article 11 of Agreement Between the Kingdom of Saudi Arabia and the State of Kuwait on the Partition of the Neutral Zone, 7 July 1965。

西亚没有单方授权外国石油公司开发该海域的油气资源。① 然而，1979 年马来西亚与泰国签订的《马来西亚和泰王国为开发泰国湾两国大陆架划定区域内海床资源而建立联合管理局的谅解备忘录》则明确承认，两国共同开发区内已经授予的"特许权、已签发的许可证或者已达成协定或安排"不受两国共同开发安排的影响，应继续有效。②

此外，在 1992 年"马来西亚与越南共同开发案"中，早在 20世纪 80 年代中期，马来西亚就开始在与越南主张重叠的海域从事油气勘探开发活动，并先后特许三个外国石油公司勘探开发该海域的石油资源。1991 年，马来西亚授权的汉密尔顿石油公司（Hamilton）发现了一个日产 4400 桶的油田。③ 然而，1992 年马来西亚与越南签订的《马来西亚和越南社会主义共和国关于两国大陆架划定区域内石油勘探和开采的谅解备忘录》也明文规定，存在于马来西亚与越南共同开发区的马来西亚之前授予外国石油公司的开采权，继续有效。④

其实，中国在南海也曾经采取了类似的有关先存权方面的行动，授权外国石油公司在南海有关海域进行油气资源的勘探开发或者发布有关海域的公开招标公告。例如，1992 年中国特许美国克

---

① 参见何海榕：《泰国湾海上共同开发法律问题研究》，武汉大学出版社 2020 年版，第 94 页。

② 参见 Article 3 (2) of Memorandum of Understanding Between Malaysia and the Kingdom of Thailand on the Establishment of the Joint Authority for the Exploitation of the Resources of the Sea-Bed in a Defined Area of the Continental Shelf of the Two Countries in the Gulf of Thailand, 21 February 1979。

③ 参见何海榕：《泰国湾海上共同开发法律问题研究》，武汉大学出版社 2020 年版，第 95 页。

④ 参见 Article 3 (c) of Memorandum of Understanding Between Malaysia and the Socialist Republic of Vietnam for the Exploration and Exploitation of Petroleum in A Defined Area of the Continental Shelf Involving the Two Countries, 5 June 1992。

里斯通公司在南海万安滩附近海域进行商业开发。① 此外，2012 年 6 月 23 日，中国海洋石油总公司对外公开发布了"2012 年中国海域部分对外开放区块公告"，供与外国公司进行合作勘探开发的 9 个海上区块中，7 个位于南海中建南盆地，2 个位于南海万安盆地与南薇西盆地部分区域。② 虽然上述行动遭到了越南方面的强烈反对③，但是我们应当充分认识到这种先存权的积极影响和重要意义。如果中国政府给外国石油公司颁发在南海有关海域进行油气资源勘探开发的许可证、从而导致先存权问题的产生，那么不排除今后中国与海上邻国进行海上油气资源共同开发时双方明确承认这一先存权的可能性。

四、注意距离因素对共同开发法律适用的影响

海上油气资源共同开发区距中国大陆距离的远近，也可能会影响中国法律在海上油气资源共同开发区的适用。

众所周知，法的实施的重要性是不言而喻的。中国古代的先贤徐干在《中论》中早就指出："赏罚者不在于必重，而在于必行。必行，则虽不重而民属。不行，则虽重而民怠。"④美国社会学法学家庞德(Roscoe Pound) 也认为："法律的生命在于它的实行。"⑤同样，海上油气资源共同开发区法律适用的落脚点也在于法律能否有效实施。

---

① 参见 Zou Keyuan, China's U-Shaped Line in the South China Sea Revisited, Ocean Development & International Law. Vol. 43, No. 1, 2012, p. 22。

② 参见《2012 年中国海域部分对外开放区块公告》，载中国海洋石油总公司网站 http://www.cnooc.com.cn/data /html/news/2012-06-23/chinese/322013.htm。

③ 参见黄伟:《2012 年中海油发布南海油气对外招标公告的法律问题研究》，载《法学杂志》2012 年第 10 期，第 17 页；张晟:《越南在南海油气侵权活动的新动向及中国的法律应对》，载《边界与海洋研究》2020 年第 1 期，第 121 页。

④ 沈宗灵主编:《法理学》，高等教育出版社 1994 年版，第 341 页。

⑤ 参见 Roscoe Pound, Jurisprudence, Vol. I, West Publishing Co. 1959, p. 353。

其实，有些部门法在海上油气资源共同开发区的实施，并不依赖于当事国的公务人员在海上油气资源共同开发区内进行现场执法。例如，就海关法、税法来说，海关和税务的执法人员，并不需要到海上油气资源共同开发区内进行相关的现场执法，因为从事海上油气资源勘探开发的企业，一般都会在当事国境内设立办公场所。然而，有些部门法的实施，则需要海上油气资源共同开发的当事国公务人员进行现场执法。例如，在海上油气资源共同开发区内出现了有关海洋环境污染事故、发生了刑事案件，在这种情况下，海上油气资源共同开发的当事国就必须委派该国的相关人员到海上油气资源共同开发区调查事故原因、采取保护措施或者逮捕有关的刑事案件的嫌疑人等。可见，对于需要进行现场执法的部门法，其在海上油气资源共同开发区内能否有效实施，是最容易受到距离因素的影响的。①

因此，在未来中国与周边海上邻国进行海上油气资源共同开发活动，潜在易受距离影响的海上油气资源共同开发区块，主要集中在南海南部区域。如果在最近几年中国与其他南海周边国家在南海南部海区进行海上油气资源共同开发，因为距离中国大陆较远，我们可以采取灵活变通的办法，如涉及主权色彩较轻的事项，可以按照海上油气资源共同开发协议进行执法；而对于有关刑事管辖等主权色彩较重的事项，则应坚持适用中国法等。不过，值得欣慰的是，随着中国在南海岛礁建设的成就日益扩大，距离因素对中国与其他南海周边国家进行海上油气资源共同开发法律适用的影响将有所降低。

第四节　中国与南海周边国家海上油气资源 共同开发的潜在区块及其法律适用

基于中国与周边国家的共同开发尝试，以及相关实践对中国的

---

① 参见董世杰：《海上共同开发区的法律适用》，载《武大国际法评论》2015年第2期，第86页。

启示，本节重点讨论中国与南海周边国家海上油气资源共同开发的潜在区块及其法律适用问题。

一、中越共同开发区及其法律适用

（一）中越北部湾海上油气资源共同开发区

2000 年 12 月 25 日，中越两国正式签署了《中华人民共和国和越南社会主义共和国关于在北部湾领海、专属经济区和大陆架的划界协定》（以下简称《中越划界协定》）。2005 年 10 月，中国海洋石油总公司①与越南油气总公司签订了《关于北部湾协议区油气合作框架协议》②。2006 年 11 月，中国海洋石油总公司与越南油气总公司又签订了《北部湾协议区联合勘探协议》。2007 年 1 月，中越北部湾联合勘探协议区合作项目开始执行，第一阶段为 2 年。中越北部湾联合勘探协议区位于"中越北部湾划界协定线"两侧，中越两国面积各占一半。根据协议，两家企业将对中越边界线两边的对等区块进行了勘探，活动经费由双方分担。若在特定海域发现油田，双方将共同商讨，并合作开采。双方在协议区开展了三维地震勘探，钻探一口油井钻探，并进行了数据研究和解释等工作，其中越方负责前期的地震勘探作业，中方负责钻井作业，双方合作融洽。③ 然而，由于种种原因，中越联合勘探协议虽经多次延期，但未看到进一步的进展。

中国与越南之间在北部湾已完成划界，因此在该区域所进行的油气资源共同开发就属于跨界的油气资源共同开发，它所适用的法律包括：中越两国政府签订的北部湾油气资源共同开发协定、中越

---

①　现为"中国海洋石油集团有限公司"。

②　参见《中海油与越南石油签订北部湾油气合作框架协议》，载中华人民共和国中央人民政府网站 http：//www. gov. cn/govweb/jrzg/2005-11/01/content_88855. htm。

③　参见《中越南海油气开发合作猜想 从'湾内'到'湾外'》（2013 年 10 月 19 日），载海口网，http：//www. hkwb. net/news/content/2013-10/19/content_1978940. htm？ node=106。

两国在各自管辖的海域分别适用本国的国内法以及中越两国石油公司签订的有关勘探开发一体化协议。

(二)中越南海争议海域海上油气资源共同开发的法律适用

自北部湾湾口已划界点向南,中越在南海广大海域尚未划定海上边界线,因而在这些海域进行的油气资源共同开发属于海域主张重叠区的油气资源共同开发。

1. 北部湾湾口外区域

由于北部湾湾口外区域距离双方大陆距离均不远,且双方均在相关海域有油气勘探开发活动,因而在相关海域进行共同开发时,可能仍然由中国海洋石油集团有限公司与越南油气总公司负责,因而可以采用类似"马来西亚与越南共同开发案"中的管理模式,由两国石油公司组建管理机构制定具体的石油勘探开发规则,在刑事、民事、海关、检疫和税收等事项依双方商定分别适用中越两国的国内法。考虑到中越两国国内的舆论压力,双方让步妥协的幅度有限。

2. 南海中南部海域

如果中国决定与越南在南海中南部海域进行油气资源的共同开发,最好选择在只与一国存在争议的海域,可以考虑将万安滩附近海域作为潜在"区块"。①万安滩位于南沙群岛的西部,在李准滩西南约35海里,其东西长达63公里,平均宽也有11公里。万安滩附近海域蕴藏丰富的油气资源,其附近可以说是南部海域石油构造最好的区域。越南在万安滩有多处油井,出产的石油和天然气占越南GDP的相当大一部分。近些年来,越南加大了对万安滩附近海域油气资源的勘探开发力度,从而使之成为了国际石油公司相继投资的热点区域之一。如果中国能够与越南在万安滩附近海域进行油气资源共同开发,也能在一定程度上遏制越南在南海南部对中国的侵权行为。事实上,中国也一直想在这片海域有所作为。早在

---

① 参见 Robert Beckman etc. eds., Beyond Territorial Disputes in the South China Sea: Legal Framework for the Joint Development of Hydrocarbon Resources, Edward Elgar Publishing Limited 2013, p. 326。

1992 年 5 月，中国就与美国克里斯通能源公司（Crestone）就万安滩的油气资源勘探开发签订了合同。1994 年，克里斯通能源公司开始在"万安北-21"区块进行勘探活动。然而，由于越南方面的阻挠，该石油合同一直未能履行。虽然"万安北-21"区块的合同权益几经易手，但仍然有效。[①] 据报道，"万安北-21"合同权益是由光汇石油公司主席薛光林个人全资持有的私人公司于 2014 年从另一家公司购买取得。[②]

此外，2012 年 6 月 23 日，中国海洋石油总公司对外公开发布了"2012 年中国海域部分对外开放区块公告"，[③] 2019 年 7 月至 10 月，中国"海洋地质 8 号"调查船也曾在有关区块进行作业，[④] 相关

---

① 参见 Zou Keyuan, China's U-Shaped Line in the South China Sea Revisited, Ocean Development and International Law, Vol. 43, No. 1, 2012, p. 22；李国强：《南海油气资源勘探开发的政策调适》，载《国际问题研究》2014 年第 6 期，第 110 页。

② 参见《光汇石油（控股）有限公司澄清说明》（2017 年 7 月 6 日），载光汇石油（控股）有限公司网站 http：//www. bwoil. com/attachment/201711231815221782386917_sc. pdf；《光汇石油就"万安北 21 海域"开采权之澄清说明》，载《亚太商讯》2017 年 7 月 6 日，http：//ch. acnnewswire. com/press-release/simplifiedchinese/37398/。值得注意的是，关于光汇石油的澄清说明，光汇石油公司网站与亚太商讯新闻报道存在区别。新闻报道中提及"万安北 21 合同权益是由本公司主席薛光林先生个人全资持有的私人公司于 2014 年从另一家公司购买取得"，而光汇石油公司网站的澄清说明中没有提及。虽然两处报道的澄清说明的落款时间均为 2017 年 7 月 6 日，但是光汇石油公司网站却是在 2017 年 9 月 6 日才公布，而亚太商讯是在 2017 年 7 月 6 日当天就公布了这一信息。

③ 参见《中海油公布南海地区 9 个开放招标区块地理坐标》（2012 年 6 月 27 日），载中国新闻网 http：//finance. chinanews. com/ny/2012/06-27/3989795. shtml。

④ 参见 China Risks Flare-Up over Malaysian, Vietnamese Gas Resources, Center for Strategic and International Studies, 16 July 2019, available at https：//amti. csis. org/china-risks-flare-up-over-malaysian-vietnamese-gas-resources/；Laura Zhou, Chinese survey ship involved in South China Sea stand-off with Vietnam back home, tracker says, South China Morning Post, 10 November 2019, available at https：//www. scmp. com/news/china/diplomacy/article/3034645/chinese-survey-ship-involved-south-china-sea-stand-vietnam。

海域也可考虑与越方商谈共同开发。

南海中南部海域属于中、越两国间没有划定海上边界线的争议海域，从地理位置来看距离越南较近。虽然自 2014 年以来中国在南海的岛礁建设取得了较大的成就，但是因距离问题带来的执法和后勤补给困难仍然存在。因此，未来中、越两国如果在南海中南部海域进行油气资源共同开发，那么在法律适用方面就需要采取较为灵活的方式。例如，对于刑事管辖等主权色彩较为浓厚的事项，一方面应坚持对中方船只和中国公民适用中国刑法，另一方面与越南签订有关的刑事司法互助的议定书，在中方相关执法人员没有及时到达的情况下，可以先由越方相关执法人员对涉嫌犯罪的中国公民采取强制措施，然后再引渡、移交给中方进行处理；而对于主权色彩较弱的事项，不妨在油气资源共同开发协定中明确授权越方，直接适用越南有关的国内法。

(三)中越南海南部海上油气资源共同开发的法律适用应注意的几个问题

1. 可能触及越南的"核心利益"

越南政府认为在西南部南沙群岛与越南大陆之间的水域，包括越南的近海水域和相当大一部分中国断续线内的传统水域是其死守的"核心利益区"，即使诉诸司法也难让步，以坚决阻止中国占有为底线。在越南看来，这部分"核心利益区"是其专属经济区和大陆架海域，一旦让步，现有体制可能会遭受冲击。因此，如何顾及越南对"核心利益"的关切，成为中越两国在南海中南部进行油气资源共同开发活动需要考虑的因素之一。

2. 先存权问题的处理

中越两国在南海南部万安滩附近海域都与外国石油公司签订了油气勘探开发合同。[①] 因此，如何处理这些先存权问题是与在该区域油气资源共同开发的法律适用密切相关的。一方面，如果承认该

---

① 参见 Zou Keyuan, China's U-Shaped Line in The South China Sea Revisited, Ocean Development & International Law, Vol. 43, No. 1, 2012, p. 22。

区域的先存权，那么当事国与外国石油公司签订合同时所依据的法律与该合同选择适用的法律就将继续有效①；在这种情况下，与合同相关的法律和油气资源共同开发区所适用的法律就有可能存在差异，从而影响共同开发区内法律适用的统一性。另一方面，如果不承认该区域的先存权，那么共同开发区的法律适用就不受影响。然而，这种方式不但会遭到外国石油公司的强烈反对，而且还有可能引发投资争端，当事国也将面临巨额赔偿。② 因此，可能的解决方案为，承认该区域的先存权③，但是外国石油公司需要与该区域油气资源共同开发的管理机构重新签订合同。这种做法，既保障了外国石油公司的利益，也维护了南海南部万安滩附近海域油气资源共同开发法律适用的完整性。④

3. 利润分成

第一，在国际社会目前已有的海上油气资源共同开发实践中，利润分成比例原则上一般均为 5：5。例如，在 1979 年"泰国与马来西亚有泰国湾的共同开发案"中，《马来西亚政府与泰王国政府关于建立马来西亚—泰国联合管理局涉及宪法及其他事项的 1990 年协定》第 9 条第 1 款明确规定："联合国管理局在共同开发区所

---

①　参见 David M. Ong, The New Timor Sea Arrangement 2001：Is Joint Development of Common Offshore Oil and Gas Deposits Mandated under International Law? The International Journal of Marine and Coastal Law，Vol. 17，No. 1，2002，p. 98。

②　例如，2020 年 6 月 12 日，西班牙雷普索尔公司（Repsol）宣布退出 07/03 和 135-136/03 区块勘钻作业，越南国家石油公司同意向西班牙雷普索尔公司支付至少 10 亿美元的赔偿金。参见《越南最近停止在南海的部分油气作业、解除合约》，BBC 2020 年 7 月 15 日报道，载 https：//www. bbc. com/zhongwen/simp/world-53421349。

③　参见 Hazel Fox etc. ed.，Joint Development of offshore Oil and Gas：A Model Agreement for States for Joint Development with Explanatory Commentary，British Institute of International & Comparative Law 1989，p. 216。

④　参见董世杰：《论南海潜在共同开发区的法律适用问题》，载《广西大学学报（哲学社会科学版）》2016 年第 2 期，第 102 页；杨泽伟主编：《海上共同开发国际法问题研究》，社会科学文献出版社 2016 年版，第 78 页。

有活动产生的支出和获得收益，应由两国政府平等承担和分享。"当然，利润分成比例在5∶5的基础上还可以做适当调整，但总体应保持双方的大体平衡。

第二，中方可以支付前期的勘探费用。理由是：在1981年"冰岛与挪威扬马延岛共同开发案"中，冰、挪两国签订的《关于冰岛和扬马延岛之间的大陆架协定》第5条明确规定："若冰岛不愿在此基础上参与，挪威可以单独进行。如有商业发现，在此阶段，冰岛有权参与，并以其份额偿还挪威的花费，偿还的份额等同于最初挪威进行勘探到现阶段冰岛参与期间原本双方合作冰岛应该承担的费用"；第7条则进一步指出："在任何一项发现被宣布为具有商业开采价值后，签约国任何一方应该承担进一步开发该油田的费用，所承担的费用应与合同规定的份额相一致。"因此，中、越两国石油公司在南海南部油气资源共同开发中可以借鉴这一做法，以推动实质性的联合勘探作业。

二、中菲共同开发区及其法律适用

（一）中菲海上油气资源共同开发区

南海争端涉及因素众多，包括领土主权争议、海洋权益争议、对历史性权利的不同认识、对《联合国海洋法公约》以及国际法基本原则等的不同认识；近年来所谓"南海仲裁案"恶果犹存，导致周边国家对中方断续线和南海合法海洋权益主张多有质疑。确定中国与有关国家之间是否存在合法的主张重叠区，以及主张重叠区的范围在哪里，似乎都成了问题。① 有学者认为，在南海相关声索国的海洋主张没有准确定义（defined）、没有获得正当性（justified）之

---

① 参见 Robert Beckman etc. eds., Beyond Territorial Disputes in the South China Sea: Legal Framework for the Joint Development of Hydrocarbon Resources, Edward Elgar Publishing Limited 2013, pp. 301-306。

前，南海的共同开发不可能实现。① 此问题在菲律宾尤为突出。特别是随着 2023 年初菲最高法院判决中菲越三方联合勘探协议违反菲宪法，相关海域属菲国家所有，对中菲海上油气资源共同开发而言，菲律宾承认双方共同确定的海上拟进行油气勘探开发合作的区块属于双方主张重叠区或属于争议海域，是双方开展共同开发谈判的基础性问题，也是一个难题。

(二)中菲海上油气资源共同开发的法律适用

1. 灵活处置法律适用问题

考虑到中菲可能进行共同开发的海域距离中国大陆较远，虽然中国在南海岛礁建设取得了较大的成就，但因距离问题带来的执法困难仍然存在，以这些岛礁作为油气生产的后勤补给和综合支持基地也并不现实。如果开发出的是石油，尚可通过建设 FPSO (Floating Production Storage and Offloading，浮式生产储卸油装备)，在卸油点对生产出的石油予以分割，而中菲可能开展合作的海域似乎以天然气为主，从经济和现实角度出发，则需要向就近登陆点修建管线。在管道运输，以及后勤保障、人员出入境、物料清关甚至环境保护等事项上，就日常石油作业的管理而言，中方不妨采取更为灵活和开放的态度，以就近原则选择适用菲律宾法律更为方便。

2. 坚持底线

共同开发的基本要义就是分享油气开发的收益和分享油气开发的管辖权。如果在体现管辖权的适用法律方面偏向于一方当事国，则可考虑在油气开发收益方面适当偏向另一方当事国，从而达到对双方当事国主权权利的基本公平、平衡。② 菲方一直坚持在与中方的油气开发合作中，菲政府必须首先回收 60% 的油气资源，中国

---

① 参见 Robert Beckman etc. eds., Beyond Territorial Disputes in the South China Sea: Legal Framework for the Joint Development of Hydrocarbon Resources, Edward Elgar Publishing Limited 2013, p. 306。

② 参见 Robert Beckman etc. eds., Beyond Territorial Disputes in the South China Sea: Legal Framework for the Joint Development of Hydrocarbon Resources, Edward Elgar Publishing Limited 2013, pp. 251-252。

政府可在参与合作的中国油气公司所获利润中征收各项财税。这其实是菲宪法所规定的开发其国内油气资源的要求。其含义在于油气资源的全部所有权均属菲国家所有。菲政府依国内法回收应由国家回收的部分(60%)后,其余作为提供服务的费用给付合同方(即石油公司),石油公司再依法交纳各项税款。对中方而言,作为底线,则必须坚持对油气资源或者国家收益的共享(如果不是平均分享的话)。通过对油气资源所有权的共享,可以体现中国与菲对相关海域主权权利的重叠,也体现了共同开发的基本特征。如果依据油气资源所有权对产出的油气进行分割,且菲方坚持获得60%,则中方对应的方案只能是中国政府获得其余40%的油气产量。参与合作的两国油气公司再分别向各自国家交税。

三、中马共同开发区及其法律适用

(一)中马海上油气资源共同开发区

有估计认为曾母盆地油气总资源量约为92亿吨。曾母盆地虽然位于断续线内,但已成为马来西亚海上油气资源开发的主要基地且马深水油气资源开发不断推进,发展势头迅猛。① 该区域虽然有可能成为中马两国海上油气资源共同开发的潜在"区块",但如何付诸实施是一个难题。

(二)中马海上油气资源共同开发的法律适用

1. 在非主权事项上以适用马来西亚国内法为主

从地理位置上来看,曾母盆地油气资源共同开发区距中国大陆远、距马来西亚近,因而中国有关的执法人员在该油气资源共同开发区执法将面临不少困难。换言之,中国有关的国内法如果在该共同开发区适用,可能离不开马来西亚的协助。因此,在一些主权色彩不明显的事项上,中马在曾母盆地油气资源共同开发区的法律适

---

① 参见杨泽伟:《论海上共同开发区"区块"的选择问题》,载《时代法学》2014年第3期,第9页。

用，可以以马来西亚国内法为主。

2. 灵活处理先存权问题

虽然中国尚未涉足曾母盆地的油气资源勘探开发活动，但是该区域已经成为了马来西亚海上油气资源生产的主要基地，与外国石油公司签订了不少勘探开发合同。马来西亚无论是在 1979 年"泰国与马来西亚有关泰国湾的共同开发案"、还是在 1992 年"马来西亚与越南共同开发案"，均承认先存权。① 因此，中马两国在曾母盆地进行油气资源共同开发时，承认先存权也是必然的选择。有鉴于此，笔者认为未来中马两国在曾母盆地进行油气资源共同开发时，可以采取"纳入"的方法，先承认该区域内的先存权，然后在共同开发的过程中由共同开发管理机构与有关的油气公司再签订新的合同。

3. 充分发挥共同开发机构的作用

如上所述，中马两国在曾母盆地进行油气资源共同开发时承认先存权，就意味着之前的石油合同需要继续履行，这就可能影响该共同开发区内法律适用的统一性。因此，可考虑设立中马油气资源共同开发管理机构，并赋予其制定共同开发区有关法律制度的权限，从而削弱之前马来西亚单方与外国石油公司签订的石油合同在法律适用方面的影响力，以实现共同开发区法律适用的完整性。

四、中文共同开发区及其法律适用

2009 年 3 月，文莱与马来西亚通过换文②，成功解决了两国间的海上争端。③ 因此，文莱现在只有与中国的海上边界线尚未划

---

① 参见 Gerald H Blake etc. ed., The Peaceful Management of Transboundary Resources, Graham & Trotman Limited 1995, pp. 89-90。

② 参见 The Exchange of Letters Between Malaysia and Brunei, 16 March 2009, available at http：//www. thestar. com. my/story/? file =％ 2f2010％ 2f5％ 2f3％2fnation％2f20100503123605&sec = nation。

③ 参见 Jeffrey J. Smith, Brunei and Malaysia Resolve Outstanding Maritime Boundary Issues, American Society of International Law Law of Sea Reports, Vol. 1, 2010, pp. 1-4。

定。因为文莱领土面积较小，所以中文两国间争议海域的面积也比较小。这有助于推动中文两国在沙巴盆地油气资源的共同开发。

关于中文两国在油气资源共同开发区的法律适用问题，可以从以下两个方面入手：一是尊重文莱在沙巴盆地油气资源共同开发区内的先存权，可以借鉴文莱的处理方式，与外国石油公司重新订立石油勘探开发合同①，以减少共同开发的阻力、保证共同开发区内法律适用的完整性。二是考虑到沙相关油气资源共同开发区距离中国大陆较远，中国国内法在该共同开发区实施面临诸多困难，因而同样在该共同开发区内有关主权色彩不显著的事项可以单独适用文莱的国内法。②

五、中印尼纳土纳海域共同开发区及其法律适用

(一)中印尼纳土纳海域海上油气资源共同开发区

中国与印度尼西亚在南海南部存在 5 万平方公里的海域重叠区。而在该重叠海区的纳土纳气田预计可采储量约为 1.31 万亿立方米。③ 因此，纳土纳海域也是中国和印尼两国海上油气资源共同开发的潜在"区块"。

(二)中印尼纳土纳海域海上油气资源共同开发的法律适用

1. 参考借鉴"澳大利亚与印度尼西亚共同开发案"

1989 年 12 月，印度尼西亚与澳大利亚签订了《澳大利亚与印

---

① 参见 Robert Beckman etc. ed., Beyond Territorial Disputes in the South China Sea: Legal Frameworks for the Joint Development of Hydrocarbon Resources, Edward Elgar Publishing Limited 2013, pp. 207-209。

② 参见杨泽伟主编：《海上共同开发国际法问题研究》，社会科学文献出版社 2016 年版，第 80 页。

③ 参见梁金哲：《关于南海争议区开发若干问题的思考》，载钟天祥等编：《南海问题研讨会论文集》，海南南海研究中心 2002 年版，第 113 页；安应民：《论南海争议区域油气资源共同开发的模式选择》，载《当代亚太》2011 年第 6 期，第 130~131 页。

度尼西亚共和国在印度尼西亚东帝汶省与澳大利亚北部之间的区域设立合作区的条约》。该条约被认为是"迄今在条约文本中就共同开发规定得最为详尽的一个条约"①。它对有关海上油气资源共同开发的制度设计，不但内容很详尽，而且比较科学。同时，印尼与澳大利亚的油气资源共同开发区块面积约 6 万平公里，而纳土纳海域争议区的面积也有 5 万平方公里，都属于面积很大的区域。② 因此，"澳大利亚与印度尼西亚共同开发案"对中国与印尼在纳土纳海域油气资源共同开发，至少具有以下三方面的参考价值。

第一，中国与印尼有关纳土纳海域油气资源共同开发协定的内容，也可以作出比较详细的规定。第二，在油气资源共同开发区的划定方面，中国与印尼也可以划为三个区块，其中一个区块作为核心开发区，由两国共同管理、平分收益，除了适用共同开发协定以及管理机构制定的规则外，中国和印尼的法律均可适用；一个区块由中国管辖，适用中国法律，但是要同印尼分享部分收益；另一个区块则由印尼管辖，适用印尼法律，但是须和中国分享部分收益。第三，中国与印尼还可以赋予油气资源共同开发的管理机构——联合管理局以较大权限等。③

2. 适用印尼的国内法，把印尼作为纳土纳海域油气资源共同开发区的后勤保障基地

纳土纳群岛距中国大陆大约 1900 公里。目前印尼已经修建了从西纳土纳群岛到新加坡、马来西亚的天然气输送管道。④ 因此，

---

① 参见萧建国：《国际海洋边界石油的共同开发》，海洋出版社 2006 年版，第 10 页。

② 参见 Stuart Kaye, The Timor Gap Treaty: Creative Solutions and International Conflict, Sydney Law Review, Vol. 16, No. 1, 1994, p. 79。

③ 参见杨泽伟：《论海上共同开发的法律依据、发展趋势及中国的实现路径》，载《中国国际法年刊（2015 年）》，法律出版社 2016 年版，第 137 页。

④ 在 2002 年"东帝汶与澳大利亚共同开发案"中，澳大利亚铺设了一条通往达尔文的天然气管道。参见 Robert Beckman etc. ed., Beyond Territorial Disputes in the South China Sea: Legal Frameworks for the Joint Development of Hydrocarbon Resources, Edward Elgar Publishing Limited 2013, p. 266。

可以把印尼的纳土纳群岛作为两国在纳土纳海域油气资源共同开发区的后勤保障基地，专门适用印尼的国内法。这样既可以利用印尼现有的油气加工等基础设施，为两国的共同开发提供便利；也因为距离近，后勤保障快捷、方便，具有经济上的可行性，从而有可能产生最大的经济效益。

总之，对中方而言，与南海周边国家进行海上油气资源共同开发时，在法律适用问题上可采取灵活的态度予以处理，完全可以按照就近原则，在诸多事项上适用周边国家国内法。但必须坚持的底线是，确定的区块必须明确为双方存在主权争议的"主张重叠海域"，确定的合作方式必须是体现油气资源所有权和管辖权共享的"共同开发"。

本 章 小 结

中国与邻国的陆界问题尚未完全解决，海域划界和岛屿归属争议也面临复杂严峻的形势，因而全面彻底解决中国边界和海洋争端问题仍任重道远。

中国一直奉行"和平解决国际争端原则"，坚持用和平的方法来解决国际争端。在探索对海洋争端的解决途径方面，中国始终积极倡导和坚持"主权属我、搁置争议、共同开发"原则。早在1972年，中日两国进行邦交正常化谈判时，就搁置钓鱼岛主权问题达成谅解。1984年，邓小平在会见美国乔治城大学战略与国际问题研究中心代表团时，明确表述了"主权属我、搁置争议、共同开发"的思想。此后，中国国家领导人、外交部长等在不同的外交场合正式向周边国家领导人提出"主权属我、搁置争议、共同开发"的主张。

1974年，日本与韩国签订了《日本与大韩民国关于共同开发邻接两国的大陆南部的架协定》，中国外交部对此提出了抗议，并发表声明指出日本政府和南朝鲜当局背着中国在东海大陆架划定所谓日韩"共同开发"，是侵犯中国主权的行为。

中国政府一直积极倡导"主权属我、搁置争议、共同开发"原则，与周边国家如与朝鲜、日本、越南、菲律宾、马来西亚、文莱等国等开展了有关海上油气资源共同开发的尝试和探索。

目前国际社会已有的海上油气资源共同开发法律适用的实践，对未来中国与周边海上邻国有关海上油气资源共同开发的法律适用，具有以下四个方面的启示和借鉴意义。第一，本着先易后难原则、从跨界共同开发和双边共同开发做起；第二，确立有利于维护中国国家利益的海上共同开发法律适用模式；第三，重视在争议海区或海域主张重叠区先存权的积极意义；第四，注意距离因素对海上油气资源共同开发法律适用的影响。

未来中国与越南、菲律宾、马来西亚、文莱、印尼等南海周边国家在潜在合作区进行海上油气资源共同开发时，在法律适用方面，一般除了适用两国间签订的油气资源共同开发协定、在各自管辖的海域分别适用本国的国内法、两国石油公司签订的有关勘探开发协议以及特别法以外，还应注意先存权问题的处理、个别国家的体制的特殊情况等。中方在法律适用问题上可采取灵活的态度予以处理，但必须坚持的底线是，确定的区块必须明确为双方存在主权争议的"主张重叠海域"，确定的合作方式必须是体现油气资源所有权和管辖权共享的"共同开发"。

结论与前瞻

一、本书的主要结论

油气开发中最重要的是明确产权。由于油气资源的流动性特性，针对同属一个地下油藏、地面却分属不同土地所有者的情况，如何确定油气的产权成为重要问题。捕获法则成为确定油气资源所有权和油气行业法律规则的基石。这一法则促进了油气业的快速发展，但也带来了明显的负面影响。伴随着相邻权利的产生和发展，同一油藏进行一体化开发成为现实选择和法律规定。随着现代工业的发展，各国越来越重视油气资源的获取，自然资源永久主权概念勃兴。油气资源的所有权，当然属于自然资源永久主权所包含的内容。由于国际法中海洋制度与陆地制度的不同，就海洋油气资源开发而言，沿海国依据包括《联合国海洋法公约》在内的国际法规则，对位于领海、毗连区、专属经济区和大陆架的海洋油气资源享有不同程度的主权和主权权利。就跨界油气资源和主张重叠区的油气资源，相关沿海国享有"共同"的所有权。尽管捕获法则奠定了油气行业发展的法律基础，但在涉及海洋油气资源勘探开发的国际法规则中，捕获法则并不适用。正是因为看到这一法则的害处，以及在国际法对适当顾及其他方利益以及友邻原则的规范下，共同开发成为沿海国在涉及跨界和主张重叠区油气资源开发时的现实可行的必然选择。

海上油气资源共同开发主要是指两国或两国以上的政府在签订海上油气资源共同开发协议的基础上，双方根据该协议共同勘探开发跨界或争议海域的油气资源。海上油气资源共同开发法律适用是指在海上油气资源共同开发的国家实践中，主权国家、共同开发的

228

管理机构或法人基于共同开发协议的相关规定，具体运用相关的法律规定处理与共同开发活动有关的税收、收益分配、民事或刑事案件等方面的专门活动。海上油气资源共同开发法律适用的主体主要有主权国家、联合管理局、法人、国际司法机构、仲裁机构以及国内法院等。海上油气资源共同开发法律适用的客体是指在海上油气资源共同开发过程中需要用国际法或国内法等不同类型的法律制度予以规范的对象或事项。

回顾海上油气资源共同开发60年多年的发展历程，我们可以把海上油气资源共同开发的演进分为以下四个阶段：第一，海上油气资源共同开发的产生阶段（1958—1969年），在波斯湾和西欧一共出现了6例海上油气资源共同开发案。第二，海上油气资源共同开发的发展阶段（1970—1993年），一共出现了16例海上油气资源共同开发案，涉及27个国家，包括亚洲国家11个、欧洲国家5个、非洲国家7个、美洲国家3个及大洋洲的澳大利亚。第三，海上油气资源共同开发的回落阶段（1994—1999年），只有一例海上油气资源共同开发案，即1995年9月英国与阿根廷签订的《关于在西南大西洋近海活动进行合作的联合声明》。第四，海上油气资源共同开发的平稳阶段（2000—现在），进入21世纪以来，海上油气资源共同开发活动又渐趋增多，产生了15例海上油气资源共同开发的国家实践。

海上油气资源共同开发的法律适用主要涉及以下五种情形：争议海域海上油气资源共同开发的法律适用，跨界海上油气资源共同开发的法律适用，国家专属管辖范围内海上油气资源共同开发的法律适用，200海里以外大陆架上的油气资源共同开发的法律适用以及国家管辖范围以外海上油气资源共同开发的法律适用。

海上油气资源共同开发的法律适用主要有分别适用、共同适用和综合适用三种类型。其中，海上油气资源共同开发法律的分别适用，又可分为海上油气资源共同开发法律的绝对分别适用和海上油气资源共同开发法律的相对分别适用。海上油气资源共同开发法律的共同适用是指采用双方共同认定的一套法律适用于共同开发区。海上油气资源共同开发法律的综合适用，则既包含分别适用，也有共同适用。

　　海上油气资源共同开发适用的法律主要包括国际法、国内法、特别法和国际石油开发合同。而海上油气资源共同开发适用的国际法主要有国际法基本原则、《联合国海洋法公约》、共同开发协定、与航行和捕鱼活动以及环境保护有关的国际法律制度、国际习惯、一般法律原则以及国际司法判例等。国际石油开发合同主要是指共同开发机构(既可以是东道国政府，也可以是联合管理局)与作为承包商的外国石油公司之间签订的有关油气勘探、开发和生产等方面活动的协定。国际石油开发合同从所有权的角度主要分为许可制和合同制，分别包括早期租让制和现代租让制，以及产品分成合同、服务合同等类型。海上油气资源共同开发适用的特别法主要涉及财税和油气勘探的管理等内容。跨界海上油气资源共同开发的法律适用相对来说比较简单，一般是各当事国在海上油气资源共同开发区内其边界线一侧的区域适用其国内法。在争议海域或主张重叠区，海上油气资源共同开发适用国内法的情形较为复杂，主要有共同适用当事国双方的国内法、分别适用当事国双方的国内法、特定事项仅适用一国国内法以及如何适用国内法未明确规定等不同类型。

　　海上油气资源共同开发的法律适用主要呈现以下三大特点：国际社会并没有确立海上油气资源共同开发法律适用的统一标准，海上油气资源共同开发适用的法律是以国际法为基础，各国在海上油气资源共同开发的实践中一般倾向于适用本国法律。海上油气资源共同开发的法律适用，主要存在以下四种例外情况：海上油气资源共同开发区完全处在一国专属管辖海域且适用一国国内法，海上油气资源共同开发的法律适用与当事国资源分配的比例直接挂钩，海上油气资源共同开发单独适用一国的国内法，海上油气资源共同开发区深入一国领海。海上油气资源共同开发法律适用的影响因素主要包括政治意愿、经济考量、文化因素、管理模式和共同开发区的划分等。

　　目前国际社会已有的海上油气资源共同开发法律适用的实践，对未来中国与周边海上邻国有关海上油气资源共同开发的法律适用，具有多个方面的启示和借鉴意义，如本着先易后难原则从跨界油气资源共同开发和双边油气资源共同开发做起、应确立有利于维护中国国家利益的海上共同开发法律适用模式、重视在争议海区或海域主张重叠区先存权的积极意义、注意距离因素对海上油气资源共同开发法律适用的影响等。

中国始终积极倡导和坚持"主权属我、搁置争议、共同开发"原则，与周边国家如与朝鲜、日本、越南、菲律宾、马来西亚、文莱等国等开展了有关海上油气资源共同开发的尝试。未来中国与越南、菲律宾、马来西亚、文莱、印尼等南海周边国家在潜在合作区进行海上油气资源共同开发时，在法律适用方面，一般除了适用两国间签订的油气资源共同开发协定、在各自管辖的海域分别适用本国的国内法、两国石油公司签订的有关勘探开发协议以及特别法以外，还应注意先存权问题的处理、个别国家的体制的特殊情况等。中方在法律适用问题上可采取灵活的态度予以处理，但必须坚持的底线是，确定的区块必须明确为双方存在主权争议的"主张重叠海域"，确定的合作方式必须是体现油气资源所有权和管辖权共享的"共同开发"。

二、前瞻

(一)培育政治意愿是当务之急

政治意愿是共同开发谈判成功与否的决定性因素。[①] 本书研究发现，当前中国与周边国家共同开发最大的问题来自于周边国家的政治意愿。

以菲律宾为例，虽然近年来菲方多次表示愿与中方进行海上油气资源共同开发，但口惠而实不至。究其原因，还在于菲方的政治意愿并未形成。对菲而言，这样的政治意愿相当程度上取决于菲国

---

① 参见 Robert Beckman etc. ed., Beyond Territorial Disputes in the South China Sea: Legal Frameworks for the Joint Development of Hydrocarbon Resources, Edward Elgar Publishing Limited 2013, pp. 309-310, 315-316。

内民意基础，或其执政当局对菲国内民意、舆论的引导结果。所谓"南海仲裁案"出笼至今，菲国内整体民意、舆论，对中菲海上油气资源共同开发并不利。即使是对华较为友好的前总统杜特尔特，也难以出于对华合作的考虑而甘冒国内"违宪"、面对弹劾的风险。

美国学者史黛西·戈达德(Stacie E. Goddard)认为，一块领土是否构成一个国家"不可分割的一部分"，并非取决于该片领土本身，而是一种社会建构的概念，即一国政治家从其自身政治需求出发，依据其国内形势变化，以符合政治、社会、文化、宗教等传统，又符合其自身政治和现实需求，特别是执政需求而提出的一套"合法化战略(legitimation strategies)"。耶路撒冷和北爱尔兰在相关方的谈判过程中，都经历过从"可以分割(divisible)"到"不可分割(indivisible)"的反复过程，在这些反复的过程中，体现的是不同政治家(派别)出于不同考虑，为赢得国内政治派别、舆论、民众认可和支持，从而达到执政所需的"合法性"而提出的不同策略。在不同的策略之间游移(无论是从"可以分割"到"不可分割"，或从"不可分割"到"可以分割")，均需做相当长时间的政治和舆论宣传动员。特别是在形成"不可分割"这样的概念后，改变话语体系更加困难，难以被接受，稍有不慎即可被攻击为"出卖国家利益"。①

就菲律宾而言，培养民意，形成新的领土主权话语体系，并且不会破坏执政当局的合法性，不仅需要菲政治家有改变现状的政治勇气和影响国内民意走向的手段，也需要菲普通民众面对国内油气资源枯竭、油气价格飞涨、自身生活受到较大影响而产生的尽快与中方共同开发相关海域油气资源的迫切愿望②，以及菲相关企业面对巨大资源潜力和无法单独实施争议海域油气资源开发并获取经济实惠的现实需求。而这些条件的形成，需要时间，非一时一事一人

---

① 参见 Stacie E. Goddard, Indivisible Territory and the Politics of Legitimacy: Jerusalem and Northern Ireland, Cambridge University Press, 2009, 该书对这一理论做了深入阐述。

② 参见 Carlos Santamaria, Sino-Philippine Joint Development in the South China Sea: Is Political Will Enough?, Asian Politics & Policy, 2018, p. 6。

之功可以改变。因此，培育政治意愿虽为当务之急，但却需要保持足够的耐心，花费必要的时间与精力去培育政治意愿。

鉴于针对菲相关政治家、官员、法律专家，受国内政治、狭隘民族主义等影响，对海上油气资源共同开发的实际内涵并不理解，甚至有意曲解，在共同开发问题上立场僵硬，坚持要求任何协议必须符合菲法律的情况，我们可仿效马泰共同开发案中设立法律委员会的做法，在中菲现有海上油气开发合作框架下，推动双方成立专门的法律工作组，以一轨半或二轨形式，就海上油气资源共同开发所涉及的国际法及其与各自国内法相冲突的问题认真梳理，并提出法律解决方案和实施路径，可通过论坛、研讨会等形式，甚至以适当方式引入媒体并加以引导，不仅可使问题得以充分讨论，还可促进两国民众就有关问题形成思考和新的认识。① 只有通过这种潜移默化的方式，才有可能促使菲国内就共同开发作为解决海上争议最为和平、有效，且可能富有经济回报的一种措施或临时安排形成共识，也才可能认识到"要达成共同开发协议，就不可能完全坚持自己的单方面主张，必须作出妥协"②。

（二）保持策略灵活是共同开发成功的条件

在进行海上油气资源共同开发的磋商过程中，沿海国一般都不愿意其他国家对海上油气资源共同开发区享有绝对的影响力或决定

---

① 参见杨泽伟主编：《海上共同开发国际法问题研究》，社会科学文献出版社 2016 年版，第 82 页；邓妮雅：《日韩共同开发东海大陆架案及其对中国的启示》，载《中国海洋大学学报》（社会科学版）2016 年第 2 期，第 70 页；Robert Beckman, et al., Moving Forward on Joint Development in the South China Sea, in Robert Beckman etc. ed., Beyond Territorial Disputes in the South China Sea: Legal Frameworks for the Joint Development of Hydrocarbon Resources, Edward Elgar Publishing Limited, 2013, p. 319。

② 参见 Robert Beckman, et al., "Moving Forward on Joint Development in the South China Sea", in Robert Beckman etc. ed., Beyond Territorial Disputes in the South China Sea: Legal Frameworks for the Joint Development of Hydrocarbon Resources, Edward Elgar Publishing Limited, 2013, p. 319。

权，仅适用一国法律对另一当事国而言难以接受，而采用共同适用、建立超国家管理模式难度大、成本高，面临非常复杂的法律、政策和技术等方面的问题，而且建立一个超国家的管理模式，有关的管理机构享有高度的自治权，在油气资源开发、管理等事项上有可能完全脱离主权国家的控制。① 沿海国需要耗费大量的时间和人力资源去探讨、设计相关的法律框架，可能使有关海上油气资源共同开发的谈判踟蹰不前。1979 年"泰国与马来西亚有关泰国湾的共同开发案"就是其中的典型例子。泰国与马来西亚从签订海上油气资源共同开发协定到双方同意设立"马泰联合管理局"（Malaysia-Thailand Joint Authority），花费了 11 年的时间。② 马来西亚还一直对"马泰联合管理局"有可能成为某种意义上"政府中的政府"（government within government）深表担忧。

沿海国签订海上油气资源共同开发协议的目的主要是基于国家利益的考虑。③ 沿海国进行海上油气资源共同开发，既不是为了在共同开发区适用一种新的国际法律制度，也不是为了改变沿海国在有关海域所享受的权利和承担的义务。因此，海上油气资源共同开发仅仅是沿海国受经济利益的驱动、而并非法律驱动所采取的一种比较符合现实需要的法律方法，旨在用搁置争议的方式来共同开发油气资源以获取经济收益。可见，从海上油气资源共同开发的法律特性来说，建立一种简单、便捷、高效的海上油气资源共同开发模式，对沿海国来说无疑是最佳选择。因而，综合适用当事国法律的

---

① 参见 Vasco Becker-Weinberg, Theory and Practice of Joint Development in International Law, in Zhiguo Gao etc. ed., Cooperation and Development in the South China Sea, China Democracy and Legal System Publishing House 2013, p. 95。

② 参见"1979 年泰国与马来西亚有关泰国湾的共同开发案"，载杨泽伟主编：《海上共同开发协定汇编（汉英对照）（上）》，社会科学文献出版社 2016 年版，第 177~262 页；王小梅：《泰国和马来西亚共同开发案研究》，武汉大学硕士学位论文 2015 年。

③ 参见 Vasco Becker-Weinberg, Theory and Practice of Joint Development in International Law, in Zhiguo Gao etc. ed., Cooperation and Development in the South China Sea, China Democracy and Legal System Publishing House 2013, p. 99。

模式成为现实中更加务实的选择。结合中国与周边国家法律制度和政治体制的现状，笔者认为，如果今后中国与周边国家进行海上油气资源共同开发，在利益分配上采取直接分配开发出的油气资源，在经营上采取联合经营模式，在日常石油作业的适用法律上采取灵活态度，是中国与周边国家进行海上油气资源共同开发的最佳选择。

如前所述，在海上油气资源共同开发的利益分配上有两种方式：一种是对开发出的油气产量首先由当事国（直接或通过联合管理局）按照达成的协议规定与石油公司之间分配后，再在当事国之间分配国家收益；另一种是对开发出的油气产量直接在当事国之间分配，再由各当事国与石油公司之间按各自国内法律规定予以分配。对当事国而言，第二种方式对资源的分配法理清晰（双方是基于对油气资源所有权的共享而分配所开发的资源），方式简单（只要谈妥比例即可在井口予以分配），而且当事国可按照本国国内法的财税制度与石油公司再行分配归其所有的油气产量，既解决了利益分配中的公平和平衡问题，也解决了法律适用中体现国家主权较为重要的财税事项的分别适用问题。

在进行石油作业时，可采取由代表不同当事国的石油公司共同建立一个负责作业的联合体，不用建立新的公司，通过共同投资，共享利润的联合经营模式。在这种模式下，可通过联合体计算各石油公司在经营活动中的投资费用和利润收益分配，并根据各自所代表的当事国相关法律，与当事国按既定规则分配国家收益与企业收益，并单独向当事国纳税。在解决了共同开发中最核心的资源所有权问题、收益分配和财税问题后，除去一些主权色彩较强的如刑事管辖权等问题，对于日常石油作业的适用法律，当事国尽可展现灵活性，采取就近原则商议解决。

此外，在采用联合经营模式时，还可考虑设立更加机构化、常设性的联合管理机构。虽然在海上油气资源共同开发的国际实践中，联合管理机构的职权范围通常由双方当事国协商决定，但是联合管理机构一般拥有如下固有的基本职能：一是监管职能，即负责对海上油气资源共同开发活动进行监管；二是交流职能，即召开例会、为海上油气资源共同开发当事国提供交流的场所；三是协调职能，即在海上油气资源共同开发当事国出现矛盾和分歧时，发挥协调作用。① 因此，设立机构化、常设性的联合管理机构，可以保证该机构的上述三项基本职能得以发挥，从而有利于推动和保障海上油气资源共同开发的顺利实施。

另外，在联合管理机构的职权方面，既可以授予联合管理局日常事务的管理权、共同开发活动的监管权以及共同开发协定修改的建议权等，也可以把联合管理机构作为解决海上油气资源共同开发争端的场所，要求有关的争端先提交联合管理机构，只有当联合管理机构解决争端失败后，争端当事方才可以选择其他的争端解决方式。②

总之，虽然中国与周边国家实现海上油气资源共同开发面临重重困难和制约因素，但我们有理由相信并能期待：中国与周边国家海上油气资源共同开发的春天正向我们走来。因为"共同开发已经变成日益流行的海洋争端解决方法，并且所有证据表明这一趋势很可能会持续"③。美国学者瓦伦西亚同样持一种乐观的态度："在这个能源匮乏而很多潜在储油的沿海区域又被一个以上迫切需要石油的国家同时提出领土要求的世界，适用共同开发的时代正在到来。"④

---

① 参见 Clive R. Symmons, Regulatory Mechanisms in Joint Development Zones, in Hazel Fox ed., Joint Development of Offshore Oil and Gas, Vol. II, British Institute of International and Comparative Law1990, p. 146。
② 参见杨泽伟：《论海上共同开发争端的解决及中国的选择》，载《东方法学》2018 年第 2 期，第 19 页；黄文博：《海上共同开发争端解决机制的国际法问题研究》，武汉大学出版社 2022 年版，第 84~85 页。
③ Paul Michael Blyschak, Offshore Oil and Gas Projects Amid Maritime Border Disputes: Applicable Law, Journal of World Energy Law and Business, Vol. 6, No. 3, 2013, p. 8.
④ M. J. Valencia, Northeast Asia: Petroleum Potential, Jurisdictional Claims, and International Relations, Ocean Development and International Law, Vol. 20, 1989, p. 247.

参 考 文 献

一、相关的国际法案例

(一)国际法院判例

1. 北海大陆架案(North Sea Continental Shelf cases, Federal Republic of Germany/Denmark; Federal Republic of Germany/Netherlands, Judgment, I. C. J. Reports 1969)。

2. 爱琴海大陆架案(Aegean Sea Continental Shelf, Judgment, I. C. J. Reports 1978)。

3. 利比亚—突尼斯大陆架划界案(Continental Shelf case, Tunisia/Libyan Arab Jamahiriya, Judgment, I. C. J. Reports 1982)。

4. 缅因湾划界案(Delimitation of the Maritime Boundary in the Gulf of Maine Area, Judgment, I. C. J. Reports 1984)。

5. 利比亚—马耳他划界案(Continental Shelf, Libyan Arab Jamahiriya/Malta, Judgment, I. C. J. Reports 1985)。

6. 扬马延岛划界案(Maritime Delimitation in the Area between Greenland and Jan Mayen, Judgment, I. C. J. Reports 1993)。

7. 东帝汶案(East Timor, Portugal v. Australia), Judgment, I. C. J. Reports 1995)。

8. 巴林—卡塔尔划界案(Maritime Delimitation and Territorial Questions between Qatar and Bahrain, Qatar v. Bahrain, Merits, Judgment, I. C. J. Reports 2001)。

9. 尼日利亚—喀麦隆划界案(Land and Maritime Boundary between Cameroon and Nigeria, Cameroon v. Nigeria: Equatorial

Guinea intervening, Judgment, I. C. J. Reports 2002)。

10. 尼加拉瓜—洪都拉斯划界案(Territorial and Maritime Dispute between Nicaragua and Honduras in the Caribbean Sea, Nicaragua v. Honduras, Judgment, I. C. J. Reports 2007)。

11. 罗马尼亚—乌克兰黑海划界案(Case Concerning Maritime Delimitation in the Black Sea, Romania v. Ukraine, Judgment, I. C. J. Reports 2009)。

12. 尼加拉瓜—哥伦比亚划界案(Territorial and Maritime Dispute, Nicaragua v. Colombia, Judgment, I. C. J. Reports 2012)。

(二)国际海洋法法庭判例

孟加拉—缅甸孟加拉湾划界案(Dispute concerning Delimitation of the Maritime Boundary between Bangladesh and Myanmar in the Bay of Bengal, Judgment of 14 March 2012, Case No. 16)。

(三)国际仲裁裁决

1. 英法大陆架案(Anglo-French Continental Shelf Arbitration, 1977—1978)。

2. 英国—北爱尔兰—法国大陆架划界案(Arbitration between the United Kingdom of Great Britain and Northern Ireland and the French Republic on the Delimitation of the Continental Shelf, Decision of the Court of Arbitration dated 30 June 1977)。

3. 几内亚—几内亚比绍划界案(Case concerning the delimitation of the maritime boundary between Guinea and Guinea-Bissau, Arbitral Award of 14 February 1985)。

4. 厄立特里亚—也门划界案(The Eritrea—Yemen, Award of the Arbitral Tribunal in the Second Stage of the Proceedings, Maritime Delimitation, 17 December 1999)。

5. 巴巴多斯—特立尼达和多巴哥划界案(Barbados/Trinidad and Tobago, Award of the Arbitral Tribunal, 11 April 2006)。

6. 圭亚那—苏里南划界案(Guyana/Suriname, Award of the

Arbitral Tribunal，17 September 2007）。

7. 孟加拉—印度划界案（Bay of Bengal Maritime Boundary Arbitration between Bangladesh and India，Bangladesh v. India，P. C. A. Award 7 July 2014）。

二、海上油气资源共同开发案例

（一）1958 年巴林与沙特阿拉伯共同开发波斯湾大陆架案

Bahrain-Saudi Arabia boundary agreement，22 February 1958 （available at http：//www. un. org/Depts/los/LEGISLATIONANDTRE ATIES/PDFFILES/TREATIES/BHR-SAU1958BA. PDF）。

（二）1960 年捷克斯洛伐克与奥地利共同开发案①

Agreement between the Government of the Czechoslovakia Republic and the Austria Federal Government Concerning the Working of Common Deposits of Natural Gas and Petroleum，23 January 1960，CZECHOSL OVAKIA-AUSTRIA，U. N. T. S. Vol. 495，pp. 134-140 （available at https：//treaties. un. org/doc/Publication/UNTS/Volume% 20495/volume-495-I-7241-English. pdf）.

（三）1962 年荷兰与联邦德国埃姆斯河口资源共同开发案

Supplementary Agreement to the Treaty Concerning Arrangements for Cooperation in the Ems Estuary （Ems-Dollard Treaty），Signed between the Kingdom of the Netherlands and the Federal Republic of Germany，the United Nations. Treaty Series，Vol. 508，footnote 1，p. 20）.

---

① 1960 年 1 月 23 日捷克斯洛伐克与奥地利签订的《捷克斯洛伐克与奥地利关于开采天然气和石油共同矿田的协定》而实施的共同开发案，也成为这一时期的共同开发案例。虽然该协定是针对陆地资源开发的，但是它为解决海上跨界油气资源开发问题提供了先例。

（四）1965 年沙特阿拉伯与科威特共同开发案

1. Agreement between the Kingdom of Saudi Arabia and the State of Kuwait on the Partitionof the Neutral Zone, 7 July 1965 (UN Treaty Series, Vol. 1750, I-30549),

2. Agreement between the Kingdom of Saudi Arabia and the State of Kuwait concerning theSubmerged Area Adjacent to the Divided Zone, 2 July 2000 (available at http：//www. un. org/Depts/los/LEGISLATION ANDTREATIES/PDFFILES/TREATIES/SAU-KWT2000SA. PDF).

（五）1967 年伊朗与伊拉克共同开发案

1967 年 1 月，伊朗与伊拉克签订了《关于共同开发砍那申—卡那—南伊沙油田的协定》。

（六）1969 年卡塔尔与阿布扎比共同开发案

1. Agreement between Qatar and Abu Dhabi on the settlement of maritime boundary and ownership of islands, 20 March 1969 (available at http：//www. un. org/Depts/los/LEGISLATIONANDTREATIES/PD FFILES/TREATIES/QAT-ARE1969MB. PDF).

2. Agreement on Settlement of Maritime Boundary Lines and Sovereignty Rights over Islands between Qatar and Abu Dhabi, 30 March 1969, ST/LEG/SER. B/16, p. 403,

3. greement between the Government of the State of Qatar and the Government of the United Arab Emirates Relating to the Transmission of Gas by Pipeline Between the State of Qatar and the United Arab Emirates, 26 September 2004 (available at http：//www. almeezan. qa/AgreementsPage. aspx？id＝1483&language＝en).

（七）1971 年伊朗与阿拉伯联合国酋长国共同开发案

Memorandum of Understanding between Iran and Sharjah, November 1971 (Middle East Economic Survey, Vol. 15, No. 28,

1972, Supplement).

(八)1974年法国与西班牙划界与共同开发案

1. Convention between France and Spain on theDelimitation of the Territorial Sea and the Contiguous Zone in the Bay of Biscay, 29 January 1974 (available at http://www. un. org/Depts/los/LEGISLATIONAN DTREATIES/PDFFILES/TREATIES/FRA-ESP1974VZ. PDF),

2. Convention between the Government of the French Republic and the Government of the Spanish State on the Delimitation of the Continental Shelves of the two States in the Bay of Biscay, 29 January 1974 (available at http://www. un. org/Depts/los/LEGISLATIONAN DTREATIES/PDFFILES/TREATIES/FRA-ESP1974CS. PDF).

(九)1974年日本与韩国共同开发案

Agreement between Japan and the Republic of Korea Concerning Joint Development of the Southern Part of the Continental Shelf Adjacent to the Two Countries, 30 January 1974

(available at http://cil. nus. edu. sg/rp/il/pdf/1974%20Agreement % 20between% 20Japan% 20and% 20Korea% 20Concerning% 20JD% 20of% 20the% 20Southern% 20Part% 20of% 20Continental% 20Shelf-pdf. pdf).

(十)1974年苏丹与沙特阿拉伯共同开发案

Agreement between Sudan and Saudi Arabia relating to the Joint Exploitation of the Natural Resources of the Sea-Bed and Sub-soil of the Red Sea in the Common Zone, 16 May 1974 (ST/LEG/SER. B/18, pp. 452-455).

(十一)1975年伊朗与伊拉克共同开发案

1. The Algiers Accord, 6 March 1975 (available at http:// mideastweb. org/algiersaccord. htm).

2. Treaty concerning the Frontier and Neighbourly Relations between Iran and Iraq, 13 June 1975 （available at http：//www. parstimes. com/history/iran_iraq_1975. html）.

3. Agreement Between Iran and Iraq concerning the Use of Frontier Watercourses, 26 December 1975 （available at http：//www. ucdp. uu. se/gpdatabase/peace/Iran-Iraq%2019751226b. pdf）.

（十二）1975 年卢旺达与扎伊尔共同开发案

1975 年 5 月 3 日，卢旺达与扎伊尔签订了《卢旺达共和国与扎伊尔共和国关于基伍湖的天然气的勘探和开发以及商业化的协定》。

（十三）1976 年英国与挪威共同开发弗里格天然气案

1. Agreementbetween the Government of the United Kingdom of Great Britain and Northern Ireland and the Government of the Kingdom of Norway Relating to the Exploitation of the Frigg Field Reservoir and the Transmission of Gas therefrom to the United Kingdom, 10 May 1976 （Vol. 1098, I-16878）,

2. Agreement Relating to the Exploration of the Murchison Field Reservoir and the Offtake of the Petroleum Therefrom, 16 October 1979,

3. Agreement Relating to the Exploitation of the Statfjord Field Reservoirs and the Offtake of Petroleum Therefrom, 16 October 1979

（十四）1979 年泰国与马来西亚有关泰国湾的共同开发案

1. Memorandum of Understanding between Malaysia and the Kingdom of Thailand on the Establishment of the Joint Authority for the Exploitation of the Resources of the Sea Bed in a Defined Area of the Continental Shelf of the Two Countries in the Gulf of Thailand, 21 February 1979 （available at http：//cil. nus. edu. sg/rp/il/pdf/1979% 20MOU%20between%20Malaysia%20and%20Thailand-pdf. pdf）.

2. 1990 Agreement between Thailand and Malaysia on the Constitution and Other Matters Relating to the Joint Authority, 30 May 1990(available at http：//cil. nus. edu. sg/rp/il/pdf/1990%20Agreement%20between%20Malaysia%20and%20Thailand%20on%20the%20MTJA-pdf. pdf).

3. Malaysia-Thailand Joint Authority (Standards of Petroleum Operations)Regulations 1997(available at http：//www. mtja. org/GIF/rules/regulations. pdf).

4. Malaysia-Thailand Joint Authority Procedures for Drilling Operations 2009 (available at http：//www. mtja. org/pdf/rules/MTJA_procedures_for_drilling_operations_rev1_14dec09_bw. pdf).

5. Malaysia-Thailand Joint Authority Procedures for Production Operations 2009 (available at http：//www. mtja. org/pdf/rules/MTJA_procedures_for_production_operations_rev1_14dec09_bw. pdf).

(十五)1981 年美国与加拿大缅因湾共同开发案

1. Treaty to Submit to Binding Dispute Settlement the Delimitation of the Maritime Boundary in the Gulf of Maine Area, 29 March 1979 (available at http：//www. un. org/Depts/los/LEGISLATIONANDTREATIES/PDFFILES/TREATIES/CAN-USA1979GM. PDF).

2. Delimitation of the Maritime Boundary in the Gulf of Maine Area, Judgment, ICJ Reports 1984 (available at http：//www. icj-cij. org/docket/files/67/6369. pdf).

(十六)1981 年冰岛与挪威扬马延岛共同开发案

1. Agreement on the Continental Shelf between Iceland and Jan Mayen, 22 October 1981(available at http：//www. un. org/Depts/los/LEGISLATIONANDTREATIES/PDFFILES/TREATIES/ISL-NOR1981CS. PDF).

2. Maritime Delimitation in the Area between Greenland and Jan

Mayen, Judgment, ICJ Reports 1993 (available at http：//www. icj-cij. org/docket/files/78/6743. pdf).

(十七)1988 年突尼斯与利比亚共同开发案

1. 1988 年 8 月，突尼斯与利比亚签订了《利比亚与突尼斯大陆架划界与共同开发协定》.

2. Continental Shelf (Tunisia/Libyan Arab Jamahiriya) Judgment, ICJ Reports 1982 (available at http：//www. icj-cij. org/docket/files/63/6267. pdf).

(十八)1989 年澳大利亚与印度尼西亚共同开发案

Treaty between Australia and the Republic of Indonesia on the Zone of Cooperation in an Area between the Indonesian Province of East Timor and Northern Australia, 11 December 1989(available at http：//www. austlii. edu. au/au/other/dfat/treaties/1991/9. html).

(十九)1988 年阿拉伯也门共和国与也门民主人民共和国共同开发案

1988 年 11 月 19 日，阿拉伯也门共和国与也门民主人民共和国签订了《阿拉伯也门共和国与也门民主人民共和国之间的亚丁协议》(Aden Agreement between the Yemen Arab Republic and the People's Democratic Republic of Yemen)。

(二十)1992 年马来西亚与越南共同开发案

Memorandum of Understanding between Malaysia and the Socialist Republic of Vietnam for the Exploration and Exploitation of Petroleum in A Defined Area of the Continental Shelf Involving the Two Countries, 5 June 1992 (available at http：//cil. nus. edu. sg/rp/il/pdf/1992% 20MOU%20between%20Malaysia%20and%20Vietnam%20for%20the% 20Exploration%20and%20Exploitation%20of%20Petroleum-pdf. pdf).

(二十一)1993 年几内亚比绍与塞内加尔共同开发案

Agreement on Management and Cooperation between the Republic of Guinea-Bissau and the Republic of Senegal, 14 October 1993 (available at http://www. un. org/Depts/los/LEGISLATIONANDTREATIES/PDFFILES/TREATIES/SEN-GNB1993MC. PDF).

(二十二)1993 年牙买加与哥伦比亚共同开发案

Maritime Delimitation Treaty between Jamaica and the Republic of Colombia, 12 November 1993 (available at http://www. un. org/depts/los/LEGISLATIONANDTREATIES/PDFFILES/TREATIES/JAM-COL1993MD. PDF).

(二十三)1995 年英国与阿根廷共同开发案

1. Joint Statement of 15 February 1990 Re-establishing Diplomatic Relations between Britain and Argentina (available at http://www. fiassociation. com/shopimages/pdfs/5. % 201990% 20Joint% 20British-Argentine % 20Statement% 20on% 20the% 20Reestablishment% 20of% 20Diplomatic%20Relations. pdf).

2. UK-Argentina Joint Statement on the Conservation of Fisheries (David Freestone, UK/Argentina Co-operation on Fisheries Conservation, International Journal of Estuarine and Coastal Law, Vol. 145, No. 6, 1991, pp. 146-148),

3. oint Declarationof 27 September 1995 Cooperation Over Offshore Activities in the South West Atlantic (available at http://www. fiassociation. com/shopimages/pdfs/7. %201995% 20Joint%20Declaration% 20on% 20Cooperation% 20Over% 20Offshore% 20Activities% 20in% 20the%20South%20West% 20Atlantic. . pdf, T. W. Wälde & Andrew McHardy, Argentina-United Kingdom: Joint Declaration on Cooperation over Offshore Activities in the Southwest Atlantic, International Legal Materials, Vol. 35, No. 2, 1996, p. 302).

4. Declaration of the British Government with regard to the Joint Declaration signed by the British and Argentine Foreign Ministers on Cooperation over Offshore Activities in the SouthWest Atlantic (available at http：//www. fiassociation. com/shopimages/pdfs/7. ％ 201995％ 20Joint％ 20Declaration％ 20on％ 20Cooperation％ 20Over％ 20Offshore％ 20Activities％20in％20the％20South％20West％20Atlantic. . pdf)，

5. Statement by the Argentine Government with regard to the Joint Declaration signed by the Foreign Ministers of Argentina and the United Kingdom on Exploration and Exploitation of Hydrocarbons (available at http：//www. fiassociation. com/shopimages/pdfs/7. ％201995％ 20Joint ％ 20Declaration％ 20on％ 20Cooperation％ 20Over％ 20Offshore％ 20Activities％20in％20the％20South％20West％20Atlantic. . pdf).

（二十四）2000 年中国与越南北部湾共同开发案

1. 2000 年 12 月 25 日，中国与越南签订了《中华人民共和国和越南社会主义共和国关于两国在北部湾领海、专属经济区和大陆架的划界协定》（载 http：//www. npc. gov. cn/wxzl/gongbao/2004-08/04/content_5332197. htm)，

2. 2000 年 12 月 25 日，中国与越南签订了《中华人民共和国政府和越南社会主义共和国政府北部湾渔业合作协定》。

（二十五）2001 年尼日利亚与圣多美和普林西比共同开发案

Treaty between The Federal Republic of Nigeria and The Democratic Republic of São Tomé e Príncipe on the Joint Development of Petroleum and other Resources，in respect of Areas of the Exclusive Economic Zone of the Two States，21 February 2001 (available at http：//www. un. org/Depts/los/LEGISLATIONANDTREATIES/PDFF ILES/TREATIES/STP-NGA2001. PDF).

（二十六）2001 年泰国与柬埔寨共同开发案

1. Memorandum of Understanding between the Royal Thai

Government and the Royal Government of Cambodia regarding the Area of their Overlapping Maritime Claims to the Continental Shelf, 18 June 2001,

2. Termination of the Memorandum of Understanding between the Royal Thai Government and the Royal Government of Cambodia regarding the Area of their Overlapping Maritime Claims to the Continental Shelf(available at http: //www. ryt9. com/es/mfa/88839).

(二十七)2002 年东帝汶与澳大利亚共同开发案

1. Timor Sea Treaty between the Government of East Timor and the Government of Australia, 20 May 2002, Australian Treaty Series 2003 No. 13 (available at http: //www. un. org/Depts/los/LEGISLATIONAN DTREATIES/PDFFILES/TREATIES/AUS-TLS2002TST. PDF),

2. Exchange of Notes Constituting an Agreement between the Government of Australia and the Government of the Democratic Republic of Timor-Leste concerning Arrangements for Explorationand Exploitation of Petroleum in an Area of the Timor Sea between Australia and East Timor, 20 May 2002 (available at http: //www. un. org/Depts/los/ LEGISLATIONANDTREATIES/PDFFILES/TREATIES/AUS- TLS2002EX. PDF),

3. Petroleum Mining Code foe the Joint Petroleum Development Area (available at http: //www. anp-tl. org/webs/anptlweb. nsf/vwAll/ Resource-Petroleum% 20Mining% 20Code/ $ File/PMCtoCoM0602. pdf? openelement),

4. Product Sharing Contract for the Joint Petroleum Development Area (available at http: //www. laohamutuk. org/Oil/PetRegime/ JPDA%20PSC%208-05. pdf),

5. Memorandum of Understanding between the Government of the Democratic Republic of East Timor and the Government of Australia concerning an International Unitization Agreement for the Greater Sunrise field, 20 May 2002,

6. Agreement between the Government of Australia and The Government of the Democratic Republic of Timor-Leste relating to the Unitisation of the Sunrise and Troubadour Fields, 6 March 2003, Australian Treaty Series 2007, No. 11 (available at http://www. un. org/Depts/los/LEGISLATIONANDTREATIES/PDFFILES/TREATIES/AUS-TLS2002SUN. PDF),

7. Treaty between Australia and the Democratic Republic of Timor-Leste on Certain Maritime Arrangements in the Timor Sea, 12 January 2006 (Australian Treaty Series 2007, No. 12).

(二十八)2002 年刚果(布)与安哥拉共同开发案

2002 年 11 月 27 日,刚果(布)与安哥拉签订了《边境海域油田开发协定》。

(二十九)2003 年巴巴多斯与圭亚那共同开发案

Exclusive Economic Zone Cooperation Treaty between the Republic of Guyana and the State of Barbados Concerning the Exercise of Jurisdiction in Their Exclusive Economic Zones in the Area of Bilateral Overlap Within Each of Their Outer Limits and Beyond the Outer Limits of the Exclusive Economic Zones of Outer States, 2 December 2003 (The Law of the Sea Bulletins, No. 55, p. 36).

(三十)2005 年中国与朝鲜共同开发案

2005 年 12 月 24 日,中国与朝鲜签订了《中朝政府间关于海上共同开发石油的协定》。

(三十一)2006 年密克罗尼西亚与马歇尔群岛共同开发案

Treaty between the Federated States of Micronesia and the Republic of the Marshall Islands concerning Maritime Boundaries and Cooperation on Related Matters, 5 July 2006 (Federated States of Micronesia— the Republic of the Marshall Islands, U. N. T. S. I-54649 (Registration

No.), pp. 1-6, available at https：//treaties. un. org/doc/Publication/ UNTS/No%20Volume/54649/Part/I-54649-08000002804c6ee9. pdf).

(三十二)2006 年密克罗尼西亚与帕劳共同开发案

Treaty between the Federated States of Micronesia and the Republic of Paul concerning Maritime Boundaries and Cooperation on Related Matters (available at http：//www. un. org/Depts/los/LEGISLATION ANDTREATIES/PDFFILES/FSM-PALAU. pdf).

(三十三)2007 年特立尼达和多巴哥与委内瑞拉玻利瓦尔共和国共同开发案

Framework Treaty Relating to the Unitisation of Hydrocarbon Reservoirs That Extend Across the Delimitation Linebetween the Republic of Trinidad and Tobago and the Bolivarian Republic of Venezuela, 20 March 2007 (Republic of Trinidad and Tobago—the Bolivarian Republic of Venezuela, U. N. T. S. Vol. 2876. pp. 1-24, available at https：//treaties. un. org/doc/Publication/UNTS/No% 20 Volume/50196/Part/I-50196-08000002802bb3a7. pdf).

(三十四)2008 年中国与日本共同开发案

2008 年 6 月 18 日，中日双方达成《中日东海原则共识》(载 http：//www. gov. cn/jrzg/2008-06/18/content_1020543. htm)。

(三十五)2009 年马来西亚与文莱共同开发案

The Exchange of Letters between Malaysia and Brunei, 16 March 2009 (available at http：//www. thestar. com. my/story/? file =% 2f2010%2f5%2f3%2fnation%2f20100503123605&sec=nation).

(三十六)2010 年俄罗斯与挪威共同开发案

Treaty between the Kingdom of Norway and the Russian Federation concerning Maritime Delimitation and Cooperation in the Barents Sea and the Arctic Ocean, 15 September 2010

(available at http：//www. un. org/Depts/los/LEGISLATIONAND TREATIES/PDFFILES/TREATIES/NOR-RUS2010. PDF).

(三十七)2012 年美国与墨西哥共同开发案

1. Treaty between the Government of the United States of America and the Government of the United Mexican States on the Delimitation of the Continental Shelf in the Western Gulf of Mexico beyond 200 Nautical Miles, 9 June 2000(available at http：//www. un. org/Depts/los/LEG ISLATIONANDTREATIES/PDFFILES/TREATIES/USA-MEX2000CS. PDF).

2. Agreement between the United States of America and the United Mexican States Concerning Transboundary Hydrocarbon Reservoirs in the Gulf of Mexico, 20 February 2012

(available at http：//www. state. gov/documents/organization/185467. pdf).

(三十八)2012 年塞舌尔群岛与毛里求斯共同开发案

1. Treaty Concerning the Joint Management of the Continental Shelf in the Mascarene Plateau Region, 13 March, 2012,

2. Treaty Concerning the Joint Exercise of Sovereign Rights over the Continental Shelf in the Mascarene Plateau Region, 13 March, 2012.

三、英文著作

1. Kamal Hossain, Law and Policy Petroleum Development：Changing Relations between Transnationals and Governments, Frances Pinter Ltd 1979.

2. Mark J. Valencia, The South China Sea：Hydrocarbon Potential and Possible of Joint Development, Pergamon Press 1981.

3. Raymond F. Mikesell, Petroleum Company Operations and Agreements in the Developing Countries,Washington, D. C. 1984.

4. Keith W. Blinn, Claude Duval, International Petroleum Exploration and Exploitation Agreements: Legal, Economic and Policy Aspects, Euromoney Publications 1986.

5. Hazel Fox etc. ed., Joint Development of Offshore Oil and Gas: A Model Agreement for States for Joint Development with Explanatory Commentary, British Institute of International and Comparative Law 1989.

6. Hazel Fox ed., Joint Development of Offshore Oil and Gas, Vol. II, British Institute of International and Comparative Law1990.

7. J. F. O'Connor, Good Faith in International Law, Dartmouth: Dartmouth Publishing Company Limited 1991.

8. Nico Schrijver, Sovereignty over Natural Resources: Balancing Rights and Duties, Cambridge University Press 1997.

9. Mark J. Valencia, Jon M. Van Dyke, Noel A. Ludwig, Sharing the Resources of the South China Sea, Martinus Nijhoff Publishers 1997.

10. R. R. Churchill, A. V. Lowe, The Law of the Sea, Juris Publishing 1999.

11. Selig S. Harrison, Seabed Petroleum in Northeast Asia: Conflict or Cooperation?, Woodrow Wilson International Center for Scholars, Asia Program 2005.

12. Victor Prescott, Clive Schofield, The Maritime Political Boundaries of the World, 2nd Edition, Martinus Nijhoff Publishers 2005.

13. Zou Keyuan,Law of the Sea in East Asia, Routledge 2005.

14. Sam Bateman, Ralf Emmers,Security and International Politics in the South China Sea: Towards a Co-operative Management Regime, Routledge 2009.

15. Stacie E. Goddard, Indivisible Territory and the Politics of Legitimacy: Jerusalem and Northern Ireland, Cambridge University Press 2009.

16. Terence Daintith, Finders Keepers? How the Law of Capture

Shaped the World Oil Industry, Routledge 2010.

17. Robert Beckman etc. ed., Beyond Territorial Disputes in the South China Sea: Legal Frameworks for the Joint Development of Hydrocarbon Resources, Edward Elgar Publishing Limited 2013.

18. Stefan Talmon and Bing Bing Jia ed., The South China sea arbitration: A Chinese Perspective, Hart Publishing 2014.

19. Vasco Becker-Weinberg, Joint Development of Hydrocarbon Deposits in the Law of the Sea, Springer-Verlag Berlin Heidelberg 2014.

20. Tran Truong Thuy and Le Thuy Trang ed., Power, Law, and Maritime Order in the South China Sea, Lexington Books 2015.

21. David Jay Green, The Third Option for the South China Sea: The Political Economy of Regional Conflict and Cooperation, Palgrave Macmillan 2016.

22. William E. Hughes, Fundamentals of International Oil and Gas Law, PennWell Corporation 2016.

23. Gerald Blake, edited, Maritime Boundaries and Ocean Resources, Routledge 2018.

24. Alexander Orakhelashvili, Akehurst's Modern Introduction to International Law, 8th edition, Routledge 2019.

25. James Crawford, Brownlie's Principles of Public International Law, 9th edition, Oxford University Press 2019.

26. Malcolm N. Shaw, International Law, 9th edition, Cambridge University Press 2021.

四、英文论文

1. Joseph W. Morris, The North Sea Continental Shelf: Oil and Gas Legal Problems, International Lawyer, Vol. 2, 1967.

2. William T. Onorato, Apportionment of an International Petroleum Deposit, International and Comparative Law Quarterly, Vol. 17, 1968.

3. Willam T. Onorato, Apportion of an International Common

Petroleum Deposit, International and Comparative Law Quarterly, Vol. 26, No. 2, 1977.

4. J. C. Woodlittle, International Unitisation of an Offshore Gas Field, International and Comparative Law Quarterly, Vol. 26, No. 2, 1977.

5. Rainer Lagoni, Interim Measures Pending Maritime Delimitation Agreements, The American Journal of International Law, Vol. 78, No. 2, 1984.

6. Joseph P. Tomain, The Rule of Capture: Government and the Oil Industry, Journal of Energy Law and Policy, Vol. 5, 1984.

7. Alberto Szekely, Transboundary Resources: A View from Mexico, Natural Resources Journal, Vol. 26, No. 4, Fall 1986.

8. Mark J. Valencia, Masahiro Miyoshi, Southeast Asian Seas: Joint Development of Hydrocarbons in Overlapping Claim Areas?, Ocean Development and International Law, Vol. 16, No. 3, 1986.

9. Mark J. Valencia, Taming Troubled Waters: Joint Development of Oil and Mineral Resources in Overlapping Claim Areas, San Diego Law Review, Vol. 23, No. 3, 1986.

10. Ian Townsend Gault, Joint Development of Offshore Mineral Resources — Progress and Prospects for the Future, Natural Resources Forum, Vol. 12, No. 3, 1988.

11. Masahiro Miyoshi, The Basic Concept of Joint Development of Hydrocarbon Resources on the Continental Shelf: With Special Reference to the Discussions at the East-West Centre Workshops on the South-East Asian Seas, International Journal of Estuarine and Coastal Law, Vol. 3, No. 1, 1988.

12. Ernst Willheim, Australia-Indonesia Sea-Bed Boundary Negotiations: Proposals for a Joint Development Zone in the Timor Gap, Natural Resources Journal, Vol. 29, No. 3, 1989.

13. Mochtar Kusuma-Atmadja, Indonesia's National Policy on Offshore Mineral Resources: Some Legal Issues, Ocean Yearbook,

Vol. 9, 1991.

14. Peter B. Payoyo, Legal Framework for the Development and Management of Non-Living Marine Resources: Philippine Concerns, Philippine Law Journal, Vol. 66, No. 2, 1991.

15. Yu Hui, Joint Development of Mineral Resources — An Asian Solution, Asian Yearbook of International Law, Vol. 2, 1992.

16. Gao Zhiguo, Legal Concept and Aspects of Joint Development in International Law, The Ocean Yearbook, Vol. 13, 1998.

17. Nguyen Hong Thao, Vietnam and Joint Development in the Gulf of Thailand, Asian Yearbook of International Law, Vol. 8, 1998.

18. David M. Ong, Joint Development of Common Offshore Oil and Gas Deposits: 'Mere' State Practice or Customary International Law?, The American Journal of International Law, Vol. 93, No. 4, 1999.

19. David M. Ong, The 1979 and 1990 Malaysia-Thailand Joint Development Agreements: A Model for International Legal Co-operation in Common Offshore Petroleum Deposits, International Journal of Marine and Coastal Law, Vol. 114, No. 2, 1999.

20. David M. Ong, The New Timor Sea Arrangement 2001: Is Joint Development of Common Offshore Oil and Gas Deposits Mandated under International Law, International Journal of Marine and Coastal Law, Vol. 17, No. 1, 2002.

21. John Holmes, End the Moratorium: The Timor Gap Treaty as a Model for the Complete Resolution of the Western Gap in the Gulf of Mexico, Vanderbilt Journal of Transnational Law, Vol. 35, No. 3, 2002.

22. Jason S. Johnston, The Rule of Capture and the Economic Dynamics of Natural Resource Use and Survival under Open Access Management Regimes, Environmental Law, Vol. 35, 2005.

23. Bruce M. Kramer and Owen L. Anderson, The Rule of Capture — An Oil and Gas Perspective, Environmental Law, Vol. 35, 2005.

24. Yucel Acer, A Proposal for a Joint Maritime Development

Regime in the Aegean Sea, Journal of Maritime Law and Commerce, Vol. 37, No. 1, 2006.

25. Christopher C Joyner, Kelly Zack Walters, The Caspian Conundrum: Reflections on the Interplay between Law, the Environmnet and Geopolitics, International Journal of Marine and Coastal Law, Vol 21, No. 2, 2006.

26. Chidinma Bernadine Okafor, Joint Development: An Alternative Legal Approach to Oil and Gas Exploitation in the Nigeria-Cameroon Maritime Boundary Dispute, International Journal of Marine and Coastal Law, Vol 21, No. 4, 2006.

27. Chidinma Bernadine Okafor, Model Agreements for Joint Development: A Case Study, Journal of Energy & Natural Resources Law, Vol. 25, No. 1, 2007.

28. Leszek Buszynski & Iskandar Sazlan, Maritime Claims and Energy Cooperation in the South China Sea, Contemporary Southeast Asia, Vol. 29, 2007.

29. Mark J. Valencia, The East China Sea Dispute: Context, Claims, Issues, and Possible Solutions, Asian Perspective, Vol. 31, No. 1, 2007.

30. Dominic Roughton, Rights (and Wrongs) of Capture: International Law and the implications of the Guyana/Suriname Arbitration, Journal of Energy & Natural Resources Law, Vol. 26, No. 3, 2008.

31. Luis E. Rodriguez-Rivera, Joint Development Zones and Other Cooperative Management Efforts Related to Transboundary Maritime Resources: A Caribbean and Latin American Model for Peaceful Resolution of Maritime Boundary Disputes, in Symposium: Frontier Issues in Ocean Law: Marine Resources, Maritime Boundaries, and the Law of the Sea, 2008.

32. Luis E. Rodriguez-Rivera, Joint Development Zones and Other Cooperative Management Efforts Related to Transboundary Maritime

Resources: A Caribbean and Latin American Model for Peaceful Resolution of Maritime Boundary Disputes, Issues in Legal Scholarship, Vol. 7, No. 1, 2008.

33. Gao Jianjun, A Note on the 2008 Cooperation Consensus Between China and Japan in the East China Sea, Ocean Development and International Law, Vol 40, No. 3, 2009.

34. Cecilia A. Low, The Rule of Capture: Its Current Status and Some Issues to Consider, Alberta Law Review, Vol 46, No. 3, 2009.

35. Masahiro Miyoshi, The North Sea Continental Shelf Cases Revisited: Implications for the Boundaries in the Northeast Asian Seas, Asian Yearbook of International Law, Vol. 15, 2009.

36. Lowell B. Bautista, The Legal Status of the Philippine Treaty Limits in International Law, Aegean Review of the Law of the Sea and Maritime Law, No. 1, 2010.

37. Karla Urdaneta, Transboundary Petroleum Reservoirs: A Recommended Approach for the United States and Mexico in the Deepwaters of the Gulf of Mexico, Houston Journal of International Law, Vol. 32, No. 2, 2010.

38. Chijioke S. Ugwuanyi, Does the Use of Joint Development Agreements Bar International Maritime Boundaries Delimitation, Dublin Legal Review Quarterly, No. 1, 2011.

39. Jorge A. Vargas, The 2012 U. S. -Mexico Agreement on Transboundary Hydrocarbon Reservoirs in the Gulf of Mexico: A Blueprint for Progress or a Recipe for Conflict, San Diego International Law Journal, Vol. 14, No. 1, 2012.

40. Jose Luis Herrera Vaca, The New Legal Framework for Oil and Gas Activities near the Maritime Boundaries between Mexico and the U. S: Comments on the Agreement between the United Mexican States and the United States of America Concerning Transboundary Hydrocarbon Reservoirs in the Gulf of Mexico, Journal of World Energy Law and Business, Vol. 5, No. 3, 2012.

256

41. Robert Beckman, The UN Convention on the Law of the Sea and the Maritime Disputes in the South China Sea, American Journal of International Law, Vol. 107, 2013.

42. Shih-Ming Kao, Nathaniel S. Pearre, Potential Alternatives to the Disputes in the South China Sea: An Analysis, China Oceans Law Review, Vol. 2013, No. 17, 2013.

43. Timothy H. Baker, Aloise Bozell Vansant, United States and Mexico Open Offshore Transboundary Hydrocarbon Reservoirs to Development, Natural Resources & Environment, Vol. 29, No. 1, 2014.

44. Nigel Bankes, Recent Framework Agreements for the Recognition and Development of Transboundary Hydrocarbon Resources, International Journal of Marine and Coastal Law, Vol. 29, No. 4, 2014.

45. Melissa H Loja, Is the Rule of Capture Countenanced in the South China Sea? The Policy and Practice of China, the Philippines and Vietnam, Journal of Energy & Natural Resources Law, Vol. 32, No. 4, 2014.

46. N. Elias Blood-Patterson, Smoke on the Water: The Role of International Agreements in the Philippine-Chinese Dispute over the South China Sea, New York University Journal of International Law and Politics, Vol. 46, No. 4, 2014.

47. Youri van Logchem, Explorationa and Exploitation of Oil and Gas Resources in Maritime Areas of Overlap under International Law: The Falklands (Malvinas), Hague Yearbook of International Law, Vol. 28, 2015.

48. Guillermo J. Garcia Sanchez, Richard J. Mclaughlin, The 2012 Agreement on the Exploitation of Transboundary Hydrocarbon Resources in the Gulf of Mexico: Confirmation of the Rule or Emergence of a New Practice, Houston Journal of International Law, Vol. 37, No. 3, 2015.

49. Constantinos Yialloruides, Oil and Gas Development in Disputed Waters under UNCLOS ", UCL Journal of Law and

Jurisprudence, Vol. 5, No. 1, 2016.

50. Danae Azaria, The Scope and Content of Sovereign Rights in Relation to Non-Living Resources in the Continental Shelf and the Exclusive Economic Zone, Journal of Territorial and Maritime Studies, Vol. 3, No. 2, 2016.

51. Guo Ran, Sino-Vietnam Dispute over Hydrocarbon Resources Exploration in Nansha Waters after the South China Sea Arbitration, Hong Kong Law Journal, Vol. 47, No. 3, 2017.

52. Youri van Logchem, The Status of a Rule of Capture Under International Law of the Sea with regard to Offshore Oil and Gas Resource Related Activities, Michigan State International Law Review, Vol. 26. 2, 2018.

53. Constantinos Yialloruides, Joint Development of Seabed Resources in Areas of Overlapping Maritime Claims: An Analysis of Precedents in State Practice, University of San Francisco Maritime Law Journal, Vol. 31, No. 2, 2018.

54. Anita L. Parlow, Toward Distributive Justice in Offshore Natural Resources Development: Iceland and Norway in the Jan Mayen, Ocean and Costal Law Journal, Vol. 23, No. 1, 2018.

55. Andrew Belack, A Big Fracking Deal: Pennsylvania's Departure from Traditional Rule of Capture Interpretation Paves Way for Fracking Trespass Claims, Washington Journal of Environmental Law & Policy, Vol. 10, Issue 1, 2020.

56. Guillermo J. Garcia Sanchez, The Footprint of the Chinese Petro-Dragon: The Future of Investment Law in Transboundary Resources, Tulane Law Review, Vol. 94, No. 2, 2020.

57. Helmut Tuerk, Questions Relating to the Continental Shelf beyond 200 Nautical Miles: Delimitation, Delineation, and Revenue Sharing, International Law Studies Series, US Naval War College, Vol. 97, 2021.

五、中文著作

1. 周忠海:《国际海洋法》,中国政法大学出版社1987年版。

2. 李浩培:《国际法概念和渊源》,贵州人民出版社1994年版。

3. 蔡鹏鸿:《争议海域共同开发的管理模式:比较研究》,上海社会科学院出版社1998年版。

4. 余民才:《海洋石油勘探与开发的法律问题》,中国人民大学出版社2001年版。

5. 中国石油和石化工程研究会组织编:《当代石油和石化工业技术普及读本:勘探(第二版)》,中国石化出版社2005年版。

6. 傅崐成编校:《海洋法相关公约及中英文索引》,厦门大学出版社2005年版。

7. 张海文主编:《〈联合国海洋法公约〉释义集》,海洋出版社2006年版。

8. 张良福:《中国与邻国海洋划界争端问题》,海洋出版社2006年版。

9. 萧建国:《国际海洋边界石油的共同开发》,海洋出版社2006年版。

10. 高之国、贾宇、张海文主编:《国际海洋法的理论与实践》,海洋出版社2006年版。

11. 高之国、张海文、贾宇主编:《国际海洋法发展趋势研究》,海洋出版社2007年版。

12. 高之国、张海文主编:《海洋国策研究文集》,海洋出版社2007年版。

13. 王年平:《国际石油合同模式比较研究——兼论对我国石油与能源法制的借鉴》,法律出版社2009年版。

14. 张海文、李云红主编:《世界各国海洋立法汇编:非洲国家、拉美和加勒比国家卷》,法律出版社2012年版。

15. 张海文、李云红主编:《世界各国海洋立法汇编:亚洲和大洋洲国家卷》,法律出版社2012年版。

16. 张海文：《南海及南海诸岛》，五洲传播出版社 2014 年版。

17. 杨泽伟主编：《海上共同开发国际法问题研究》，社会科学文献出版社 2016 年版。

18. 杨泽伟主编：《海上共同开发协定汇编（汉英对照）》，社会科学文献出版社 2016 年版。

19. 杨泽伟主编：《海上共同开发协定续编》，武汉大学出版社 2018 年版。

20. 杨泽伟主编：《海上共同开发国际法理论与实践研究》，武汉大学出版社 2018 年版。

21. 杨泽伟主编：《〈联合国海洋法公约〉若干制度评价与实施问题研究》，武汉大学出版社 2018 年版。

22. 邓妮雅：《海上共同开发管理模式法律问题研究》，武汉大学出版社 2019 年版。

23. 董世杰：《争议海域既有石油合同的法律问题研究》，武汉大学出版社 2019 年版。

24. 孙传香：《中日东海大陆架划界国际法问题研究》，武汉大学出版社 2019 年版。

25. 何海榕：《泰国湾海上共同开发法律问题研究》，武汉大学出版社 2020 年版。

26. 刘亮：《大陆架界限委员会建议的性质问题研究》，武汉大学出版社 2020 年版。

27. 杨泽伟：《国际法》（第 4 版），高等教育出版社 2022 年版。

28. 杨泽伟：《国际法析论》（第 5 版），中国人民大学出版社 2022 年版。

29. 付琴雯：《〈联合国海洋法公约〉在法国的实施问题研究》，武汉大学出版社 2022 年版。

30. 黄文博：《海上共同开发争端解决机制的国际法问题研究》，武汉大学出版社 2022 年版。

31. 张蕾：《公海保护区与相关海洋法制度的关系及发展路径研究》，法律出版社 2023 年版。

32. 梁西著、杨泽伟修订：《梁西国际组织法》（第 8 版），武汉大学出版社 2023 年版。

33. 杨泽伟主编：《"一带一路"高质量发展的国际法问题研究》，武汉大学出版社 2023 年版。

六、中文译著

1. 艾琳·麦克哈格等主编：《能源与自然资源中的财产和法律》，胡德胜、魏铁军等译，北京大学出版社 2014 年版。

2. 理查德·罗兹：《能源传：一部人类生存危机史》，刘海翔、甘露译，人民日报出版社 2020 年版。

七、中文论文

1. 蔡鹏鸿：《共同开发有争议海域之思考》，载《战略与管理》1994 年第 5 期。

2. 周忠海：《论南中国海共同开发的法律问题》，载《厦门大学法律评论》2003 年第 5 辑。

3. 张良福：《中国政府对钓鱼岛主权争端和东海划界问题的基本立场和政策》，载《太平洋学报》2005 年第 8 期。

4. 贾宇：《中日东海共同开发的问题与前瞻》，载《世界经济与政治论坛》2007 年第 4 期。

5. 何力：《东海油气资源开发的法律问题——日本的动向与我国的对策》，载《上海财经大学学报》2007 年第 3 期。

6. 张新军：《法律适用中的时间要素——中日东海争端关键日期和时际法问题考察》，载《法学研究》2009 年第 4 期。

7. 李金明：《南海问题的最新动态与发展趋势》，载《东南亚研究》2010 年第 1 期。

8. 陈一峰：《国际法不禁止即为允许吗？"荷花号"原则的当代国际法反思》，载《环球法律评论》2011 年第 3 期。

9. 罗国强：《"共同开发"政策在海洋争端解决中的实际效果：分析与展望》，载《法学杂志》2011 年第 4 期。

10. 王小聪、孙慧霞：《南海石油开发两难》，载《国土资源导刊》2011 年第 8 期。

11. 杨泽伟:《"搁置争议、共同开发"原则的困境与出路》,载《江苏大学学报(社会科学版)》2011 年第 3 期。

12. 罗国强、郭薇:《南海共同开发案例研究》,载《南洋问题研究》2012 年第 2 期。

13. 黄伟:《2012 年中海油发布南海油气对外招标公告的法律问题研究》,载《法学杂志》2012 年第 10 期。

14. 王海华:《马来西亚油气工业现状及未来发展趋势》,载《国土资源情报》2013 年第 1 期。

15. 郭渊:《东南亚国家对南海石油资源的开发及影响—以菲、马、印尼、文莱为考察中心》,载《近现代国际关系史》2013 年第 1 期。

16. 张辉:《中国周边争议海域共同开发基础问题研究》,载《武大国际法评论》2013 年第 1 期。

17. 杨泽伟:《中国海洋权益的法律保障》,载《武汉大学学报(哲学社会科学版)》2013 年第 3 期。

18. 张荷霞、刘永学等:《南海中南部海域油气资源开发战略价值评价》,载《资源科学》2013 年第 11 期。

19. 郭冉:《论中国在南海 U 形线内海域的历史性权利》,载《太平洋学报》2013 年第 12 期。

20. 杨泽伟:《论海上共同开发"区块"的选择问题》,载《时代法学》2014 年第 3 期。

21. 杨泽伟:《论海上共同开发的发展趋势》,载《东方法学》2014 年第 3 期。

22. 李国强:《南海油气资源勘探开发的政策适调》,载《国际问题研究》2014 年第 6 期。

23. 杨泽伟:《论海上共同开发区的法律适用问题》,载《广西大学学报(哲学社会科学版)》2015 年第 4 期。

24. 董世杰:《海上共同开发的法律适用》,载《武大国际法评论》2015 年第 2 期。

25. 董世杰:《单方面利用争议海域油气资源的问题研究》,载《东北亚论坛》2015 年第 5 期。

26. 刘才涌：《越南油气产业发展现状、问题与新动向》，载《南洋问题研究》2015 年第 1 期。

27. 谢晓军、张功成等：《曾母盆地油气地质条件、分布特征及有利勘探方向》，载《中国海上油气》2015 年第 1 期。

28. 严双伍、李国选：《南海问题中的美国跨国石油公司》，载《太平洋学报》2015 年第 3 期。

29. 邓妮雅：《论关键日期及其在南沙岛礁主权争端上的适用》，载《广西大学学报(社会科学版)》2015 年第 4 期。

30. 李金明：《中菲礼乐滩油气资源"共同开发"的前景分析》，载《太平洋学报》2015 年第 5 期。

31. 杨泽伟：《论 21 世纪海上丝绸之路建设对南海争端解决的影响》，载《边界与海洋研究》2016 年第 1 期。

32. 董世杰：《论南海潜在共同开发区的法律适用问题》，载《广西大学学报(哲学社会科学版)》2016 年第 2 期。

33. 孙传香：《国际海洋划界三阶段理论：形成、实践与检视》，载《法学评论》2016 年第 6 期。

34. 杨泽伟：《论 21 世纪海上丝绸之路建设与国际海洋法律秩序的变革》，载《东方法学》2016 年第 5 期。

35. 杨珍华：《马岛争端中英国主权主张依据探析》，载《国际论坛》2016 第 2 期。

36. 杨珍华：《英国海外领土海洋划界实践及影响》，载《太平洋学报》2016 年第 3 期。

37. 董世杰：《争议海域单方面石油活动的合法性研究》，载《边界与海洋研究》2016 年第 3 期。

38. 杨泽伟：《海上共同开发的先存权问题研究》，载《法学评论》2017 年第 1 期。

39. 杨泽伟：《仲裁案后南海共同开发：机遇、挑战及中国的选择》，载《海南大学学报(人文社会科学版)》2017 年第 6 期。

40. 何海榕：《泰国湾海上共同开发先存权问题的处理及启示》，载《南海法学》2017 年第 2 期。

41. 洪农：《海洋法的国家实践：对南海地区法律文化共同体

的思考》，载《外交评论》2017 年第 5 期。

42. 董世杰：《剖析日本蓄意在东海"中间线"以西海域挑起争议的划界图谋》，载《太平洋学报》2017 年第 11 期。

43. 杨泽伟：《国际海底区域"开采法典"的制定与中国的应有立场》，载《当代法学》2018 年第 2 期。

44. 杨泽伟：《论海上共同开发争端的解决及中国的选择》，载《东方法学》2018 年第 2 期。

45. 邓妮雅：《"一带一路"倡议下南海资源共同开发的模式选择》，载《中国海洋大学学报（社会科学版）》2018 年第 2 期。

46. 罗欢欣：《国家在国际造法进程中的角色与功能——以国际海洋法的形成与运作为例》，载《法学研究》2018 年第 4 期。

47. 屈茂辉、宋泽江：《美国油气法捕获规则的形成与发展—兼及对中国立法的启示》，载《财经理论与实践》2018 年第 3 期。

48. 杨力：《中国周边南海问题：本质、构成与应对思路》，载《边界与海洋研究》2018 年第 6 期。

49. 康霖、罗传钰：《中菲南海油气资源共同开发：挑战与努力方向》，载《国际问题研究》2018 年第 5 期。

50. 蒋琛娴、鞠海龙：《杜特尔特政府对菲律宾南海政策的修正》，载《南海学刊》2018 年第 4 期。

51. 邓妮雅：《国际法律新秩序下中国海权战略的选择》，载《中国海商法研究》2019 年第 2 期。

52. 孙传香：《论单方开发行为在国际司法程序中的法律效果》，载《法律科学》2019 年第 2 期。

53. 朱利江：《在原则与例外之间：油气因素对海洋划界的影响》，载《政法论坛》2019 年第 2 期。

54. 祁怀高：《当前中菲南海共同开发的制约瓶颈与应对思考》，载《太平洋学报》2019 年第 3 期

55. 杨泽伟：《新时代中国深度参与全球海洋治理体系的变革：理念与路径》，载《法律科学（西北政法大学学报）》2019 年第 6 期。

56. 杨泽伟：《论"海洋命运共同体"构建中海洋危机管控国际合作的法律问题》，载《中国海洋大学学报》（社会科学版）2020 年

第 3 期。

57. 叶淑兰、俞慧敏：《菲律宾南海话语的法理论证：理据、说服与解构》，载《亚太安全与海洋研究》2020 年第 2 期。

58. 黄田：《美墨共同开发协定的国际法问题研究》，载《法制与社会》2020 年第 4 期。

59. 蔡从燕、HAN Yuchen、HUANG Yuxin：《海洋公共秩序基本原理研究》，载《中华海洋法学评论》2022 年第 1 期。

60. 高鑫：《国际海底区域矿产资源开发中环境影响评价的适用及发展》，载《中国海洋大学学报》(社会科学版)2022 年第 1 期。

61. 郝艺颖：《国际海底区域矿物资源开发收益分配机制的构建与执行》，载《国际经济法学刊》2022 年第 1 期。

62. 马忠法：《论中国海洋开发和利用法律制度的完善》，载《广西社会科学》2022 年第 1 期。

63. 倪然、谢青霞：《国际海底区域资源"三权分离"开发制度研究》，载《浙江海洋大学学报》(人文科学版)2022 年第 1 期。

64. 覃冠文、冯金龙：《国际海底区域资源开发的法律困境与善治之道——以海洋命运共同体为视角》，载《西南石油大学学报》(社会科学版)2022 年第 1 期。

65. 张新军：《美国的国际公域化想象和南海秩序：主权、海域、机制》，载《东方法学》2022 年第 1 期。

66. 何海榕：《南海共同开发需要解决的基本法律问题》，载《海南大学学报》(人文社会科学版)2022 年第 2 期。

67. 孙传香：《非地理因素在国际海洋划界实践中的能动作用论析》，载《武大国际法评论》2022 年第 2 期。

68. 张华：《〈联合国海洋法公约〉发展进程中的司法能动主义——基于海洋划界的考察》，载《中国海商法研究》2022 年第 2 期。

69. 周江、徐若思．：《〈联合国海洋法公约〉项下海洋环境治理规则体系演变及中国应对》，载《中国海商法研究》2022 年第 2 期。

70. 朱俊宇：《国际海底区域资源开发争端解决机制的完善路

径》，载《求索》2022 年第 3 期。

71. 杨泽伟：《中国与〈联合国海洋法公约〉40 年：历程、影响与未来展望》，载《当代法学》2022 年第 4 期。

72. 贾宇：《塑造国际海洋法律秩序的中国贡献——纪念〈联合国海洋法公约〉开放签署 40 周年》，载《亚太安全与海洋研究》2022 年第 5 期

73. 朱利江、武俊松：《全球气候变化背景下的〈联合国海洋法公约〉：权利挑战、规则重构和诉讼愿景》，载《太平洋学报》2022 年第 9 期。

74. 张琪悦：《〈联合国海洋法公约〉序言中"一般国际法"的界定与适用》，载《中国海商法研究》2023 年第 1 期。

75. 张明达：《水下文化遗产管辖机制构建研究》，载《武大国际法评论》2023 年第 1 期。

76. 宋可：《〈联合国海洋法公约〉和"其他国际法规则"的引入：基于文本和司法判例的分析》，载《国际法研究》2023 年第 2 期。

77. 杨泽伟：《全球治理区域转向背景下中国—东盟蓝色伙伴关系的构建：成就、问题与未来发展》，载《边界与海洋研究》2023 年第 2 期。

78. 杨泽伟：《"一带一路"高质量发展背景下建立中国—中亚能源发展伙伴关系的法治路径》，载《政法论丛》2023 年第 4 期。

八、中文学位论文

1. 常明霞：《论海洋油气资源的共同开发在国际法中的法律基础》，中国政法大学 2005 年硕士学位论文。

2. 张欣：《国际海洋石油共同开发的法律问题研究及中国的开发现状》，中国海洋大学 2006 年硕士学位论文。

3. 何秋竺：《争议区域石油资源共同开发法律问题研究》，武汉大学 2010 年博士学位论文。

4. 叶鑫欣：《南海海洋资源共同开发法律机制研究》，海南大

学 2010 年硕士学位论文。

5. 赵媛：《南海油气田资源开发的法律研究》，西南政法大学
2011 年硕士学位论文。

6. 叶雷：《东海与南海油气资源共同开发的比较研究》，上海
交通大学 2012 年硕士学位论文。

7. 甄星彪：《美国油气制度中捕获规则研究》，山西大学 2016
年硕士学位论文。

8. 宋辰熙：《越南南海政策变迁研究》，苏州大学 2016 年硕士
学位论文。

9. 陈曌：《〈联合国海洋法公约〉缔结过程中的海洋国际话语权
竞争分析》，北京外国语大学 2022 年博士学位论文。

10. 陈洁：《争议海域划界前临时安排适用问题研究》，吉林大
学 2022 年博士学位论文。

九、中文研究报告

祁怀高、薛松、Jolene H. Y. Liew（刘蕙云）、Evi Fitriani、
Ngeow Chow Bing（饶兆斌）、Aaron Jed Rabena、Bui Thi Thu Hien
（裴氏秋贤）、洪农：《南海共同开发六国学者共同研究报告：
Cooperative Research Report on Joint Development in the South China
Sea：Incentives，Policies & Ways Forward》，2019 年。

十、相关网站

1. 联合国：http：//www.un.org.

2. 国际法院：http：//www.icj-cij.org.

3. 联合国国际法委员会：http：//www.un.org/law/ilc.

4. 新加坡国立大学国际法中心：http：//cil.nus.edu.sg.

5. 马来西亚国家石油公司网站：http：//www.petronas.com.
my.

6. 越南国家石油公司网站：http：//english.pvn.vn.

7. 马来西亚—泰国联合管理局：http：//www.mtja.org.

8. 泰国法律网：http：//www. thailaws. com.

9. 菲律宾法律网：https：//www. lawphil. net.

10. 美国能源信息署：http：//www. eia. gov.

11. 国际能源署：http：//www. iea. org.

致　谢

本书是在我的博士论文基础上进一步修改补充而成。

无论是博士论文的写作，还是能够成书，首先要感谢我的两位博士生导师：杨泽伟老师和张海文老师。张老师不仅学识渊博，而且有丰富的实务经验，风格锐直犀利，大开大合，在论文选题、破题等关键点上给了我许多启发；张老师为她所指导的博士生们举办的每月读书会，更开阔了我的视野，为研究工作打开了思路。杨老师学养深厚，著作等身，单单是研读杨老师有关共同开发问题的著作就使我有高山仰止的感觉；杨老师为人谦和温润，对我的指导细致入微，使我的研究每一步都走得扎实、稳当。能够拿出现有的成果，没有两位导师的悉心指导、帮助、督促、鞭策，是不可能完成的任务。

我要感谢母校武汉大学，特别是国际法研究所提供的学习机会。恭逢盛世，在恰恰好的时间从事了海洋石油行业，有幸旁观和参与了我国与周边国家海上共同开发相关工作，当一些具体的事务落在自己头上，急于寻找解决之道时，恰恰好赶上国际法所首期智库方向博士生开班。能够忝列第一期之末，已然幸甚；北京授课带来的学习上的便利，教学内容正是自己迫切所需，以及各位授课老师均为业内翘楚，使得自己的学习、研究和工作，一下子得到了最完美的结合。能够拿出现有的成果，没有国际法所培养后进的规划和决策，是不可能完成的任务。

也要感谢单位的宽容和家人的支持，解除了我的后顾之忧，使我可以在工作之余全身心地投入研究，在人生已快步入后半程时投入一段新征程，并且能够坚持下来。还要感谢在这几年在我的学习、研究、论文写作过程中提供过各种各样帮助和启发的师长、同学、同事、朋友们，能够拿出现有的成果，也离不开他们的贡献。

特别感谢武汉大学出版社的编辑老师，本书能够在较短时间内出版，离不开他们的大力支持、鼓励和指导。

最后，借此书告慰先父在天之灵，并希能为儿子立一个小小的人生标杆。

当然，本书所反映的内容，仅代表我个人观点，与任何单位和机构无关，其中若有错误或乖谬之处，责任均在本人。

张晟

2023 年 9 月 1 日